新社会福祉法人会計基準

財務諸表の作成と情報開示のポイント

はじめに

本書は次のような方々の業務に役立てば、という思いがかなない刊行に至りました。

・社会福祉法人の会計と企業会計との異同を理解しようと努力すればするほどわからなくなります。どのように勉強すればいいか迷っています。

・会計責任者をしていますが、決算を完了させるのに精一杯です。法令の中でまだ理解できていないものがあり、自信をもって会計実務に従事できないことに悩んでいます。

・施設長になって、会計責任者の役割も担うようになりました。今まで事務長に教えてもらいながらやってきましたが、新会計基準になって不安になっています。効率よく勉強する方法を教えてください。

・社会福祉法人の会計実務担当者として出納職員に抜擢されました。経理規程にあるような出納業務の責任が果たせるか不安です。どのような本を読めば注意すべき点がわかるのかアドバイスをください。

以上のようにベテランの会計実務担当者、拠点等の施設長として会計管理も担っている方々の参考としていただきたいと思い、執筆いたしました。

そして、次のようにポイントをしぼり、そのねらいだけでもマスターしていただけるようにいたしました。

第１章は、社会福祉法人会計の簿記の特色を説明し、商業簿記との違いを理解できるようにしました。

第２章は、社会福祉法人が、法令で要求されている会計組織上のルールを、経理規程上のルール、法令通知上のルールを説明することでマスターできるようにしました。

第３章は、新会計基準で、会計実務上難しいと思われる項目を中心に、会計実務を効率的にすすめるにはどうすればよいかを説明しました。

第４章は、決算手続きの進捗管理と正確な財務諸表をいかに作成し、公表するかについて、活用すべきツールを解説しました。

第５章は、会計実務担当者の必携である新会計基準を掲載し、会計実務ハンドブックとして活用していただけるようにしました。

社会福祉法人会計基準が、すべての社会福祉事業を対象とするために、関係法令も含めて会計実務を説明することは広範囲に及びます。そのため、読者の皆さまのすべての疑問に答えられるものとは思っておりません。

しかし、財務諸表の作成と情報開示については、本書を法人全体で活用していただくことで、会計実務の標準化がすすみ、会計実務がスピードアップするであろうと願っています。

本書の構成もご確認いただき、本書をご活用いただければ幸いです。

2015 年 11 月

著者を代表して　**松井 久**

目次・本書の構成

はじめに

第1章　会計実務の基礎

第１講　財務諸表作成の目的と拠りどころ……2
第２講　社会福祉法人会計の簿記の基本事項……4
第３講　財務諸表の体系と財務３表の理解……18

この章では、簿記の原理を、財務３表の解説とともにわかりやすく説明します。仕訳の問題を解きながら、初めて会計実務に携わる方にもわかりやすくしています。
ここでは、社会福祉法人会計の特徴である次のことをマスターしてください。
①資金収支計算書のための仕訳
②社会福祉法人会計の資金の概念
③財務３表の体系

第2章　会計管理体制と法人内諸規程

第４講　社会福祉法人における会計管理体制……30
第５講　経理規程における内部統制のルール……41

この章では、社会福祉法人の特徴である、ガバナンス体制について説明します。このガバナンス体制について理解しなければ、会計実務はできないといわれています。
社会福祉法人のガバナンスと会計実務との関係について、わかりやすく解説します。

第3章　財務諸表作成上の留意点

第６講　内部取引についての決算手続きと表示のポイント……50
第７講　減価償却費と国庫補助金等特別積立金取崩額……61
第８講　附属明細書別紙１の作成の留意点
「基本財産及びその他の固定資産（有形・無形固定資産）の明細書」
についての留意点……66
第９講　未収金、未払金の計上……71
内部取引消去と会計システムの使いこなし
第10講　「資金の弾力運用」の理解と資金使途、
積立資産の種類と限度額……79
第11講　資金収支計算書の作成の留意点……88

第12講　事業活動計算書の作成の留意点……93
第13講　財務３表の正確性の検証……101
第14講　「財務諸表に対する注記」の作成の留意点……106

新会計基準を理解するための必須知識を９講にしぼり解説します。理解が容易でないものについては、実例を挙げて説明しています。また、会計実務上の取り扱いを中心にしています。
経理業務の引き継ぎ書の作成にも役立つように整理しています。
私たちが質問等を受けた事項を中心に説明していますので、わからない項目や、実務上必要になった項目を読んでいただくことを想定しています。

第4章　決算業務効率化ツールの活用方法

第15講　期末決算業務に関する総括点検表……116

このツールは、決算業務の標準化を目標に作成した決算業務マニュアルです。各法人でアレンジしていただき、決算業務の効率化をすすめていただけたらと思います。

第16講　決算管理チェックリスト……141

財務諸表の作成は、会計ソフトを使って実行されるのが一般的です。そして、余裕のない日程で、決算業務がなされ財務諸表が出力されていますので、財務諸表の整合性までチェックできずに、悩んでいる方も少なくないと思われます。
この決算管理チェックリストを活用して、財務諸表を正確なものに仕上げてください。

第17講　社会福祉法人現況報告書の作成の留意点と
進捗コントロールシート……163

情報開示の前に、正確性のチェックを必要とします。その際に使用していただくものとして作成しました。
各法人の業務に合わせてチェックリストを準備して活用してください。

このように会計実務の基礎から財務諸表の公表までをどうすすめていくかまとめました。
社会福祉法人の会計実務の特徴を理解し、会計実務のスピードアップを図り、透明性を高め、法人の信頼性を構築していただきたいと願っています。

第5章　通知

1）社会福祉法人会計基準の制定について……172
2）社会福祉法人会計基準の運用上の取扱い等について（抜粋）……247

※本書は、『月刊福祉』2013年5月号から2014年4月号の連載「実践！！マネジメント講座Part4　マンスリーでわかる新会計基準の移行手順」、2014年5月号から2015年4月号の連載「実践！！マネジメント講座Part5　新社会福祉法人会計基準による財務諸表作成と情報開示のチェックポイント」をもとに、大幅に加筆・修正し、再編集したものです。

第1章
会計実務の基礎

第1講　財務諸表作成の目的と拠りどころ

新社会福祉法人会計基準（平成23年基準）が、平成23年7月27日に、「社会福祉法人会計基準の制定について（雇児発0727第1号、社援発0727第1号、老発0727第1号、厚生労働省雇用均等・児童家庭局長、厚生労働省社会・援護局長、厚生労働省老健局長）」として発出されました。

この平成23年基準の「第1章　総則　1　目的及び適用範囲」には、次のように記載されています。

第1章 総則

1　目的及び適用範囲

(1)　この会計基準は、社会福祉法（昭和26年法律45号。以下「法」という。）第22条に規定する社会福祉法人（以下「社会福祉法人」という。）の財務諸表及び附属明細書並びに財産目録の作成の基準を定め、社会福祉法人の健全なる運営に資することを目的とする。

そして、財務諸表等の作成の拠りどころとして、4つの一般原則が示されています。

第1章 総則

2　一般原則

社会福祉法人は、次に掲げる原則に従って、財務諸表（資金収支計算書、事業活動計算書及び貸借対照表をいう。以下同じ。）及び附属明細書並びに財産目録を作成しなければならない。（注1）

(1)　財務諸表は、資金収支及び純資産増減の状況並びに資産、負債及び純資産の状態に関する真実な内容を明りょうに表示するものでなければならない。

(2)　財務諸表は、正規の簿記の原則に従って正しく記帳された会計帳簿に基づいて作成しなければならない。

(3)　会計処理の原則及び手続並びに財務諸表の表示方法は、毎会計年度これを継続して適用し、みだりに変更してはならない。
(4)　重要性の乏しいものについては、会計処理の原則及び手続並びに財務諸表の表示方法の適用に際して、本来の厳密な方法によらず、他の簡便な方法によることができる。(注2)

財務諸表等の作成の拠りどころとして、4つの一般原則が掲げられていますが、企業会計原則に掲げられる一般原則と異なるのが「資本取引・損益取引区分の原則」です。社会福祉法人会計基準には、企業会計原則でいう、株主払込資本の概念がありません。したがって、株主に対する配当という利益処分もありません。

このように、社会福祉法人会計は企業会計と異質なものと捉えたほうが理解しやすいように思います。とはいうものの、一般原則の(2)の「正規の簿記の原則」が、財務諸表作成の基礎となりますので、平成23年基準での簿記の基本事項を理解しておくことが社会福祉法人の会計実務に従事する者にとって大切なこととなります。

POINT & KEYWORD

1. 財務諸表等の作成の拠りどころである4つの一般原則を理解しておきます。
2. 企業会計原則の一般原則のひとつである「資本取引・損益取引区分の原則」が、社会福祉法人会計基準の一般原則にはありません。

第2講　社会福祉法人会計の簿記の基本事項

財務諸表等の作成のために、社会福祉法人会計の簿記の基本事項を理解しましょう。ここでは、財務３表の説明とともに解説します。

1）貸借対照表

表示内容	：会計年度末におけるすべての資産・負債及び純資産の状態を表示します。
貸借対照表の機能	：財産の状態を表示します。 必要な純資産が維持されているかを表示します。

次の期首貸借対照表から、今年度の事業が始まったとして、簿記の基本事項を説明します。

貸借対照表
平成×2年4月1日現在　　（単位：円）

資産	金額	負債・純資産	金額
流動資産	（30,000）	流動負債	（14,000）
現金預金	20,000	事業未払金	12,000
事業未収金	10,000	前受金	2,000
固定資産		固定負債	（100,000）
基本財産	（490,000）	設備資金借入金	100,000
土　地	100,000	負債の部合計	（114,000）
建　物	390,000	基本金	100,000
		国庫補助金等特別積立金	292,500
		次期繰越活動増減差額	13,500
		純資産の部合計	（406,000）
資産の部合計	520,000	負債・純資産の部合計	520,000

※この貸借対照表はＡ社会福祉法人のもので、設立して２期目の期首のものです。
※減価償却累計額は 10,000 です。

2) 取引の記録…仕訳起票

(1) 第１の仕訳パターン

	借　方	貸　方
流動資産（現金預金を含む）	増加	減少
流動負債（引当金を除く）	減少	増加
サービス活動収益・費用	費用	収益

具体的取引と仕訳

① 介護保険事業収益100を請求する権利が発生した。

（借方）　事業未収金　　100／（貸方）　介護保険事業収益　　100

② 前受金を介護保険事業収益に振替えた。

（借方）　前受金　　　　50／（貸方）　介護保険事業収益　　50

問題１

下の枠内から勘定科目を選び記入します。

① 流動資産にはどんな科目があるか。

（　　　　　　）（　　　　　　）（　　　　　　）
（　　　　　　）（　　　　　　）（　　　　　　）
（　　　　　　）（　　　　　　）（　　　　　　）
（　　　　　　）（　　　　　　）（　　　　　　）
（　　　　　　）（　　　　　　）

② 流動負債にはどんな科目があるか。

（　　　　　　）（　　　　　　）（　　　　　　）
（　　　　　　）（　　　　　　）（　　　　　　）
（　　　　　　）（　　　　　　）（　　　　　　）

現金預金	商品・製品	短期運営資金借入金	賞与引当金
有価証券	立替金	事業未払金	その他の流動資産
事業未収金	前払金	その他の未払金	その他の流動負債
未収金	前払費用	未払費用	
未収補助金	短期貸付金	預り金	
貯蔵品	仮払金	前受金	
医薬品		仮受金	

(2) 第２の仕訳パターン

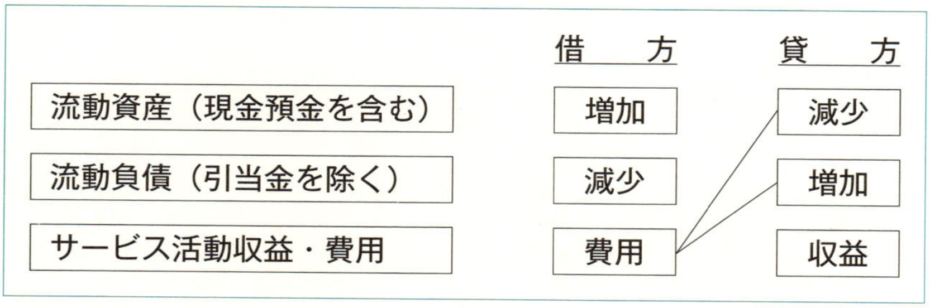

	借　方	貸　方
流動資産（現金預金を含む）	増加	減少
流動負債（引当金を除く）	減少	増加
サービス活動収益・費用	費用	収益

具体的取引と仕訳

① 職員へ給料 60 を現金預金から支出した。

（借方）　職員給料　　60／（貸方）　現金預金　　60

② 職員の退職金 40 を支払う義務が発生した。

（借方）　退職給付費用　　40／（貸方）　事業未払金　　40

問題 2

次のような仕訳の意味を考えてみます。

（借方）　職員賞与　　30／（貸方）　現金預金　　30

例（サービス活動収益・費用—費用）　（流動資産—減少）

（借方）　旅費交通費　　25／（貸方）　現金預金　　25

（　　　　　　　　）（　　　　　　　　）

（借方）　業務委託費　　80／（貸方）　事業未払金　　80

（　　　　　　　　）（　　　　　　　　）

（借方）　給食費　　70／（貸方）　事業未払金　　70

（　　　　　　　　）（　　　　　　　　）

（借方）　保育材料費　　60／（貸方）　事業未払金　　60

（　　　　　　　　）（　　　　　　　　）

（借方）　水道光熱費　　50／（貸方）　現金預金　　50

（　　　　　　　　）（　　　　　　　　）

※中区分の科目で示しています。

※大区分・中区分の科目で表すと、人件費—職員給料、事務費—旅費交通費のようになります。

※以下、勘定科目について別表を示し、留意点を挙げました。

別表

事業活動計算書勘定科目の説明

＜サービス活動増減による費用＞

科目区分		留意点
大区分	中区分	
人件費	役員報酬 職員給料 職員賞与 賞与引当金繰入 非常勤職員給与 派遣職員費 退職給付費用 法定福利費	第5章に勘定科目の説明があります。
事業費	給食費 介護用品費 医薬品費 診療・療養等材料費 保健衛生費 医療費 被服費 教養娯楽費 日用品費 保育材料費 本人支給金 水道光熱費 燃料費 消耗器具備品費 賃借料 教育指導費 就職支度費 葬祭費 車輌費 ○○費 雑費	※1 ※2 費用の内容を示す名称を付した科目で記載する。 事業費のうち他のいずれにも属さない費用をいう。
事務費	福利厚生費 職員被服費 旅費交通費 研修研究費 事務消耗品費 印刷製本費 水道光熱費 燃料費 修繕費 通信運搬費 会議費 広報費 業務委託費 手数料 保険料 賃借料	 ※3 ※4 ※5

科目区分		留意点
大区分	中区分	
事務費	土地・建物賃借料	
	租税公課	
	保守料	
	渉外費	
	諸会費	
	○○費	費用の内容を示す名称を付した科目で記載する。
	雑費	事務費のうち他のいずれにも属さない費用をいう。

※1　食材及び食品の費用をいう（なお、給食業務を外部委託している施設では、材料費を計上すること）。

※2　利用者に直接必要な灯油、重油等の燃料をいう。

※3　事務用の灯油、重油等の燃料費（車輌費で計上する燃料費を除く）をいう。
事務費に計上される燃料費は上記に限られ、※2に大部分が計上される。

※4　建物、器具及び備品等の修繕又は模様替の費用をいう。ただし、建物、器具及び備品等を改良し、耐用年数を延長させるような資本的支出は含まない。

※5　洗濯、清掃、夜間警備及び給食（給食材料費を除く）など施設の業務の一部を他に委託するための費用（保守料を除く）をいう。必要に応じて検査委託、給食委託、寝具委託、医事委託、清掃委託など小区分でさらに細分化することができる。

問題１の解答

①流動資産の科目	②流動負債の科目
現金預金	短期運営資金借入金
有価証券	事業未払金
事業未収金	その他の未払金
未収金	未払費用
未収補助金	預り金
貯蔵品	前受金
医薬品	仮受金
商品・製品	賞与引当金
立替金	その他の流動負債
前払金	
前払費用	
短期貸付金	
仮払金	
その他の流動資産	

問題２の解答

（借方）　旅費交通費　　25／（貸方）　現金預金　　　25
（サービス活動収益・費用―費用）　（流動資産―減少）
（借方）　業務委託費　　80／（貸方）　事業未払金　　80
（サービス活動収益・費用―費用）　（流動負債―増加）
（借方）　給食費　　　　70／（貸方）　事業未払金　　70
（サービス活動収益・費用―費用）　（流動負債―増加）
（借方）　保育材料費　　60／（貸方）　事業未払金　　60
（サービス活動収益・費用―費用）　（流動負債―増加）
（借方）　水道光熱費　　50／（貸方）　現金預金　　　50
（サービス活動収益・費用―費用）　（流動資産―減少）

第１の仕訳のパターンと第２の仕訳のパターンについて、「流動資産と流動負債」と「サービス活動収益・費用」との取引であることをまず理解しましょう。

どの財務諸表に表示されるかを考えると、資金収支計算書、事業活動計算書、貸借対照表に計上されることがわかります。

(3) 第3の仕訳パターン

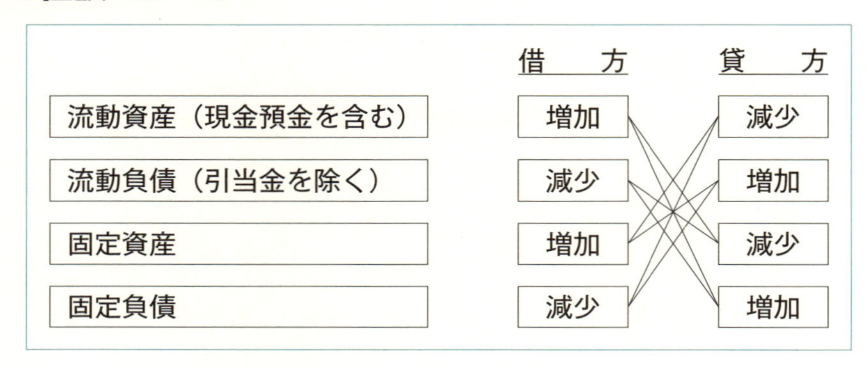

具体的取引と仕訳

① パソコンを20で購入し、支払は翌月末となった。

（借方）　器具及び備品　　20／（貸方）　その他の未払金　　20

② 設備資金借入金を10借入し、本日預金に入金された。

（借方）　現金預金　　10／（貸方）　設備資金借入金　　10

問題3

① 次のような仕訳の意味を考えてみます。

（借方）　車輌運搬具　　30／（貸方）　その他の未払金　　30

例（固定資産―増加　　）　　（流動負債―増加　　）

（借方）　長期貸付金　　15／（貸方）　現金預金　　15

（　　　　）　　（　　　　）

（借方）　長期運営資金借入金　　20／（貸方）　現金預金　　20

（　　　　）　　（　　　　）

（借方）　設備資金借入金　　90／（貸方）　現金預金　　90

（　　　　）　　（　　　　）

（借方）　構築物　　50／（貸方）　その他の未払金　　50

（　　　　）　　（　　　　）

問題4

② 資金収支計算書のための仕訳を考えてみます。下の枠内から勘定科目を選び記入します。

例（借方） 車輛運搬具取得支出　　30／（貸方） その他の未払金　　30
送迎用車輛を購入し、支払は翌月とした。

（借方） （　　　　　　）　　15／（貸方） 現金預金　　15
長期貸付金 15 を従業員に貸付け、現金で支出した。

（借方） （　　　　　　）　　20／（貸方） 現金預金　　20
長期運営資金借入金 20 を約定どおり、普通預金から返済した。

（借方） （　　　　　　）　　90／（貸方） 現金預金　　90
設備資金借入金 90 を約定どおり、普通預金から返済した。

（借方） 現金預金　　100／（貸方） （　　　　　　）　　100
長期運営資金 100 を借入し、普通預金に入金された。

（借方） （　　　　　　）　　50／（貸方） 現金預金　　50
○○積立預金 50 のために、現金預金を定期預金にした。

＜施設整備等による収入・支出＞	
設備資金借入金元金償還支出	施設整備等補助金収入
建物取得支出	施設整備等寄附金収入
車輛運搬具取得支出	設備資金借入金収入
器具及び備品取得支出	器具及び備品売却収入
	車輛運搬具売却収入
＜その他の活動による収入・支出＞	
長期運営資金借入金元金償還支出	長期運営資金借入金収入
事業区分間長期借入金返済支出	投資有価証券売却収入
投資有価証券取得支出	事業区分間長期借入金収入
○○積立資産支出	○○積立資産取崩収入
長期貸付金支出	長期貸付金回収収入
	事業区分間長期貸付金回収収入

問題３の解答

（借方）　長期貸付金　15／（貸方）　現金預金　15
（固定資産—増加）　（流動資産—減少）

（借方）　長期運営資金借入金　20／（貸方）　現金預金　20
（固定負債—減少）　（流動資産—減少）

（借方）　設備資金借入金　90／（貸方）　現金預金　90
（固定負債—減少）　（流動資産—減少）

（借方）　構築物　50／（貸方）　その他の未払金　50
（固定資産—増加）　（流動負債—増加）

問題４の解答

（借方）　長期貸付金支出　15／（貸方）　現金預金（支払資金）　15
長期貸付金 15 を従業員に貸付け、現金で支出した。

（借方）　長期運営資金借入金元金償還支出　20／（貸方）　現金預金　20
長期運営資金借入金 20 を約定どおり、普通預金から返済した。

（借方）　設備資金借入金元金償還支出　90／（貸方）　現金預金　90
設備資金借入金 90 を約定どおり、普通預金から返済した。

（借方）　現金預金　100／（貸方）　長期運営資金借入金収入　100
長期運営資金 100 を借入し、普通預金に入金された。

（借方）　○○積立資産支出　50／（貸方）　現金預金　50
○○積立資産 50 のために、現金預金を定期預金にした。

第３の仕訳のパターンについて、これらの仕訳は、資金収支計算書と貸借対照表の２つの財務諸表に計上され、事業活動計算書には表示されません。収益、費用に関する取引に関係のない取引であったからです。

○○積立資産の仕訳について考えます。

貸借対照表と事業活動計算書のための仕訳

（借方）　○○積立資産　／　（貸方）　現金預金

資金収支計算書のための仕訳

（借方）　○○積立資産支出　／　（貸方）　現金預金

ただし、○○積立資産支出は、○○積立金の積立（貸借対照表の純資産の部）を理事会で決議されたことを受けて計上するものです。事業活動計算書の繰越活動増減差額の部に計上するために、次の仕訳がなされます。

（借方）　○○積立金積立額　／　（貸方）　○○積立金

○○積立金は、貸借対照表の純資産の部に計上されます。

この仕訳は、第3の仕訳パターンではなく、第4の仕訳パターンとなります。

土地（基本財産）10,000が、理事長から寄附された現金で購入された場合の仕訳について考えます。

貸借対照表と事業活動計算書のための仕訳

（借方）　現金預金　10,000　／　（貸方）　施設整備等寄附金収益　10,000

（借方）　土地　10,000　／　（貸方）　現金預金　10,000

資金収支計算書のための仕訳

（借方）　現金預金　10,000　／　（貸方）　施設整備等寄附金収入　10,000

（借方）　土地取得支出　10,000　／　（貸方）　現金預金　10,000

この場合には、次に基本金組入れのための仕訳が必要となります。

基本金組入額については第4の仕訳パターンで説明します。

第1章

(4) 第４の仕訳パターン

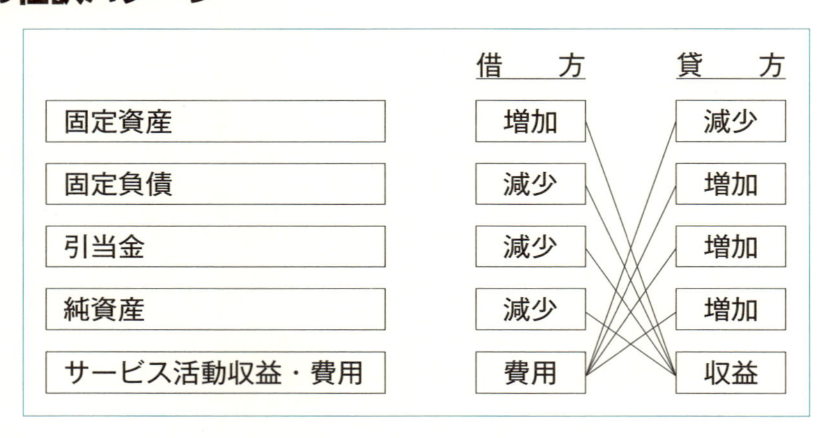

具体的取引と仕訳

① 建物の減価償却費 10,000 を計上した。

（借方）　減価償却費　10,000／（貸方）　建物　10,000

② 退職給付引当金繰入 1,000 を計上した。

（借方）　退職給付費用　1,000／（貸方）　退職給付引当金　1,000

③ 国庫補助金等特別積立金取崩額 7,500 を計上した。

（借方）　国庫補助金等特別積立金　7,500／（貸方）　国庫補助金等特別積立金取崩額　7,500

④ 寄附された土地 10,000 について基本金に組入れた。

（借方）　基本金組入額　10,000／（貸方）　基本金　10,000

⑤ ○○積立金 500 を予算どおり計上することとなった。

○○積立資産はすでに現金預金からその他の固定資産・○○積立資産に振替えられている。

（借方）　○○積立金積立額　500／（貸方）　○○積立金　500

これらの仕訳は、流動資産・流動負債に関係しません。すべて事業活動計算書か貸借対照表に計上されます。

3）財務諸表のポイント理解と作成演習

１年間の取引を記録し、決算整理仕訳も起票され、次のとおり財務３表を作成しました。

資金収支計算書

（自）平成×2年４月１日（至）平成×3年３月31日　　（単位：円）

支出	金額	収入	金額
事業活動支出	（273,159）	事業活動収入	（320,025）
人件費支出	175,000	介護保険事業収入	320,000
事業費支出	65,000	受取利息配当金収入	25
事務費支出	33,000		
支払利息支出	159		
施設整備等支出	（41,000）		
土地取得支出	10,000	施設整備等収入	（10,000）
器具備品取得支出	30,000	施設整備等寄附金収入	10,000
設備資金借入金元金償還支出	1,000		
その他の活動支出	（15,500）	その他の活動収入	（2,000）
○○積立資産支出	500	長期運営資金借入金収入	2,000
災害損失	15,000		
当期資金収支差額合計	2,366		
計	332,025	計	332,025

※表示内容：支払資金の増減の内容

※資金収支計算書の機能：経常的な事業活動、施設設備の購入、資金の調達・運用など事業全般にわたる内容を表示します。

※経理規定準則における収支計算書と機能的に同じです。

「支払資金」＝流動資産－流動負債

事業活動計算書

（自）平成×2年4月1日（至）平成×3年3月31日　　（単位：円）

サービス活動費用	（　276,500）	サービス活動収益	（　320,000）
人件費	175,000	介護保険事業収益	320,000
事業費	65,000		
事務費	33,000		
減価償却費	10,000		
△国庫補助金等特別積立金取崩額	△7,500		
※退職給付引当金繰入	1,000	サービス活動外収益	（　25）
		受取利息配当金収益	25
サービス活動外費用	（　159）		
支払利息	159		
		特別収益	（　10,000）
特別費用	（　25,000）	施設整備等寄附金収益	10,000
基本金組入額	10,000		
災害損失	15,000		
当期活動増減差額	28,366		
計	330,025	計	330,025
その他の積立金積立額	500	前期繰越活動増減差額	13,500
次期繰越活動増減差額	41,366	当期活動増減差額	28,366
計	41,866	計	41,866

※新会計基準において、退職給付費用という勘定科目を使うことになりました。
ここでは、資金収支計算書と事業活動計算書の関係を理解するため、退職給付引当金繰入という科目を使って、人件費に含めず表示しています。

※表示内容：純資産の増減と純資産内の処理の内容

※事業活動計算書の機能：事業活動の損益の内容を表示します。
剰余金または損失の処分の内容を表示します。

貸借対照表
平成×3年3月31日現在

(単位：円)

資産の部		負債及び純資産の部	
流動資産	(33,366)	流動負債	(15,000)
現金預金	28,366	事業未払金	14,000
事業未収金	5,000	前受金	1,000
固定資産	(520,500)	固定負債	(102,000)
基本財産	(490,000)	設備資金借入金	99,000
土地	110,000	長期運営資金借入金	2,000
建物	380,000	退職給付引当金	1,000
その他の固定資産	(30,500)	負債の部	117,000
器具及び備品	30,000	基本金	110,000
○○積立資産	500	国庫補助金等特別積立金	285,000
		その他の積立金	
		○○積立金	500
		次期繰越活動増減差額	41,366
		(うち当期活動増減差額)	(28,366)
		純資産の部	436,866
資産の部合計	553,866	負債及び純資産の部合計	553,866

※減価償却累計額は20,000

POINT & KEYWORD

1. 社会福祉法人会計基準の特徴のひとつに、1取引2仕訳があります。
2. 第1、第2の仕訳パターンで、資金収支計算書の仕訳は、○○収入、○○支出を使用し、事業活動計算書の仕訳は、○○収益、○○費用を使用します。
3. 資金収支計算書にだけ計上される取引は、第3のパターンで仕訳されます。事業活動計算書にだけ計上される取引は、第4のパターンで仕訳されます。

第3講　財務諸表の体系と財務3表の理解

1）資金収支計算書と貸借対照表との関係

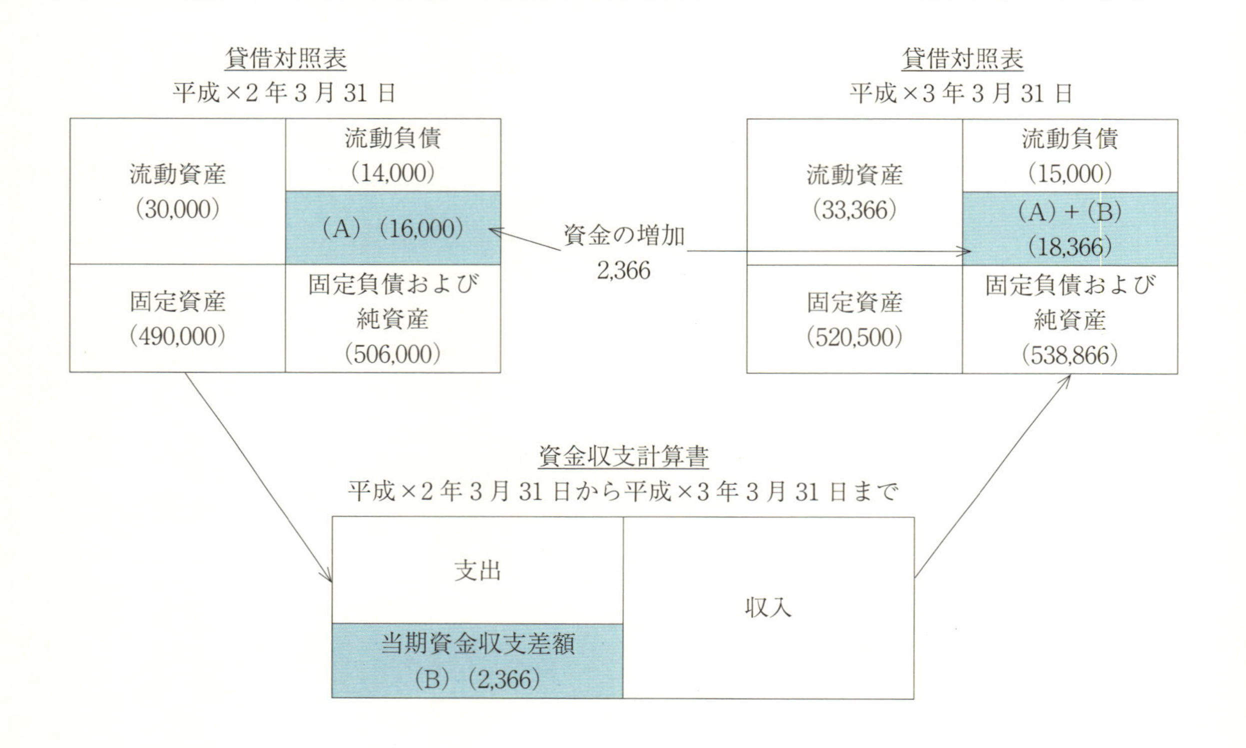

2）事業活動計算書と貸借対照表との関係

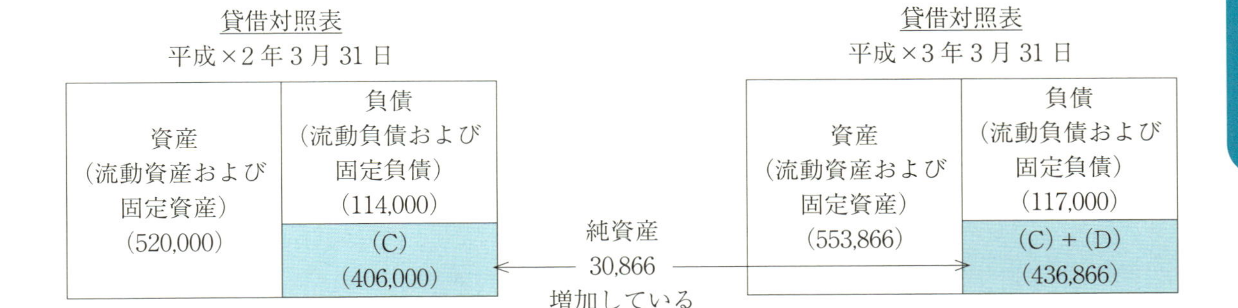

事業活動計算書

平成×2年4月1日から平成×3年3月31日まで

支出

当期活動増減差額
28,366

収入

※純資産増加額＝当期活動増減差額＋基本金組入額－国庫補助金等特別積立金取崩額

30,866　28,366　10,000　7,500

※○○積立金積立額は、次期繰越活動増減差額（純資産）からその他の積立金（純資産）へ科目が変わっただけで、純資産増加にはならない。

3）重要な仕訳の理解

(1) 基本金への組入れの会計処理

会計基準第 4 章第 4 第 2 項に規定する基本金への組入れは、注 12 の（1）から（3）に記載されている寄附金を事業活動計算書の特別収益に計上した後、その収益に相当する額を基本金組入額として特別費用に計上します。

<仕訳例>

資金収支にかかる仕訳

借　方	金　額	貸　方	金　額
現金預金	10,000	施設整備等寄附金収入	10,000
土地取得支出	10,000	現金預金	10,000

<仕訳例>

貸借対照表と事業活動にかかる仕訳

借　方	金　額	貸　方	金　額
土地	10,000	施設整備等寄附金収益	10,000
基本金組入額	10,000	基本金	10,000

(2) 国庫補助金等特別積立金への積立ての会計処理

会計基準第４章第４第３項に規定する国庫補助金等特別積立金の積立ては、注11に記載されているように、国庫補助金等の収入額を事業活動計算書の特別収益に計上した後、その収益に相当する額を国庫補助金等特別積立金積立額として特別費用に計上します。

＜仕訳例＞

資金収支にかかる仕訳

借　　方	金　　額	貸　　方	金　　額
現　金　預　金	400,000	設備資金借入金収入 施設整備等補助金収入	100,000 300,000
建物取得支出	400,000	現　金　預　金	400,000

※ただし、この仕訳は第１期末までに起票済です。

＜仕訳例＞

貸借対照表と事業活動にかかる仕訳

借　　方	金　　額	貸　　方	金　　額
建　　　物	400,000	設備資金借入金 施設整備等補助金収益	100,000 300,000
国庫補助金等 特別積立金積立額	300,000	国庫補助金等 特別積立金	300,000

(3) 国庫補助金等特別積立金の取崩額についての会計処理

国庫補助金等特別積立金は、基本財産又は特定の固定資産を取得すべきものとして国又は地方公共団体から拠出された国庫補助金等に基づいて積み立てられたものです。

当該国庫補助金等の目的は、社会福祉法人の資産取得のための負担を軽減することを通して、社会福祉法人が経営する施設等の利用者の負担を軽減することにあります。

したがって、国庫補助金等特別積立金は、毎会計年度において、固定資産の減価償却費のうち当該国庫補助金等によって取得された部分に相当する額を取崩し、事業活動計算書のサービス活動増減の部の費用のところに減価償却費の控除項目として計上することとしています。

また、国庫補助金等の対象となった基本財産又はその他の固定資産が廃棄または売却された場合においては、当該資産に相当する国庫補助金等特別積立金の取崩額を事業活動計算書の特別増減の部の費用のところの固定資産売却損・処分損の控除項目として計上することとしています。

＜仕訳例＞

貸借対照表と事業活動にかかる仕訳

借　方	金　額	貸　方	金　額
建物減価償却費	10,000	建　物	10,000
国庫補助金等特別積立金	7,500	国庫補助金等特別積立金取崩額	7,500

※$400,000 \times 0.025 = 10,000$

※$10,000 \times \frac{300,000}{400,000} = 7,500$

(4) 修繕積立金の積立と取崩についての会計処理（○○積立金を修繕積立金とした）

修繕積立金は、余剰資金から、大修繕等のために資金を留保する場合に使用されます。

例えば、次年度の大修繕に備えて500の修繕積立金を設定し、修繕積立資産を設けました。

<仕訳例>

資金収支にかかる仕訳

借　　方	金　　額	貸　　方	金　　額
修繕積立資産支出	500	現　金　預　金	500

貸借対照表と事業活動にかかる仕訳

借　　方	金　　額	貸　　方	金　　額
修繕積立資産	500	現　金　預　金	500
修繕積立金積立額	500	修　繕　積　立　金	500

修繕積立金は、大修繕工事の支払のために充当されます。

例えば、大修繕工事が、10,000かかったために、修繕積立資産15,000のうち、10,000を取崩し、支払に充当した場合に、次のような仕訳をします。

<仕訳例>

資金収支にかかる仕訳

借　　方	金　　額	貸　　方	金　　額
現　金　預　金	10,000	修繕積立資産取崩収入	10,000

貸借対照表と事業活動にかかる仕訳

借　　方	金　　額	貸　　方	金　　額
現　金　預　金	10,000	修繕積立資産	10,000
修　繕　積　立　金	10,000	修繕積立金取崩額	10,000

4）演習　次の財務３表の（　　）に金額を記入し、完成させます。

資金収支計算書					(単位：円)
		勘定科目	予算	決算	差異
事業活動による収支	収入	介護保険事業収入	330,000	320,000	10,000
		受取利息配当金収入	50	25	25
		事業活動収入計（1）	330,050	320,025	10,025
	支出	人件費支出	180,000	175,000	5,000
		事業費支出	68,000	65,000	3,000
		事務費支出	35,000	33,000	2,000
		支払利息支出	159	159	0
		事業活動支出計（2）	283,159	273,159	10,000
	事業活動資金収支差額 (3)＝(1)－(2)		46,891	(　　)	25
施設整備等による収支	収入	施設整備等寄附金収入	10,000	10,000	0
		施設整備等収入計（4）	10,000	10,000	0
	支出	固定資産取得支出	35,000	40,000	△ 5,000
		設備資金借入金元金償還金支出	1,000	1,000	0
		施設整備等支出計（5）	36,000	41,000	△ 5,000
	施設整備等資金収支差額 (6)＝(4)－(5)		△ 26,000	(　　)	△ 5,000
その他の活動による収支	収入	長期運営資金借入金収入	2,000	2,000	0
		その他の活動収入計（7）	2,000	2,000	0
	支出	積立資産支出	500	500	0
		災害損失	—	15,000	△ 15,000
		その他の活動支出計（8）	500	15,500	△ 15,000
	その他の活動資金収支差額 (9)＝(7)－(8)		1,500	(　　)	15,000
予備費支出（10）					
当期資金収支差額合計 (11)＝(3)＋(6)＋(9)－(10)			22,391	2,366	20,025
前期末支払資金残高（12）			16,000	16,000	0
当期末支払資金残高（11）＋(12)			38,391	18,366	20,025

事業活動計算書					(単位：円)
			本年度決算	前年度決算	増減
サービス活動増減の部	収益	介護保険事業収益	320,000	326,000	△ 6,000
		サービス活動収益計（1）	320,000	326,000	△ 6,000
	費用	人件費	175,000	170,000	5,000
		事業費	65,000	110,000	△ 45,000
		事務費	33,000	30,000	3,000
		減価償却費	10,000	10,000	0
		△国庫補助金等特別積立金取崩額	△ 7,500	△ 7,500	0
		退職給付引当金繰入	1,000	0	1,000
		サービス活動費用計（2）	276,500	312,500	△ 36,000
	サービス活動増減差額 (3)＝(1)－(2)		(　　)	(　　)	30,000
サービス活動外増減の部	収益	受取利息配当金収益	25	200	△ 175
		サービス活動外収益計(4)	25	200	△ 175
	費用	支払利息	159	200	△ 41
		サービス活動外費用計(5)	159	200	△ 41
	サービス活動外増減差額 (6)＝(4)－(5)		△ 134	0	△ 134
経常増減差額 (7)＝(3)＋(6)			(　　)	(　　)	29,866
特別増減の部	収益	施設整備等寄附金収益	10,000	0	10,000
		特別収益計（8）	10,000	0	10,000
	費用	基本金組入額	10,000	0	10,000
		災害損失	15,000	0	15,000
		特別費用計（9）	25,000	0	25,000
	特別増減差額 (10)＝(8)－(9)		△ 15,000	0	△ 15,000
当期活動増減差額 (11)＝(7)＋(10)			(　　)	13,500	14,866
繰越活動増減差額の部	前期繰越活動増減差額（12）		13,500	0	13,500
	当期末繰越活動増減差額 (13)＝(11)＋(12)		41,866	13,500	28,366
	その他の積立金積立額（14）		500	0	500
	次期繰越活動増減差額 (15)＝(13)－(14)		41,366	13,500	27,866

貸借対照表							(単位：円)
資産の部	当年度末	前年度末	増減	負債の部	当年度末	前年度末	増減
流動資産	(　　)	(　　)	(　　)	流動負債	(　　)	(　　)	(　　)
現金預金	28,366	20,000	8,366	事業未払金	14,000	12,000	2,000
事業未収金	5,000	10,000	△ 5,000	前受金	1,000	2,000	△ 1,000
固定資産	(　　)	(　　)	(　　)	固定負債	(　　)	(　　)	(　　)
基本財産	(　　)	(　　)	(　　)	設備資金借入金	99,000	100,000	△ 1,000
土地	110,000	100,000	10,000	長期運営資金借入金	2,000	0	2,000
建物	380,000	390,000	△ 10,000	退職給付引当金	1,000	0	1,000
その他の固定資産	(　　)	(　　)	(　　)	負債の部合計	117,000	114,000	3,000
器具備品	30,000	0	30,000	基本金	110,000	100,000	10,000
○○積立資産	500	0	500	国庫補助金等特別積立金	285,000	292,500	△ 7,500
				その他の積立金	500	0	500
				次期繰越活動増減差額	41,366	13,500	27,866
				（うち当期活動増減差額）	(　　)	(　　)	(　　)
				純資産の部合計	436,866	406,000	30,866
資産の部合計	553,866	520,000	33,866	負債及び純資産の部合計	553,866	520,000	33,866

脚注　1．減価償却累計額　20,000 円
　　　2．徴収不能引当金の額　0 円

演習の解答

資金収支計算書 （単位：円）

		勘定科目	予算	決算	差異
事業活動による収支	収入	介護保険事業収入	330,000	320,000	10,000
		受取利息配当金収入	50	25	25
		事業活動収入計（1）	330,050	320,025	10,025
	支出	人件費支出	180,000	175,000	5,000
		事業費支出	68,000	65,000	3,000
		事務費支出	35,000	33,000	2,000
		支払利息支出	159	159	0
		事業活動支出計（2）	283,159	273,159	10,000
	事業活動資金収支差額 (3)＝(1)－(2)		46,891	(46,866)	25
施設整備等による収支	収入	施設整備等寄附金収入	10,000	10,000	0
		施設整備等収入計（4）	10,000	10,000	0
	支出	固定資産取得支出	35,000	40,000	△ 5,000
		設備資金借入金元金償還金支出	1,000	1,000	0
		施設整備等支出計（5）	36,000	41,000	△ 5,000
	施設整備等資金収支差額 (6)＝(4)－(5)		△ 26,000	(△ 31,000)	△ 5,000
その他の活動による収支	収入	長期運営資金借入金収入	2,000	2,000	0
		その他の活動収入計（7）	2,000	2,000	0
	支出	積立資産支出	500	500	0
		災害損失	—	15,000	△ 15,000
		その他の活動支出計（8）	500	15,500	△ 15,000
	その他の活動資金収支差額 (9)＝(7)－(8)		1,500	(△ 13,500)	15,000
予備費支出（10）					
当期資金収支差額合計 (11)＝(3)＋(6)＋(9)－(10)			22,391	2,366	20,025
前期末支払資金残高（12）			16,000	16,000	0
当期末支払資金残高（11）＋（12）			38,391	18,366	20,025

事業活動計算書 （単位：円）

		勘定科目	本年度決算	前年度決算	増減
サービス活動増減の部	収益	介護保険事業収益	320,000	326,000	△ 6,000
		サービス活動収益計（1）	320,000	326,000	△ 6,000
	費用	人件費	175,000	170,000	5,000
		事業費	65,000	110,000	△ 45,000
		事務費	33,000	30,000	3,000
		減価償却費	10,000	10,000	0
		△国庫補助金等特別積立金取崩額	△ 7,500	△ 7,500	0
		退職給付引当金繰入	1,000	0	1,000
		サービス活動費用計（2）	276,500	312,500	△ 36,000
	サービス活動増減差額 (3)＝(1)－(2)		(43,500)	(13,500)	30,000
サービス活動外増減の部	収益	受取利息配当金収益	25	200	△ 175
		サービス活動外収益計(4)	25	200	△ 175
	費用	支払利息	159	200	△ 41
		サービス活動外費用計(5)	159	200	△ 41
	サービス活動外増減差額 (6)＝(4)－(5)		△ 134	0	△ 134
経常増減差額 (7)＝(3)＋(6)			(43,366)	(13,500)	29,866
特別増減の部	収益	施設整備等寄附金収益	10,000	0	10,000
		特別収益計（8）	10,000	0	10,000
	費用	基本金組入額	10,000	0	10,000
		災害損失	15,000	0	15,000
		特別費用計（9）	25,000	0	25,000
	特別増減差額 (10)＝(8)－(9)		△ 15,000	0	△ 15,000
当期活動増減差額 (11)＝(7)＋(10)			(28,366)	13,500	14,866
繰越活動増減差額の部	前期繰越活動増減差額（12）		13,500	0	13,500
	当期末繰越活動増減差額 (13)＝(11)＋(12)		41,866	13,500	28,366
	その他の積立金積立額（14）		500	0	500
	次期繰越活動増減差額 (15)＝(13)－(14)		41,366	13,500	27,866

貸借対照表 （単位：円）

資産の部	当年度末	前年度末	増減	負債の部	当年度末	前年度末	増減
流動資産	(33,366)	(30,000)	(3,366)	流動負債	(15,000)	(14,000)	(1,000)
現金預金	28,366	20,000	8,366	事業未払金	14,000	12,000	2,000
事業未収金	5,000	10,000	△ 5,000	前受金	1,000	2,000	△ 1,000
固定資産	(520,500)	(490,000)	(30,500)	固定負債	(102,000)	(100,000)	(2,000)
基本財産	(490,000)	(490,000)	(0)	設備資金借入金	99,000	100,000	△ 1,000
土地	110,000	100,000	10,000	長期運営資金借入金	2,000	0	2,000
建物	380,000	390,000	△ 10,000	退職給付引当金	1,000	0	1,000
その他の固定資産	(30,500)	(0)	(30,500)	負債の部合計	117,000	114,000	3,000
器具備品	30,000	0	30,000	基本金	110,000	100,000	10,000
○○積立資産	500	0	500	国庫補助金等特別積立金	285,000	292,500	△ 7,500
				その他の積立金	500	0	500
				次期繰越活動増減差額	41,366	13,500	27,866
				（うち当期活動増減差額）	(28,366)	(13,500)	(14,866)
				純資産の部合計	436,866	406,000	30,866
資産の部合計	553,866	520,000	33,866	負債及び純資産の部合計	553,866	520,000	33,866

脚注　1．減価償却累計額　20,000円
　　　2．徴収不能引当金の額　0円

5）資金収支計算書と事業活動計算書の違い

資金収支計算書と事業活動計算書について、次のように違いと要点をまとめました。

資金収支計算書		（単位：円）
事業活動による収支		
事業活動資金収支差額		31,866
施設整備等による収支	施設整備等収入計	10,000
	施設整備等寄附金収入	10,000
	施設整備等支出計	41,000
	設備資金借入金元金償還支出	1,000
	土地取得支出	10,000
	器具備品等支出	30,000
	施設整備等資金収支差額	△ 31,000
その他の活動による収支	長期運営資金借入金収入	2,000
	積立資産支出	500
	その他の活動資金収支差額	1,500
当期資金収支差額合計		2,366

事業活動計算書		（単位：円）
サービス活動増減の部	減価償却費	10,000
	△国庫補助金等特別積立金取崩額	△ 7,500
	退職給付引当金繰入	1,000
サービス活動外増減の部		
経常増減差額		28,366
特別増減の部	特別収益計	10,000
	施設整備等寄附金収益	10,000
	特別費用計	10,000
	基本金組入額	10,000
当期活動増減差額		28,366

6）財務３表が正しく作成されたか

事業活動収支計算書と資金収支計算書を次のプルーフリストを使って、財務３表の整合性をチェックします。

問題５

次の［　　］に金額を記入し、完成させます。

資金の使途		資金の源泉	
資金収支計算書		事業活動計算書	
		当期活動増減差額	［　　］
＜施設整備等支出＞		＜プラス要因＞	
固定資産取得支出	［　　］	減価償却費	［　　］
設備資金借入金元金償還支出	［　　］	退職給付引当金繰入	［　　］
		基本金組入額	［　　］
＜その他の活動収入＞		固定資産処分損	［　　］
長期運営資金借入金収入	［　　］	＜マイナス要因＞	
＜その他の活動支出＞		退職給付引当金戻入	［　　］
積立資産支出	［　　］	国庫補助金等特別積立金取崩額	［　　］
退職共済預け金支出	［　　］		
支出計	［　　］	差引計	［　　］
当期資金収支差額合計	［　　］		
合計	［　　］		

問題５の解答

資金の使途

資金収支計算書		
＜施設整備等支出＞		
固定資産取得支出	[	40,000]
設備資金借入金元金償還支出	[	1,000]
＜その他の活動収入＞		
長期運営資金借入金収入	[	2,000]
＜その他の活動支出＞		
積立資産支出	[	500]
退職共済預け金支出	[	—]
支出計	[	39,500]
当期資金収支差額合計	[	2,366]
合計	[	41,866]

資金の源泉

事業活動計算書		
当期活動増減差額	[	28,366]
＜プラス要因＞		
減価償却費	[	10,000]
退職給付引当金繰入額	[	1,000]
基本金組入額	[	10,000]
固定資産処分損	[	—]
＜マイナス要因＞		
退職給付引当金戻入	[	—]
国庫補助金等特別積立金取崩額	[	7,500]
差引計	[	41,866]

POINT & KEYWORD

1. 貸借対照表の純資産の増加額と事業活動計算書の当期活動増減差額が一致するとは限りません。
2. 不一致となる原因は、純資産の部に計上されている基本金の組入額や国庫補助金等特別積立金の取崩額によるものです。
3. 社会福祉法人会計基準は、「資本取引・損益取引区分の原則」によらずに、社会福祉法人の実態に即した会計処理基準を採用しているからです。

第2章
会計管理体制と法人内諸規程

第4講 社会福祉法人における会計管理体制

1）社会福祉法人における「取引の承認」

第1章において財務諸表作成の目的と拠りどころについて学びました。

次に基礎の基礎である「取引の仕訳」について、「仕訳の承認」と仕訳の正確性のチェックシステム、すなわち会計管理体制について解説します。

2）理事会と理事長の権限と責任

社会福祉法人の業務執行の中心は、理事会と理事長ということになります。

そして、社会福祉法と定款準則が、どの社会福祉法人も順守しなければならない経営管理のルールを決めています。さらには経理規程と定款細則において、それぞれの体制ができています。これらのルールに共通していることが「内部統制組織の整備を心がけ、経営の透明性を確保する」という精神です。

3）会計実務担当者に必須の基礎知識

第1章で学んだ「簿記の知識」が、内部管理体制には必要です。これがなければ、正しい財務諸表が表示されているか確認できないのです。

仕訳は必ず上長の仕訳承認が必要です。仕訳の原資料となる請求書や納品書等は、決裁権限者の取引承認の基礎資料となってはじめて、証憑書類としての機能を果たします。

会計実務担当者は、取引の流れと伝票の流れを念頭において、正しい財務諸表を作成することが使命であることを自覚して業務に従事しなければなりません。

4）理事会の権限と理事長専決事項

社会福祉法人定款準則第9条では、社会福祉法人が作成しなければならない定款に、理事会の権限を明記する一方、理事長が専決できる事項も次の表のように明記されています。特に、理事長専決事項については、理事会で具体的内容や範囲を決めて、理事長の業務執行が迅速にできるような規定を定めています。備考⑤などがその例で、会計実務担当者が理解しておくべき項目です。

理事会の権限と理事長専決事項

項目	理事会の権限	理事長専決事項
第９条（理事会）	・この法人の業務の決定は、理事をもって組織する理事会によって行う。（定款準則第９条）	・日常の軽易な業務は理事長が専決し、これを理事会に報告する。
備考①人事について	・「施設長の任免その他重要な人事」	・左記以外で理事長が専決できる人事の範囲については、理事会において定款細則等に規定しておく。
備考②労務管理 福利厚生		・職員の日常の労務管理・福利厚生に関すること
備考③債務の免除 効力の変更	・法人運営に重大な影響があるもの	・当該処分が法人に有利と認められるもの ・その他やむを得ない特別の理由があるもの
備考④設備資金の借入	・予算承認理事会での承認が一般的 ・それ以外は理事会での承認が必要	・予算範囲内 すなわち、承認された借入金の範囲内での借入の実行は理事長の専決事項
備考⑤建設工事請負 物品納入等の契約		・理事長専決事項にできる金額及び範囲は、社援施７号等の随意契約によることができる場合の基準をもとに定款細則に規定しておくこと。 ・次頁の随意契約できる全額及び範囲内において、理事長専決事項となる。
備考⑥固定資産の取得及び改良等のための支出と処分	・基本財産の取得等改良のための支出と処分及び法人運営に重大な影響があるもの	・基本財産以外の固定資産の取得及び改良等のための支出並びにこれらの処分 ・理事長専決事項に取得等の範囲を決めておく必要がある。
備考⑦物品の売却又は 廃棄	・法人運営に重大な影響のある物品の売却又は廃棄	・不要となったもの又は修理を加えても使用に耐えないと認められる物品
備考⑧予備費		・予算上の予備費の支出
備考⑨利用者の処遇		・日常の処遇に関すること
備考⑩入所者の預り金		・日常の管理に関すること
備考⑪寄附金について	・寄附金の募集に関すること ・寄附金の受入れに関し、法人運営に重大な影響があるもの	・寄附金の受入れに関する決定

5）理事長専決事項についての決裁の方法

理事長が起案し、理事長が決裁するという決裁の方法は内部統制上考えられません。業務分担を基礎に担当者が起案し、理事長に承認を受けることが基本となります。

実務上、業務分掌規程などで、物品購入要求部署からの稟議申請により理事長が決裁するという仕組みにすることが、一般的な内部管理体制です。

6）稟議規程と関係様式

会計管理体制の運用には、稟議制度が効果的です。経営の透明性を確保するためにはなくてはならないものです。＜資料＞の「稟議規程と関係様式」を会計実務に役立ててください。

7）建設工事請負・物品納入等の契約の場合の留意点

建設工事請負・物品納入等の契約について随意契約とできる範囲についての規定があり、随意契約と判断することに無理のあるケースが多くあります。

随意契約の範囲である場合以外に、理事会の承認による随意契約もあり得ますので、理事長専決事項の拡大解釈は、何かと誤解を招く結果となりますので留意すべきです。

8）定款準則第９条（備考）（1）⑤の理解

随意契約は、社会福祉法人の場合には、取引の合理性以上に透明性を重視しますので、一定額以上の「売買・賃貸借・請負その他の契約は、一般競争入札によらなければならない」という原則があり、例外として随意契約があると理解してください。

社援施７号の通知「社会福祉法人における入札契約等の取扱いについて」（平成12年２月17日）に示されている随意契約によることのできる場合と、建設工事請負・物品納入等の契約の場合の留意点を整理しました。

一般競争入札か随意契約かの整理表

		基準	一般競争入札	随意契約
ア	1．工事又は製造の請負	予定価格の金額	250万円超	250万円以下
	2．食料品・物品等の買入れ		160万円超	160万円以下
	3．前各号に掲げるもの以外		100万円超	100万円以下
イ	①不動産の買入れ、借入れ	性質・目的の特殊性		○
	②特殊な技術、機器、又は設備を必要とする工事			○
	③既設の設備の施工業者以外では支障が生じる			○
	④特定の者でなければ納入できない			○
	⑤代替性のない特定の位置、構造又は物質			○
	⑥食料品や生活必需品の購入			○
ウ	①電気、機械設備の故障・復旧	緊急性		○
	②災害時			○
	③伝染病等の感染防止			○
エ	①既に契約履行中	不利となる予想		○
	②価格の騰貴が予想		500万以上の施設設備及び設備整備を行う場合	○
	③緊急のため機会を失する			○
オ	①多量に所有し、有利に購入	有利となる予想	500万以上の施設整備及び設備整備を行う場合	○
	②価格及びその他の要件を考慮すると他より有利			○

さらに、一般競争入札にかえて指名競争入札とすることのできる場合については、経理規程の定めに従うことになります。

経理規程（例）の抜粋

「社会福祉法人における入札契約等の取扱いについて」社援施第7号、1、入札契約関係について（3）随意契約に寄ることができる場合の一般的な基準は次のとおりとする。

ア　売買、賃貸借、請負その他の契約でその予定価格が別表に掲げる契約の種類に応じ同表右欄に定める額を超えない場合

イ　契約の性質又は目的が競争入札に適さない場合
①不動産の買入れ又は借入れの契約を締結する場合
②特殊な技術、機器又は設備等を必要とする工事で、特定の者と契約を締結しなければ契約の目的を達成することができない場合
③既設の設備と密接不可分の関係にあり、同一施行者以外の者に施行させた場合、既設の設備等の使用に著しい支障が生じる恐れがある設備、機器等の増設、改修等の工事を行う場合
④契約の目的が特定の者でなければ納入することができない場合
⑤契約の目的物が代替性のない特定の位置、構造又は物質である場合
⑥日常的に消費する食料品や生活必需品の購入について、社会通念上妥当と認められる場合

ウ　緊急の必要により競争に付することができない場合
①電気、機械設備等の故障に伴う緊急復旧工事を行う場合
②災害発生時の応急工事及び物品購入等を行う場合
③メチシリン耐性黄色ブドウ球菌（MRSA）等の感染を防止する消毒設備の購入など、緊急に対応しなければ入所者処遇に悪影響を及ぼす場合

エ　競争入札に付することが不利と認められる場合
①現に契約履行中の工事に直接関連する契約を現に履行中の契約者以外の者に履行させることが不利である場合
②買入れを必要とする物品が多量であって、分割して買い入れなければ売惜しみその他の理由により価格を騰貴させる恐れがある場合
③緊急に契約をしなければ、契約する機会を失い、又は著しく不利な価格をもって契約をしなければならない恐れがある場合
④ただし、予定価格が500万円以上の施設整備及び設備整備を行う場合は、前記②及び③の適用は受けない。

オ　時価に比して有利な価格等で契約を締結することができる見込みのある場合
①物品の購入に当り、特定の業者がその物品を多量に所有し、しかも他の業者が所有している当該同一物品の価格に比して有利な価格でこれを購入可能な場合
②価格及びその他の要件を考慮した契約で他の契約よりも有利となる場合
③ただし、予定価格が500万円以上の設備整備を行う場合は、前記①及び②の適用は受けない。

＜資料＞

稟議規程と関係様式

目的と使用方法

1．この資料は、社会福祉法人における稟議の手続きを定めたもので、理事会の決議を要する案件から、施設長・上司の決裁を得なければならない案件まで、決裁・承認を要する案件すべてをカバーし得るものとして作成しました。

2．この資料は、必要最小限の内容にとどめているため、各社会福祉法人で項目を加筆し、あらゆる案件について、この規程による稟議書により、決裁・承認の後に案件が実行されることをねらいとしています。

社会福祉法人○○会

稟 議 規 程

（目的）

第１条　この規程は、社会福祉法人○○会における稟議の手続を定め、業務の適正で円滑な処理とデータの蓄積を図ることを目的とする。

（定義）

第２条　この規程で稟議とは、職員が担当業務のうち自己の権限を超える事項及び重要な事項の実施について、会議体によらず、関係者、上司及び理事長の決裁を受けることをいう。

（稟議の原則）

第３条　稟議はすべて事前に手続を取らねばならない。緊急な場合で、手続が事後になるときは、口頭または略式の文書により、事前に上司及び理事長の承認を得なければならない。

２　稟議書は他の文書に対し、常に優先して取り扱い、遅滞なく決裁処理しなければならない。

（稟議事項）

第４条　稟議しなければならない事項の基準については、別紙１理事長、常務理事、施設長決裁権限一覧表の定めによる。

（修正稟議）

第５条　承認された稟議事項につき内容または計画に、重要な修正を加える場合には、その都度速やかに修正稟議をしなければならない。

（稟議書の様式）

第６条　稟議書の様式は別紙２の様式を基準とし、適宜変更することができる。

（押印）

第７条　稟議書には起案者が署名捺印する。

２　稟議項目が他部門にわたるときは、双方の担当者が署名捺印する。

（稟議番号）

第８条　稟議書には、稟議及び起案ごとに一連の起案番号を付す。

２　稟議申請者（又は起案者）は、稟議受付部門に稟議書を提出し、受付部門長は稟議簿に番号、表題を記載する。

（回議）

第９条　受付部門長は、内容により別紙１に従い、稟議書を回議する。

（添付書類）

第10条　稟議書には稟議内容を明らかにするため、必要により参考資料等を添付するものとする。

（決裁）

第11条　理事会の決議を要するもの及び理事長、常務理事、施設長の専決事項については、別紙のとおりとする。

（申請の取消し）

第12条　稟議が決裁されたのち、実施を取りやめる場合には稟議者は文書をもって決裁の取消しを申請し、承認を得なければならない。

（実施結果の報告）

第13条　起案者は、結果報告を要する事項については、遅滞なくその結果を稟議事項報告書別紙３により報告しなければならない。

（規程の改廃）

第14条　この規程の改廃は、理事会の承認による。

附則

１．この規程は、平成○○年○○月○○日から実施する。

（別紙 1）

理事会、理事長、常務理事、施設長決裁権限一覧表

○印は決裁　　×印は起案

	事項	理事会	理事長	常務理事	施設長
運営方針・企画に関する事項	①中長期運営方針及び計画	○	×		
	②年度事業計画の決定、変更	○	×		
	③各部門別　中長期基本方針、策定計画		○	×	
	④各部門別　年間方針、策定計画		○	×	
	⑤新事業に関する事項	○	×		
	⑥事業の変更、中止	○	×		
組織に関する事項	①組織の改廃	○	×		
	②定款、諸規定の制定及び変更	○	×		
	③法人の合併、解散及び解散した場合の残余財産の帰属者の選定	○	×		
予算・決算に関する事項	①年度予算の決定、変更	○	×		
	②各部門別　年間予算計画、変更			○	×
	③各部門内年間予算計画			○	×
	④予算の流用、予備費の充当		○	×	
	⑤事業報告と決算の承認	○	×		
人事・労務に関する事項	①人事、施設長等の任免	○	×		
	②職員、パート等の採用		○	×	
	③人事異動、考課（施設長）		○	×	
	④人事異動、考課（職員）			○	×
	⑤昇進、昇格、降格（施設長以外の人事）		○	×	
	⑥進退、賞罰		○	×	
	⑦教育、研修の実施		○	×	
	⑧福利厚生に関すること		○	×	
経理に関する事項	①基本財産の運用方法の決定、変更	○	×		
	②基本財産の処分及び担保提供　※	○	×		
	③繰越金の基本財産への組入	○	×		
	④随意契約による売買、賃貸、請負その他の契約				
	1．工事又は製造の請負		○（250 万円以下）	○（80 万円以下）	○（30 万円以下）
	2．食料品、物品等の買入れ		○（160 万円以下）	○（50 万円以下）	○（20 万円以下）
	3．前各号に掲げるもの以外		○（100 万円以下）	○（30 万円以下）	○（10 万円以下）
	⑤指名競争入札等による売買、賃貸、請負その他の契約		○	×	
	⑥運用資産担保差入、担保権の設定		○	×	
	⑦設備資金の借入	○	×		
	⑧運転資金の借入（予算範囲内）		○	×	
	⑨施設用財産に関する契約その他主要な契約（上記④以外）	○	×		
	⑩寄附金の募集に関する事項の決定	○	×		
	⑪協賛金、謝礼等の支出（規定有）		○	○	○
	⑫渉外費の支出（慶弔金支給、届け物等）（規定有）		○	○	○
	⑬会議費等の支出（規定有）		○	○	○
	⑭支払条件の設定、変更		○	×	
	⑮金融機関口座の開設、解約		○	×	
業務に関する事項	①業務委託契約の廃止（規定有）		○		○
	②業者との取引の変更（規定有）		○		○
	③団体への加入、脱会（規定有）		○		○
	④官公署等に対する諸届け		○（重要）		○（一般）
	⑤補助金等の交付申請		○		
	⑥介護報酬の請求		○		
	⑦入所者預り金に関すること（規定有）		○		○（管理）
	⑧事務に関する照会、回答、通知、報告等に関すること				○
	⑨施設の保守管理に関すること（駐車場運営含む）		○（駐車場運営）		○
	⑩出張に関する事項（規定有）		○（国外）		○（国内）
その他の事項	①役員等の選任	○	×		
	②社会福祉施設の許認可関係	○	×		
	③その他法人の業務に関する事項	○	×		

※基本財産以外の資産の取得・廃業・売却は理事長の専決事項

(別紙２)

稟　議　書

受付日付　　平成　　年　　月　　日

<table>
<tr><td colspan="5">（企画・組織・予算・決算・人事・経理・業務・その他）の稟議</td><td>番号</td><td colspan="2"></td></tr>
<tr><td>決裁者等</td><td>理事会</td><td>理事長</td><td>常務理事</td><td>施設長</td><td>受付部門長</td><td>起案者上司</td><td>起案者</td></tr>
<tr><td>日　付</td><td></td><td></td><td></td><td></td><td></td><td></td><td></td></tr>
<tr><td>サイン</td><td></td><td></td><td></td><td></td><td></td><td></td><td></td></tr>
<tr><td rowspan="3">案件</td><td colspan="3" rowspan="3"></td><td>決裁希望日</td><td colspan="3">平成　　年　　月　　日</td></tr>
<tr><td>施行予定</td><td colspan="3">平成　　年　　月　　日</td></tr>
<tr><td>予算金額</td><td colspan="3">円</td></tr>
<tr><td>説明</td><td colspan="7"></td></tr>
</table>

要領１　起案者は、別紙１より稟議がどの種類に属するか、該当するものを○で囲み、案件及び説明を記載し、上司の承認の後、受付部門長に稟議書を提出する。(原本を提出し、コピーを手もとに保管する。)

２　受付部門長（事務長等）は、受付簿に番号を採番し、決裁権限者に回議する。不要な欄は斜線を引き、使用しないこと。

３　受付部門長が、回議すべきだと判断した場合には、決裁者等にマークし、回議する。

（別紙３）

稟議事項報告書

受付日付　平成　　年　　月　　日

案件		番号		起案者
		施行日	平成　　年　　月　　日	
		決定金額	円	
説明				

報告受領について

決裁者等					受付部門長	起案者上司
日付						
サイン						

備考

要領１　起案者は、この様式にて、稟議書の原本等をもとに、報告書を完成させ、上司の承認、サインを得て、受付部門長に提出する。

２　受付部門長（事務長等）は、決裁権限者に報告書を提出し、サインを受ける。

POINT & KEYWORD

1. 会計管理体制は、業務分担と第三者によるチェックによって機能します。
2. 社会福祉法人の会計の透明性・信頼性は、会計管理体制が担保します。
3. 「理事会、理事長、常務理事、施設長決裁権限一覧表」と稟議規程が、会計管理体制の重要な要素となります。

第5講　経理規程における内部統制のルール

財務諸表作成に関する各法人の経理の基準を定めているのが、経理規程です。

経理規程は、各法人の組織に合わせて作成されますので、大枠には共通するところもありますが、内容においては、まったく異なるところもあります。経理規程の内容が、各法人の実態に合ったものかどうかを理解することが重要です。

特に、財務諸表作成に関する規定と内部統制に関するルールを知らなければ、会計実務は始まりません。次の各項の理解とワークシートを完成させてから会計実務を行うようにしましょう。

経理規程「目的」と「経理実務の範囲」

（目的）

第１条　この規定は、社会福祉法人○○会（以下「当法人」という。）の経理の基準を定め、適切な経理事務を行い、支払資金の収支の状況、経営成績及び財政状態を適正に把握することを目的とする。

（経理事務の範囲）

第２条　この規定において経理事務とは、次の事項をいう。

(1)　会計帳簿の記帳、整理及び保管に関する事項

(2)　予算に関する事項

(3)　金銭の出納に関する事項

(4)　資産・負債の管理に関する事項

(5)　財務及び有価証券の管理に関する事項

(6)　棚卸資産の管理に関する事項

(7)　固定資産の管理に関する事項

(8)　引当金に関する事項

(9)　決算に関する事項

(10)　会計監査に関する事項

(11)　契約に関する事項

経理規程　「会計年度及び財務諸表」と「事業区分及び拠点区分及びサービス区分」

（会計年度及び財務諸表）

第４条　当法人の会計年度は毎年４月１日から翌年３月31日までとする。

２　毎会計年度終了後２カ月以内に下記財務諸表及び第３項に定める附属明細書並びに財産目録を作成しなければならない。

３　附属明細書として作成する書類は下記とする。

４　第２項に定める財務諸表及び第３項に定める附属明細書は、消費税及び地方消費税の税込金額を記載する。

（事業区分、拠点区分及びサービス区分）

第５条　事業区分は社会福祉事業、公益事業及び収益事業とする。

２　拠点区分は予算管理の単位とし、法人本部及び一体として運営される施設、事業所又は事務所をもって１つの拠点区分とする。また、公益事業（社会福祉事業と一体的に実施されているものを除く）又は収益事業については別の拠点区分とする。

３　事業活動の内容を明らかにするために、各拠点区分においてはサービス区分を設け収支計算を行わなければならない。

４　前項までの規定に基づき、当法人において設定する事業区分、拠点区分及びサービス区分は以下のとおりとする。

第４条第２項において作成が必要な財務諸表について、例を挙げて説明すると次のようになります。

社会福祉法人○○会
　次のような３事業６拠点で、社会福祉事業、公益事業、収益事業を経営しています。
(1) 社会福祉事業区分
　①法人本部（A 拠点区分に含める）
　②A 拠点区分
　　ア．A 特別養護老人ホーム
　　イ．A デイサービス
　　ウ．A 居宅介護支援センター
　③B 拠点区分
　　ア．B 保育所
　④C 拠点区分
　　ア．C 就労移行―製パン事業
　　　　　　　　　　製麺事業
　　イ．C 就労継続支援 A 型―○○作業
　　ウ．C 就労継続支援 B 型―○○作業
　⑤D 拠点区分
　　ア．D 児童養護施設
(2) 公益事業区分
　①E 拠点区分
　　ア．E 有料老人ホーム
(3) 収益事業区分
　①F 拠点区分
　　ア．F 駐車場

社会福祉法人〇〇会の財務諸表等

<table>
<tr><th></th><th></th><th>資金収支計算書</th><th>事業活動計算書</th><th>貸借対照表</th></tr>
<tr><td rowspan="15">財務諸表</td><td rowspan="2">法人全体</td><td>〇〇会資金収支計算書</td><td>〇〇会事業活動計算書</td><td>〇〇会貸借対照表</td></tr>
<tr><td>第1号の1様式</td><td>第2号の1様式</td><td>第3号の1様式</td></tr>
<tr><td rowspan="2">法人全体
(事業区分別)</td><td>〇〇会資金収支内訳表</td><td>〇〇会事業活動内訳表</td><td>〇〇会貸借対照表内訳表</td></tr>
<tr><td>第1号の2様式</td><td>第2号の2様式</td><td>第3号の2様式</td></tr>
<tr><td rowspan="4">事業区分
(拠点区分別)</td><td>社会福祉事業区分資金収支内訳表</td><td>社会福祉事業区分事業活動内訳表</td><td>社会福祉事業区分貸借対照表内訳表</td></tr>
<tr><td>△公益事業区分資金収支内訳表</td><td>△公益事業区分事業活動内訳表</td><td>△公益事業区分貸借対照表内訳表</td></tr>
<tr><td>△収益事業区分資金収支内訳表</td><td>△収益事業区分事業活動内訳表</td><td>△収益事業区分貸借対照表内訳表</td></tr>
<tr><td>第1号の3様式</td><td>第2号の3様式</td><td>第3号の3様式</td></tr>
<tr><td rowspan="7">拠点区分
(1つの拠点を表示)</td><td>A拠点区分資金収支計算書</td><td>A拠点区分事業活動計算書</td><td>A拠点区分貸借対照表</td></tr>
<tr><td>B拠点区分資金収支計算書</td><td>B拠点区分事業活動計算書</td><td>B拠点区分貸借対照表</td></tr>
<tr><td>C拠点区分資金収支計算書</td><td>C拠点区分事業活動計算書</td><td>C拠点区分貸借対照表</td></tr>
<tr><td>D拠点区分資金収支計算書</td><td>D拠点区分事業活動計算書</td><td>D拠点区分貸借対照表</td></tr>
<tr><td>E拠点区分資金収支計算書</td><td>E拠点区分事業活動計算書</td><td>E拠点区分貸借対照表</td></tr>
<tr><td>F拠点区分資金収支計算書</td><td>F拠点区分事業活動計算書</td><td>F拠点区分貸借対照表</td></tr>
<tr><td>第1号の4様式</td><td>第2号の4様式</td><td>第3号の4様式</td></tr>
<tr><td rowspan="3">附属明細書</td><td rowspan="2">サービス区分別</td><td>A拠点区分資金収支明細書(注2)</td><td>A拠点区分事業活動計算書</td><td rowspan="3"></td></tr>
<tr><td>C拠点区分資金収支明細書</td><td>C拠点区分事業活動計算書</td></tr>
<tr><td>(拠点区分の合計をサービス別に区分表示)</td><td>別紙3</td><td>別紙4</td></tr>
</table>

(注1) 拠点区分事業活動明細書は経常増減差額まで

(注2) 介護老人福祉施設、障害福祉サービス事業所等では拠点区分事業活動明細書のみを作成し、保育所、措置施設は拠点区分資金収支明細書のみを作成する。

(注3) C拠点区分は、就労移行、就労継続支援A型、就労継続支援B型をサービス区分とするので、附属明細書、別紙⑪から別紙⑱までで適切な様式を選択し作成することになる。

(注4) △は省略できる。

第1号の3様式のうち、公益事業区分資金収支内訳表は、第1号の4様式のうちE拠点区分資金収支計算書と同じ内容となるため省略できる。収益事業区分資金収支内訳表も同様に省略できる。第2号の3様式、第3号の3様式も同様である。

別紙3、別紙4においても、サービス区分が1つの拠点区分B、D、E、Fは拠点区分資金収支計算書等と同じであるので省略できる。

1）経理規程第5条、事業区分、拠点区分、サービス区分のためのワークシート

事業区分、拠点区分、サービス区分（ワークシート）

（平成××年4月1日現在）

事業区分	拠点区分			
	拠点名	サービス区分	所在地	関係法令等
社会福祉事業				
公益事業				
収益事業				

関係法令等の欄には、関係法令、許認可指定事業所関係事項の記載を忘れないようにしましょう。

2）内部統制に関するルール

どの社会福祉法人も経理規程において、経理事務の業務分担を定め内部統制のルールとしています。

「組織図兼事務分担表」に実務担当者名を記載し、関係者に経理規程に定めた内部統制のルールの周知を図りましょう。

（統括会計責任者、会計責任者及び出納職員）
第７条　当法人の経理事務に関する統括責任者として、統括会計責任者を置く。
２　第５条第２項の各拠点区分には、それぞれの経理事務の責任者として会計責任者を置く。ただし、会計責任者としての業務に支障がない限り、１人の会計責任者が複数の拠点区分の会計責任者を兼務することができる。
３　第５条第２項の各拠点区分又は各サービス区分には、会計責任者に代わって一切の経理事務を行わせるため、出納職員を置く。ただし、出納職員としての業務に支障がない限り、１人の出納職員が複数の拠点区分又はサービス区分の出納職員を兼務することができる。
４　統括会計責任者、会計責任者及び出納職員は理事長が任命する。
５　会計責任者は、会計事務に関する報告等、統括会計責任者の指示に従わなければならない。
６　会計責任者は、出納職員を監督しなければならない。

組織図兼事務分担表

（社会福祉法人　　　　　　　　　）　　　　平成　　年　　月　　日現在

法人	拠点（所在）	サービス区分（事業所名）	担当者と分担				
			施設長等	会計責任者	出納職員	予算管理責任者	固定資産管理責任者
理事長							
（　　　）							
財務担当理事							
（　　　）							
担当理事							
（　　　）							
（　　　）							
統括会計責任者							
（　　　）							
（　　　）							
契約担当者							
（　　　）							
監事							
（　　　）							
（　　　）							
（　　　）							
非常勤理事							
（　　　）							
（　　　）							
（　　　）							
（　　　）							

（注１）　管理者のミーティング等で完成させること。
（注２）　辞令簿等と整合性を確認すること。

3）出納業務等における内部統制

経理規程で定めた、統括会計責任者を中心とする内部統制のルールのほかに、小口現金出納や預金出納にかかる内部統制のルールも定められています。

次のような「出納及び資産管理の基礎資料」も経理規程の補足資料として作成しておくと業務遂行に役立ちます。

出納及び資産管理の基礎資料

（部署名　　　　　　　）　（作成者　　　　　　　　）　　　　　　　　平成　　年　　月　　日

業務	項目	担当者名簿	補足説明
小口現金出納	小口現金出納係		
	小口現金出納帳記帳係		
	会計伝票起票係		
	金種表の作成タイミング		毎日かどうかのタイミングを記載
	出納職員		
	出納職員のチェックのタイミング		毎日か、毎月末かのタイミングを記載
預金出納	預金出納係		
	会計伝票起票係		
	会計伝票承認者		
	銀行印押印者（預金払出責任者）		
	月末預金残高確認者		
	月末預金残高チェック者		
	預金通帳の保管者		
	預金通帳の保管場所		
	銀行印の保管場所		
金庫の管理	金庫の鍵の保管者		
	金庫の保管物リストの作成		リストの有無と作成時期を記載
	金庫の管理責任者		
契約	契約担当者		
	契約印の保管者		
	押印依頼書の有無		
	稟議制度・伺制度の有無		
	契約書のファイリング担当者		
	契約書保管責任者		

POINT & KEYWORD

1. 財務諸表作成に関する各社会福祉法人の経理の基準を定めた経理規程の理解が、経理の大前提となります。
2. 事業区分、拠点区分およびサービス区分を理解するのと同様に、法人の沿革や業務の内容の理解に努めましょう。
3. 経理規程に定める内部統制に関するルールの定期的な見直しが重要です。「組織図兼事務分担表」は、必須の管理資料です。

第3章
財務諸表作成上の留意点

第6講 内部取引についての決算手続きと表示のポイント

1）内部取引と相殺消去

会計基準では、内部取引について相殺消去して表示することが求められています。平成23年基準の「第1章　総則 7 内部取引」、社会福祉法人会計基準注解（注5）には、次のように記載されています。

第1章　総則
7　内部取引
社会福祉法人は財務諸表作成に関して、内部取引を相殺消去するものとする。（注5）

社会福祉法人会計基準注解
（注5）内部取引の相殺消去について
当該社会福祉法人が有する事業区分間、拠点区分間において生ずる内部取引について、異なる事業区分間の取引を事業区分間取引とし、同一事業区分内の拠点区分間の取引を拠点区分間取引という。同一拠点区分内のサービス区分間の取引をサービス区分間取引という。

事業区分間取引により生じる内部取引高は、資金収支内訳表及び事業活動内訳表において相殺消去するものとする。当該社会福祉法人の事業区分間における内部貸借取引の残高は、貸借対照表内訳表において相殺消去するものとする。

また、拠点区分間取引により生じる内部取引高は、事業区分資金収支内訳表及び事業区分事業活動内訳表において相殺消去するものとする。当該社会福祉法人の拠点区分間における内部貸借取引の残高は、事業区分貸借対照表内訳表において相殺消去するものとする。

なお、サービス区分間取引により生じる内部取引高は、拠点区分資金収支明細書及び拠点区分事業活動明細書において相殺消去するものとする。

外部への情報開示において、内部取引を相殺消去することにより、社会福祉法人の経営状況や財政状態がより明りょうに表されます。

内部取引とは、法人内で行われる各区分間の取引です。

会計基準では、サービス区分間・拠点区分間・事業区分間の取引について、財務諸表等の各様式の内部取引消去欄で、段階的に消去して表示します。

拠点区分資金収支明細書（別紙3）、拠点区分事業活動明細書（別紙4）はサービス区分別の内訳明細書です。

事業区分資金収支内訳表（第1号の3様式）、事業区分事業活動内訳表（第2号の3様式）、事業区分貸借対照表内訳表（第3号の3様式）は、拠点区分別の内訳表です。

資金収支内訳表（第1号の2様式）、事業活動内訳表（第2号の2様式）、貸借対照表内訳表（第3号の2様式）は、事業区分別の内訳表です。

これらの明細書や内訳表は、内部取引と内部取引の相殺消去の状態を表す働きをしています。

内部取引とその相殺消去の場所

	サービス区分間取引	拠点区分間取引	事業区分間取引
内容	同一拠点区分内のサービス区分間の取引	同一事業区分内の拠点区分間の取引	法人内の異なる事業区分間の取引
内部取引高の相殺消去の場所	拠点区分資金収支明細書（別紙3） 拠点区分事業活動明細書（別紙4）	事業区分資金収支内訳表（第1号の3様式） 事業区分事業活動内訳表（第2号の3様式）	資金収支内訳表（第1号の2様式） 事業活動内訳表（第2号の2様式）
内部貸借取引の残高の相殺消去の場所	—	事業区分貸借対照表内訳表（第3号の3様式）	貸借対照表内訳表（第3号の2様式）

第3章

2）内部取引相殺消去の留意点

決算手続きとしての内部取引の相殺消去には、日次と月次の会計処理においての準備が必要です。

内部取引処理のポイント

決算における内部取引の相殺消去のポイント	日次、月次における内部取引の処理のポイント
□ 相殺消去すべき内部取引が網羅されているか。	□ どのような内部取引があるか整理されているか。
□ 資金の貸付（繰替使用）で通知上年度内清算が必要なものについて清算されているか。	□ 資金の貸付（繰替使用）が通知上制限されているものでないか。
□ 資金の繰入額が通知上の限度額を超えていないか。	□ 資金の繰入が通知上制限されているものでないか。
□ 各区分間の内部取引の科目・金額の整合性が取れているか。 □ 1年以内回収予定の貸付金額、1年以内返済予定の借入金額についても整合性が取れているか。	□ 内部取引を把握できるような仕組みがつくられているか。 ・小区分や細目を設ける（内部未収金、内部給食費など）。 ・内部取引の相手方拠点区分等においても会計処理がなされ、日付・科目・金額について整合性が取れるように、同時に伝票処理する。
□ 必要な附属明細書は作成され、整合性は取れているか。 ・別紙④ 事業区分間及び拠点区分間繰入金明細書 ・別紙⑤ 事業区分間及び拠点区分間貸付金（借入金）残高明細書 ・別紙⑨ サービス区分間繰入金明細書 ・別紙⑩ サービス区分間貸付金（借入金）残高明細書	（相殺消去のできない要注意ケース） ・一方が計上しているのに、相手区分が計上していない。 ・一方が貸付金としているのに、相手区分が繰入金収益としている。 ・一方が流動資産（短期）としているのに、相手区分が固定負債（長期）としている。
□ 内部取引の相殺消去後の金額について、財務諸表等の各様式間で整合性が取れているか。	
□ 決算での会計システムにおける内部取引の処理方法を理解しているか。	□ 日次、月次での会計システムにおける内部取引についての設定を理解し、会計処理しているか。

会計基準において、内部取引は相殺消去されますが、資金の貸付（繰替使用）及び資金の繰入については、通知上、各事業の種別や資金の弾力運用の要件の充足度合い等により制限があります。全体として結果的には相殺消去されて表示はされますが、それぞれの通知上の制限についてはルールを守らなければなりません。

3）内部取引の例

「社会福祉法人会計基準適用上の留意事項（運用指針）」では、どのような内部取引の取引高や残高が相殺消去の対象となるのかが示されています。

運用指針 20
（4） 内部取引の相殺消去
会計基準注解（注5）に規定する内部取引の相殺消去には、ある事業区分、拠点区分又はサービス区分から、他の事業区分、拠点区分又はサービス区分への財貨又はサービスの提供を外部との取引と同様に収益（収入）・費用（支出）として処理した取引も含むものとする。
例えば、就労支援事業のある拠点区分において製造した物品を他の拠点区分で給食として消費した場合には、就労支援事業収益（収入）と給食費（支出）を、内部取引消去欄で相殺消去する取扱いをするものとする。

第3章

注意すべき点は、区分間の貸付や資金の繰入等だけではなく、法人外部との取引と同様に会計処理したものについても、相殺消去しなければならないことです。

(1) 内部取引相殺消去の対象となる各区分間での取引や残高の類型

（注）BS：貸借対照表　PL：事業活動計算書　CF：資金収支計算書

①資金の貸借（内部未収金・内部未払金含む）

社会福祉事業区分A拠点aサービス区分から公益事業区分A拠点aサービス区分に現金10,000,000円を貸し付けた。（長期貸付で1年以内返済予定なし）

社会福祉事業区分	借方		貸方	
BS・PL仕訳	事業区分間長期貸付金	10,000,000	現金預金	10,000,000
CF仕訳	事業区分間長期貸付金支出	10,000,000	支払資金	10,000,000
公益事業区分	借方		貸方	
BS・PL仕訳	現金預金	10,000,000	事業区分間長期借入金	10,000,000
CF仕訳	支払資金	10,000,000	事業区分間長期借入金収入	10,000,000

②繰入金収益（収入）・費用（支出）

A 拠点区分 a サービス区分から B 拠点区分 a サービス区分に現金 5,000,000 円を繰り入れた。

A 拠点区分 a サービス区分	借方		貸方	
BS・PL 仕訳	拠点区分間繰入金費用	5,000,000	現金預金	5,000,000
CF 仕訳	拠点区分間繰入金支出	5,000,000	支払資金	5,000,000
B 拠点区分 a サービス区分	借方		貸方	
BS・PL 仕訳	現金預金	5,000,000	拠点区分間繰入金収益	5,000,000
CF 仕訳	支払資金	5,000,000	拠点区分間繰入金収入	5,000,000

③固定資産移管収益・移管費用

A 拠点区分 a サービス区分から B 拠点区分 a サービス区分に土地 20,000,000 円を移管した。

A 拠点区分 a サービス区分	借方		貸方	
BS・PL 仕訳	拠点区分間固定資産移管費用	20,000,000	土地	20,000,000
CF 仕訳	仕訳なし			
B 拠点区分 a サービス区分	借方		貸方	
BS・PL 仕訳	土地	20,000,000	拠点区分間固定資産移管収益	20,000,000
CF 仕訳	仕訳なし			

④外部取引と同様に収益（収入）・費用（支出）とした取引

A 拠点区分 a サービス区分で生産された食品を B 拠点区分 a サービス区分で給食として使用した。（対価 100,000 円で現金払いの場合）

A 拠点区分 a サービス区分	借方		貸方	
BS・PL 仕訳	現金預金	100,000	就労支援事業収益	100,000
CF 仕訳	支払資金	100,000	就労支援事業収入	100,000
B 拠点区分 a サービス区分	借方		貸方	
BS・PL 仕訳	事業費－給食費	100,000	現金預金	100,000
CF 仕訳	事業費支出－給食費支出	100,000	支払資金	100,000

⑤外部取引と同様に収益（収入）・費用（支出）とした取引

B 拠点区分 a サービス区分で A 拠点区分 a サービス区分の職員の健康診断を行った。（対価 200,000 円で未収未払いの場合）

A 拠点区分 a サービス区分	借方		貸方	
BS・PL 仕訳	事務費－福利厚生費	200,000	事業未払金－内部未払金	200,000
CF 仕訳	事務費支出－福利厚生費支出	200,000	支払資金	200,000
B 拠点区分 a サービス区分	**借方**		**貸方**	
BS・PL 仕訳	事業未収金－内部未収金	200,000	医療事業収益	200,000
CF 仕訳	支払資金	200,000	医療事業収入	200,000

4）内部取引の相殺消去と残高管理

(1) 内部取引相殺消去の意味と相殺消去の実際

内部取引は決算手続として相殺消去されます。

ここでは、3）に記載の取引例①②④⑤を抜粋し、内部資金収支取引消去がどのようになされるか見てみましょう。

資金収支内訳表では、事業区分間の資金収支取引を相殺消去します。

同様に、事業活動内訳表及び貸借対照表内訳表で事業区分間取引及び残高を相殺消去します。

【第1号の2様式】

資金収支内訳表
（自）平成X1年4月1日（至）平成X2年3月31日

（単位：円）

勘定科目	社会福祉事業	公益事業	収益事業	合計	内部取引消去	法人合計
…省略						
就労支援事業収入	8,900,000			8,900,000		8,900,000
…省略						
医療事業収入	1,500,000			1,500,000		1,500,000
…省略						
省略						
人件費支出						
事業費支出	79,900,000	…	…	90,000,000		90,000,000
事務費支出	6,800,000	…	…	8,000,000		8,000,000
…省略						
省略						
…省略						
積立資産取崩収入						
事業区分間長期借入金収入		10,000,000		10,000,000	①△ 10,000,000	0
事業区分間長期貸付金回収収入						
事業区分間繰入金収入						
その他の活動による収入						
省略						
…省略						
積立資産支出						
事業区分間長期貸付金支出	10,000,000			10,000,000	①△ 10,000,000	0
事業区分間長期借入金返済支出						
事業区分間繰入金支出						
その他の活動による支出						
…省略						
省略						
当期資金収支差額合計	12,300,000	…	…	15,400,000	0	15,400,000
省略						

法人内の事業区分間の貸付と借入の取引を相殺消去します。

拠点区分間取引の科目は出てきません。

当期資金収支差額合計の内部取引消去欄は0となり、法人全体の合計は、内部取引消去前と消去後は同額です。

事業区分資金収支内訳表では、拠点区分間の資金収支取引を相殺消去します。

同様に、事業区分事業活動内訳表及び事業区分貸借対照表内訳表で拠点区分間取引及び残高を相殺消去します。

なお、ここでは記載例を示していませんが、取引例③の拠点区分間固定資産移管収益・費用は、事業区分事業活動内訳表の内部取引消去欄で相殺消去されます。

【第1号の3様式】

社会福祉事業区分　資金収支内訳表

（自）平成X1年4月1日（至）平成X2年3月31日

（単位：円）

勘定科目	A拠点	B拠点	合計	内部取引消去	事業区分合計
…省略					
就労支援事業収入	9,000,000		9,000,000	④△ 100,000	8,900,000
…省略					
医療事業収入		1,700,000	1,700,000	⑤△ 200,000	1,500,000
…省略					
省略					
人件費支出					
事業費支出	…	12,000,000	80,000,000	④△ 100,000	79,900,000
事務費支出	5,300,000	…	7,000,000	⑤△ 200,000	6,800,000
…省略					
省略					
…省略					
積立資産取崩収入					
事業区分間長期借入金収入					
拠点区分間長期借入金収入					
事業区分間長期貸付金回収収入					
拠点区分間長期貸付金回収収入					
事業区分間繰入金収入					
拠点区分間繰入金収入		5,000,000	5,000,000	②△ 5,000,000	0
その他の活動による収入					
省略					
…省略					
積立資産支出					
事業区分間長期貸付金支出	10,000,000		10,000,000		10,000,000
拠点区分間長期貸付金支出					
事業区分間長期借入金返済支出					
拠点区分間長期借入金返済支出					
事業区分間繰入金支出					
拠点区分間繰入金支出	5,000,000		5,000,000	②△ 5,000,000	0
その他の活動による支出					
省略					
当期資金収支差額合計	…	…	12,300,000	0	12,300,000
省略					

同一事業区分内の
拠点区分間の取引を相殺消去します。

当期資金収支差額合計の内部取引消去欄は0となり、
事業区分の合計は、内部取引消去前と消去後は同額です。

第3章

拠点区分資金収支明細書では、サービス区分間の資金収支取引を相殺消去します。
同様に、拠点区分事業活動明細書でサービス区分間取引を相殺消去します。

別紙3

A拠点区分　資金収支明細書
（自）平成X1年4月1日（至）平成X2年3月31日

（単位：円）

勘定科目	サービス区分			合計	内部取引消去	拠点区分合計
	a事業	b事業	c事業			
…省略 就労支援事業収入 …省略 医療事業収入 …省略						
省略						
人件費支出 …省略 事業費支出 …省略 事務費支出 …省略						
省略						

同一拠点区分内の
サービス区分間の取引を相殺消去します。

(2) 相殺消去の目的

相殺消去の目的は、外部への情報開示において、内部取引を相殺消去することにより、社会福祉法人の経営状況や財政状態をより明りょうに表わすことです。よって、内部取引が消去されるのは決算書上だけです。

5）相殺消去を可能にする会計システムの構築について

①事業区分コード、拠点区分コード、サービス区分コード及び勘定科目コードの体系を理解することが必要です。
②内部取引を分類し、使用する科目を決めておかなければ相殺消去はできません。

使用する科目例

	A区分	B区分
資金の貸付	○○区分間長期貸付金－B	○○区分間長期借入金－A
	○○区分間長期貸付金支出－B	○○区分間長期借入金収入－A
資金の繰入	○○区分間繰入金費用－B	○○区分間繰入金収益－A
	○○区分間繰入金支出－B	○○区分間繰入金収入－A
固定資産の移管	○○区分間固定資産移管費用－B	○○区分間固定資産移管収益－A
内部収益・費用	事業費－給食費－B	就労支援事業収益－A
	事業費支出－給食費支出－B	就労支援事業収入－A
経費の立替	内部未収金－B	内部未払金－A

①のコード体系と②の使用する科目について、内部取引マニュアルの作成をおすすめします。

③共通経費の按分の場合で、貸借関係が生じない場合は、内部取引の相殺消去を行う必要はありません。

6）会計実務上の内部取引の管理

(1) 管理台帳を用いての内部取引の管理

以下のような台帳を用いて内部取引を管理することができます。

内部長期貸付金管理台帳

（自）平成 X1 年 4 月 1 日（至）平成 X2 年 3 月 31 日

事業区分名　社会福祉事業
拠点区分名　A 拠点区分
サービス区分名　a サービス区分

（単位：円）

	事業区分	拠点区分	サービス区分	4 月	5 月	省略	合計
借入先	社会福祉事業	法人本部	法人本部				
		A	a				
			b				
			c				
			計				
		B	a				
			b				
			計				
		合計					
	公益事業	A	a	10,000,000			10,000,000
			b				
		計		10,000,000			10,000,000

一致を確かめる。

内部長期借入金管理台帳

（自）平成 X1 年 4 月 1 日（至）平成 X2 年 3 月 31 日

事業区分名　公益事業
拠点区分名　A 拠点区分
サービス区分名　a サービス区分

（単位：円）

	事業区分	拠点区分	サービス区分	4 月	5 月	省略	合計
貸付元	社会福祉事業	法人本部	法人本部				
		A	a	10,000,000			10,000,000
			b				
			c				
			計	10,000,000			10,000,000
		B	a				
			b				
			計				
		合計		10,000,000			10,000,000
	公益事業	A	a				
			b				
		計					

第3章

管理台帳での管理は、毎月の月次決算で一致を確認すべきです。決算期においてまとめてすることは、大変な労力を要します。

(2) 会計システムでの管理

会計システム上、管理台帳を用いての内部取引の管理をシステム内部で実行しているソフトがあります。

そのようなソフトでは、不一致が発生するとエラーリストで不一致を知ることができます。

POINT & KEYWORD

1. 取引を相殺消去する場合の各財務諸表での記載場所をイメージできるように財務諸表になじみましょう。

   これまでの基準では、経理区分の財務3表を表示することに主眼がおかれ、内部取引を相殺消去するという考え方はありませんでした。
2. 内部取引の相殺消去には、損益取引・収支取引に関するものと、貸借対照表の残高に影響するものまであることに注意しましょう。
3. 内部取引の相殺処理を効率的にするためには、内部取引のパターン別整理と仕訳処理ルールを決めておき、内部取引を行った双方の区分で統一的な会計処理を行います。
4. 事業区分、拠点区分、サービス区分の経理単位のコード体系、勘定科目コード、内訳補助コードのコード体系のわかりやすいものが使いこなしには便利です。
5. 収益・費用に関しては、仕訳伝票の起票の段階で内部取引の仕訳がなされていなければ相殺消去が大変難しくなります。

   会計年度当初から、内部取引処理のルールを会計処理マニュアルとして作成して、関係部署に徹底しましょう。

第7講　減価償却費と国庫補助金等特別積立金取崩額

重要な決算手続きとして、減価償却費の計上と国庫補助金等特別積立金の取崩しがあります。

1）減価償却費計上の留意点

(1) 減価償却にかかる確認事項

①減価償却方法の選択

> 減価償却方法
> □有形固定資産「定額法」又は「定率法」
> □無形固定資産「定額法」

有形固定資産の減価償却方法については、拠点区分ごと、資産の種類ごとに選択適用できますが、同一の方法で行うことが一般的と思われます。

②平成19年3月31日以前取得資産の備忘価額までの償却の具体的方法

平成19年3月31日以前取得資産で、耐用年数到来時においても、使用し続けている有形固定資産については、さらに備忘価額（1円）まで、償却を行うことができるものとされています。

> 具体的な方法
> [1]税法を準用し5年で償却
> [2]それまでの償却方法を延長
> [3]金額が重要でなければ一括償却

会計基準のパブリックコメント「社会福祉法人新会計基準（案）に関する意見募集手続き（パブリックコメント）の結果について」（平成23年7月27日）回答70では、基本的には、[2]のそれまでの償却方法の延長とされていますが、実務的には[1]の5年で均等償却を採用しているところが多いと思われます。いずれにしても経理規程細則等文書で明らかにすることが望まれます。

③減価償却の対象資産

減価償却の対象は、耐用年数が1年以上かつ使用又は時の経過により価値が減ずる有形固定資産及び無形固定資産で、原則として1個若しくは1組の金額が10万円以上のものです。パブリックコメント回答67に「原則として」の文言挿入の経緯が示されており、20万円以上の資産を対象とする等も認められていると解されます。

④耐用年数

耐用年数については、原則として「減価償却資産の耐用年数等に関する省令」（昭和40年大蔵省令第15号）を使用します。

留意すべき点は、同じものであってもその構造・材質や用途によって耐用年数が異なることです。例えば、同じ保育所の建物であっても構造が鉄骨鉄筋コンクリート造であれば、一般的に住宅用、寄宿舎用、宿泊所用、学校用又は体育館用のものの47年を使用しますが、構造が金属造（骨格材の肉厚が4ミリメートル超のもの）であれば、34年を使用します。

また、同じ鉄骨鉄筋コンクリート造でも特別養護老人ホームに使用する場合は、病院用のものの39年を使用することが一般的です。

中古で取得した場合の耐用年数についても注意が必要です。中古で取得した場合には、経過年数等を考慮して残存耐用年数を見積もることとなりますが、実務的には法人税法に準じて見積もります。計算した年数が2年未満の場合は2年とし、その年数に1年未満の年数があれば切り捨てします。

法定耐用年数を全部経過したもの	法定耐用年数を一部経過したもの
残存耐用年数＝法定耐用年数×0.2	残存耐用年数＝法定耐用年数－経過年数＋（経過年数×0.2）

(2) 固定資産の移管

固定資産の移管とは、法人内での事業区分間や拠点区分間の固定資産の移動のことです。

必ずしも決算で行うとは限りませんが、期中に移管があったものについても適正に会計処理が行われているか、確認した上で、適切な拠点区分等で減価償却費及び国庫補助金等特別積立金取崩額を計上します。

仕訳例

社会福祉事業A拠点区分から社会福祉事業B拠点区分に以下の車輌運搬具を移管した。

取得価額	3,000,000円
減価償却累計額	1,800,000円
帳簿価額	1,200,000円
国庫補助金等特別積立金残高	400,000円

A 拠点区分	借方		貸方	
BS・PL 仕訳	国庫補助金等特別積立金	400,000	車輌運搬具	1,200,000
	拠点区分間固定資産移管費用	800,000		
B 拠点区分	借方		貸方	
BS・PL 仕訳	車輌運搬具	1,200,000	国庫補助金等特別積立金	400,000
			拠点区分間固定資産移管収益	800,000

2) 国庫補助金等特別積立金の具体的な決算整理仕訳

(1) 積立て対象について

①固定資産限定の解除

旧会計基準では、国庫補助金等特別積立金積立ての対象は、固定資産限定とされていましたが、新会計基準では、固定資産に限られていません。施設及び設備の整備のために国又は地方公共団体等から受領した国庫補助金等を消耗器具備品費、事務消耗品費や修繕費などに充てた場合にも国庫補助金等特別積立金に積立てます。(パブリックコメント回答 79 参照) このような場合には、積立てを行いますが、即時に費用計上されるので、同時に取崩しを計上します。

②借入金元金償還補助金の積立て

新会計基準では、設備資金借入金の返済時期に合わせて執行される補助金等も、実際に償還補助金の入金があった時に積立てます。当該補助金等は、施設整備時又は設備整備時においてその受領金額が確実に見込まれており、実質的に施設整備事業又は設備整備事業に対する補助金等に限るとされています。

(2) 取崩しについて

①減価償却に伴う取崩し

国庫補助金等により取得した資産の減価償却費のうち国庫補助金等に相当する額を取崩します。うち国庫補助金等に相当する額とは、減価償却費の額の国庫補助金等の取得原価に対する割合で求められます。

$$\text{国庫補助金等特別積立金取崩額} = \text{減価償却費} \times \frac{\text{当初の国庫補助金等}}{\text{資産の取得原価}}$$

②売却・処分等による取崩し

国庫補助金等により取得した資産が廃棄又は売却された場合には、当該資産に相当する国庫補助金等特別積立金の額を取崩します。

第3章

③借入金元金償還補助金の取崩し

（1）②で積み立てる借入金元金償還補助金については、償還補助総額を基礎として減価償却費に相当する額を取崩します。

仕訳例

以下について決算仕訳を行った。

項　目	金　額	要　件
基本財産建物　取得価額	400,000,000 円	耐用年数 39 年 平成 19 年 3 月 31 日以前取得 （旧定額法償却率 0.026）
施設整備等補助金	200,000,000 円	全額建物に対する補助 取得時入金済み 国庫補助金等特別積立金積立て済み
設備資金借入金元金償還補助金	120,000,000 円	30 年間に分けて入金される予定 当年度分入金済み

PL・BS 仕訳	借方		貸方	
借入金元金償還補助金入金分にかかる国庫補助金等特別積立金の積立て※1	国庫補助金等特別積立金積立額（特別費用）	4,000,000	国庫補助金等特別積立金（純資産の部）	4,000,000
建物の減価償却費の計上※2	減価償却費（サービス活動費用）	9,360,000	基本財産建物（固定資産）	9,360,000
建物の国庫補助金等特別積立金の取崩し※3	国庫補助金等特別積立金（純資産）	7,488,000	国庫補助金等特別積立金取崩額（サービス活動費用の控除項目）	7,488,000

※1　借入金元金償還補助金 120,000,000 円が 30 年間で毎年 4,000,000 円ずつ入金され、入金時に積立てます。

※2　耐用年数 39 年で償却します。
減価償却費 $= 400{,}000{,}000 \times 0.9 \times 0.026 = 9{,}360{,}000$

※3　施設整備等補助金 200,000,000 円と借入金元金償還補助金 120,000,000 円を当該補助金で取得した固定資産の耐用年数 39 年の償却率を用いて取り崩していきます。

$$\text{国庫補助金等特別積立金取崩額} = 9{,}360{,}000 \times \frac{(200{,}000{,}000 + 120{,}000{,}000)}{400{,}000{,}000} = 7{,}488{,}000$$

拠点区分事業活動計算書の表示イメージ（抜粋）

A 拠点区分　事業活動計算書

		勘定科目	当年度決算（A）
サービス活動増減の部	費用	…省略	
		減価償却費	9,360,000
		国庫補助金等特別積立金取崩額	△ 7,488,000
		…省略	
		省略	
特別増減の部	収益	施設整備等補助金収益	4,000,000
		施設整備等補助金収益	0
		設備資金借入金元金償還補助金収益	4,000,000
		…省略	
		省略	
	費用	…省略	
		固定資産売却損・処分損	×××
		…省略	
		国庫補助金等特別積立金取崩額	△×××
		国庫補助金等特別積立金積立額	4,000,000
		…省略	
		拠点区分間固定資産移管費用	800,000
		…省略	
		省略	
		…省略	

減価償却費等に対応する国庫補助金等特別積立金取崩額はサービス活動費用の控除項目として表示

拠点区分間固定資産移管費用（収益）は、特別増減の部で表示

固定資産売却損・処分損に対応する国庫補助金等特別積立金取崩額は特別費用の控除項目として表示

施設整備等補助金収益を特別収益に計上し、国庫補助金等特別積立金積立額は特別費用に計上

POINT & KEYWORD

1. 移管仕訳は帳簿価額で行いますが、移管先の拠点区分の固定資産管理台帳で移管元の取得価額及び減価償却累計額を引き継ぎます。（直接法の場合）
2. 移管固定資産に対応する国庫補助金等特別積立金、基本金の移管も同時に行います。ただし、補助金で取得した固定資産については、他の拠点等への移管が認められないケースもあるので留意が必要です。（補助金等に係る予算の執行の適正化に関する法律）
3. 固定資産の移管は支払資金に影響を及ぼさないので、資金収支仕訳は起こりません。
4. 事業区分間の移管については、事業区分間固定資産移管費用（収益）の科目を使用します。実務的には、サービス区分ごとに貸借対照表がある場合、サービス区分間の移管には、サービス区分間固定資産移管費用（収益）の科目を設けることになります。
5. 減価償却費及び国庫補助金等特別積立金取崩額の計上のような決算整理仕訳に関するものは、会計ソフト上の設定及び経理規程での定めを前もって確認しておくことが必要です。
6. 拠点区分もしくはサービス区分に共通して発生する場合、合理的な按分基準を経理規程細則等文書で定めて配分します。

第8講　附属明細書別紙１の作成の留意点「基本財産及びその他の固定資産（有形・無形固定資産）の明細書」についての留意点

作成すべき附属明細書として別紙１「基本財産及びその他の固定資産（有形・無形固定資産）の明細書」があります。

固定資産管理台帳については、定形フォームは定められていませんが、別紙１は、固定資産管理台帳を集約したものといえます。

別紙１は、日次月次そして決算における有形・無形固定資産の会計処理を最終的に示したものとなります。

期中、日次月次において、固定資産の購入や売却、施設整備等補助金などの受入れについての会計処理が行われますが、さらに決算で必要な会計処理を行うとともに期中の処理を確認します。減価償却費と国庫補助金等特別積立金取崩額の額は、固定資産管理台帳で算定します。固定資産管理台帳を作成する前に第７講の「減価償却費と国庫補助金等特別積立金取崩額」を復習しておきましょう。

日次、月次での処理

⇓

決算手続き①

未収金、未払金の計上	□ 期中は現金主義で会計処理している場合 □ 施設整備等補助金の未収計上及び国庫補助金等特別積立金の積立て □ 固定資産の購入等の未払計上
現物寄附及び 地方公共団体からの現物補助の計上	□ 期中に処理していない場合 □ 固定資産受贈額の計上 基本金の組入れの要否の検討 □ 施設整備等補助金の未収計上 国庫補助金等特別積立金の積立て □ 文書での理事長や理事会の承認の明示
現物調査	□ 廃棄、売却したものの処分損等の計上 □ 現物のないもの、処分すべきものの処分損の計上 □ 固定資産の移管について 固定資産移管費用（収益）の計上 □ 文書での理事長や理事会の承認の明示 □ 固定資産現在高報告書の作成
建設仮勘定からの振替	□ 完成、引渡し

⇓

決算手続き②

固定資産管理台帳への登録 減価償却費及び 国庫補助金等特別積立金取崩額の算定	□ 増加及び減少 □ 耐用年数 □ 取得年月日、事業供用日（償却月数） □ 数量 □ 償却方法
減価償却費の計上	
国庫補助金等特別積立金取崩額の計上	

別紙１は、拠点区分ごとに作成し、基本財産（有形固定資産）及びその他の固定資産（有形・無形固定資産）の種類ごとの残高等を記載します。なお、有形・無形固定資産以外に減価償却資産がある場合には、当該資産についても記載するものとされています。

別紙１の記載イメージは次のようになります。

固定資産管理台帳（旧基準）

（自）平成 X0 年 4 月 1 日（至）平成 X1 年 3 月 31 日

（単位：円）

資産の種類及び名称	取得年月日	数量	償却方法	耐用年数	償却率	償却月数	取得価額		期首帳簿価額		当期減価償却額		減価償却累計額		期末帳簿価額	
								うち国庫補助金等の額		うち国庫補助金等の額		うち国庫補助金等の額		うち国庫補助金等の額		うち国庫補助金等の額
基本財産－建物																
特別養護老人ホーム建物	平成6年3月15日	1	旧定額法	39	0.026	12	400,000,000	200,000,000	221,380,000	102,136,755	9,360,000	5,128,205	187,980,000	102,991,450	212,020,000	97,008,550
特別養護老人ホーム増築	平成11年10月1日	1	旧定額法	39	0.026	12	120,000,000	60,000,000	82,092,000	39,230,777	2,808,000	1,538,461	40,716,000	22,307,684	79,284,000	37,692,316
特別養護老人ホーム給排水設備	平成16年4月1日	1	旧定額法	15	0.066	12	60,000,000	18,000,000	27,924,000	7,200,000	3,564,000	1,200,000	35,640,000	12,000,000	24,360,000	6,000,000
計							580,000,000	278,000,000	331,396,000	148,567,532	15,732,000	7,866,666	264,336,000	137,299,134	315,664,000	140,700,866
その他の固定資産－車輛運搬具																
送迎用乗用車	平成20年4月1日	1	新定額法	6	0.167	12	2,400,000	800,000	396,000	133,335	395,999	133,335	2,399,999	800,000	1	0
リフト付搬送車	平成24年4月10日	1	新定額法	6	0.167	12	5,000,000	0	4,165,000	0	835,000	0	1,670,000	0	3,330,000	0
計							7,400,000	800,000	4,561,000	133,335	1,230,999	133,335	4,069,999	800,000	3,330,001	0
その他の固定資産－器具及び備品																
電動ベッド	平成22年10月1日	1	新定額法	8	0.125	12	300,000	0	206,250	0	37,500	0	131,250	0	168,750	0
ななめドラム洗濯機	平成24年4月10日	1	新定額法	6	0.167	12	180,000	0	149,940	0	30,060	0	60,120	0	119,880	0
計							480,000	0	356,190	0	67,560	0	191,370	0	288,630	0
合　計							587,880,000	278,800,000	336,313,190	148,700,867	17,030,559	8,000,001	268,597,369	138,099,134	319,282,631	140,700,866

※固定資産管理台帳（旧基準）を新基準に移行処理したものが、次の固定資産管理台帳（新基準）です。

固定資産管理台帳（新基準）

（自）平成 X1 年 4 月 1 日（至）平成 X2 年 3 月 31 日

（単位：円）

資産の種類及び名称	取得年月日	数量	償却方法	耐用年数	償却率	償却月数	取得価額		期首帳簿価額		当期減価償却額		減価償却累計額		期末帳簿価額	
								うち国庫補助金等の額		うち国庫補助金等の額		うち国庫補助金等の額		うち国庫補助金等の額		うち国庫補助金等の額
基本財産－建物																
特別養護老人ホーム建物　*	平成6年3月15日	1	旧定額法	39	0.026	12	400,000,000	320,000,000	212,020,000	169,616,000	9,360,000	7,488,000	197,340,000	157,872,000	202,660,000	162,128,000
特別養護老人ホーム増築	平成11年10月1日	1	旧定額法	39	0.026	12	120,000,000	60,000,000	79,284,000	39,642,000	2,808,000	1,404,000	43,524,000	21,762,000	76,476,000	38,238,000
特別養護老人ホーム給排水設備	平成16年4月1日	1	旧定額法	15	0.066	12	60,000,000	18,000,000	24,360,000	7,308,000	3,564,000	1,069,200	39,204,000	11,761,200	20,796,000	6,238,800
計							580,000,000	398,000,000	315,664,000	216,566,000	15,732,000	9,961,200	280,068,000	191,395,200	299,932,000	206,604,800
その他の固定資産－車輛運搬具																
送迎用乗用車	平成20年4月1日	1	新定額法	6	0.167	12	2,400,000	800,000	1	0	0	0	2,399,999	800,000	1	0
リフト付搬送車	平成24年4月10日	1	新定額法	6	0.167	12	5,000,000	0	3,330,000	0	835,000	0	2,505,000	0	2,495,000	0
計							7,400,000	800,000	3,330,001	0	835,000	0	4,904,999	800,000	2,495,001	0
その他の固定資産－器具及び備品																
電動ベッド	平成22年10月1日	1	新定額法	8	0.125	12	300,000	0	168,750	0	37,500	0	168,750	0	131,250	0
ななめドラム洗濯機	平成24年4月10日	1	新定額法	6	0.167	12	180,000	0	119,880	0	30,060	0	90,180	0	89,820	0
計							480,000	0	288,630	0	67,560	0	258,930	0	221,070	0
合　計							587,880,000	398,800,000	319,282,631	216,566,000	16,634,560	9,961,200	285,231,929	192,195,200	302,648,071	206,604,800

特別養護老人ホーム建物の「うち国庫補助金等の額」の内容は、以下のとおりです。
償還補助金についての国庫補助金等補助金を固定資産管理台帳に記載する場合、償還補助金の総額を当該補助金取得した固定資産の耐用年数で取り崩した形となります。
将来入金予定の償還補助金については、固定資産管理台帳に記載する形もありますが、今回は、「基本財産及びその他の固定資産（有形・無形固定資産）の明細書」のみで記載しています。

資産の種類及び名称	取得年月日	数量	償却方法	耐用年数	償却率	償却月数	取得価額		期首帳簿価額		当期減価償却額		減価償却累計額		期末帳簿価額	
								うち国庫補助金等の額		うち国庫補助金等の額		うち国庫補助金等の額		うち国庫補助金等の額		うち国庫補助金等の額
施設整備等補助金についての国庫補助金等							400,000,000	200,000,000	212,020,000	106,010,000	9,360,000	4,680,000	197,340,000	98,670,000	202,660,000	101,330,000
償還補助金についての国庫補助金等								120,000,000		63,606,000		2,808,000		59,202,000		60,798,000
特別養護老人ホーム建物　＊	平成6年3月15日	1	旧定額法	39	0.026	12	400,000,000	320,000,000	212,020,000	169,616,000	9,360,000	7,488,000	197,340,000	157,872,000	202,660,000	162,128,000

別紙1

基本財産及びその他の固定資産（有形・無形固定資産）の明細書（抜粋）

（自）平成X1年4月1日（至）平成X2年3月31日

社会福祉法人名　○○会
拠点区分　A特別養護老人ホーム

（単位：円）

資産の種類及び名称	期首帳簿価額（A）		当期増加額（B）		当期減価償却額（C）		当期減少額（D）		期末帳簿価額（E＝A＋B－C－D）		減価償却累計額（F）		期末取得原価（G＝E＋F）		摘要
		うち国庫補助金等の額		うち国庫補助金等の額		うち国庫補助金等の額		うち国庫補助金等の額		うち国庫補助金等の額		うち国庫補助金等の額		うち国庫補助金等の額	
基本財産（有形固定資産）															
土地	200,000,000	0	0	0	0	0	0	0	200,000,000	0	0	0	200,000,000	0	
建物	315,664,000	＊216,566,000	0	0	15,732,000	＊ 9,961,200	0	0	299,932,000	＊206,604,800	280,068,000	191,395,200	580,000,000	398,000,000	
基本財産合計	515,664,000	216,566,000	0	0	15,732,000	9,961,200	0	0	499,932,000	206,604,800	280,068,000	191,395,200	780,000,000	398,000,000	
その他の固定資産（有形固定資産）															
車輌運搬具	3,330,001	0	0	0	835,000	0	0	0	2,495,001	0	4,904,999	800,000	7,400,000	800,000	
器具及び備品	288,630	0	0	0	67,560	0	0	0	221,070	0	258,930	0	480,000	0	
その他の固定資産（有形固定資産）計	3,618,631	0	0	0	902,560	0	0	0	2,716,071	0	5,163,929	800,000	7,880,000	800,000	
その他の固定資産（無形固定資産）															
その他の固定資産（無形固定資産）計	0	0	0	0	0	0	0	0	0	0	0	0	0	0	
その他の固定資産計	3,618,631	0	0	0	902,560	0	0	0	2,716,071	0	5,163,929	800,000	7,880,000	800,000	
基本財産及びその他の固定資産計	519,282,631	216,566,000	0	0	16,634,560	9,961,200	0	0	502,648,071	206,604,800	285,231,929	192,195,200	787,880,000	398,800,000	
将来入金予定の償還補助金の額		△ 40,000,000		4,000,000		0				△ 36,000,000					
差引		176,566,000		4,000,000		9,961,200				170,604,800					

（注）1.「うち国庫補助金等の額」については、設備資金元金償還補助金がある場合には、償還補助総額を記載した上で、国庫補助金取崩計算を行うものとする。
ただし、「将来入金予定の償還補助金の額」欄では、「期首帳簿価額」の「うち国庫補助金等の額」はマイナス表示し、実際に補助金を受けた場合に「当期増加額」の「うち国庫補助金等の額」をプラス表示することにより、「差引」欄の「期末帳簿価額」の「うち国庫補助金等の額」が貸借対照表上の国庫補助金等特別積立金残高と一致することが確認できる。
2.「当期増加額」には減価償却控除前の増加額、「当期減少額」には当期減価償却額を控除した減少額を記載する。

建物の「うち国庫補助金等の額」の内容は、以下のとおりです。

	期首残高		当期積立額（入金）	当期取崩額			期末残高
施設整備等補助金についての国庫補助金等	152,960,000			7,153,200			145,806,800
償還補助金の総額	120,000,000						120,000,000
償還補助金についての国庫補助金等の取崩累計額	△ 56,394,000			2,808,000			△ 59,202,000
計（＊）	216,566,000			9,961,200			206,604,800
将来入金予定の償還補助金の額	△ 40,000,000		4,000,000				△ 36,000,000
貸借対照表の国庫補助金等特別積立金の残高	176,566,000		4,000,000	9,961,200			170,604,800

POINT & KEYWORD

1. 附属明細書別紙１「基本財産及びその他の固定資産（有形・無形固定資産）の明細書」は、固定資産管理台帳とシステム上連動して作成されることが多いと考えられますので、固定資産管理台帳を正確に作成することが重要です。
2. 固定資産管理台帳を正確に作成するには、その前段階の決算手続き①について、準備確認した上で正確に行うことが前提となります。
3. 附属明細書別紙１は、固定資産の内訳と貸借対照表との整合性を確認するための重要な附属明細書です。
4. 別紙１に表示されている「将来入金予定の償還補助金の額」は、会計処理されたものではありません。留意すべき点です。

第9講　未収金、未払金の計上 内部取引消去と会計システムの使いこなし

1）勘定科目における旧会計基準と新会計基準の違い

新会計基準では、旧会計基準と比較して、未収金、未払金は、次のように分類されています。

旧会計基準	新会計基準	運用指針　勘定科目説明　別添3	科目の内容
未収金	事業未収金	事業収益に対する未収入金をいう。	介護保険事業収入 就労支援事業収入等 （内部取引関係は除く）
	未収補助金	施設整備、設備整備及び事業に係る補助金等の未収額をいう。	介護保険事業、障害者福祉サービス事業等における地方公共団体からの補助金等
	未収金	事業収益以外の収益に対する未収入金をいう。	固定資産売却に係る未収入金 内部取引から生じる未収金等
	未収収益	一定の契約に従い、継続して役務の提供を行う場合、すでに提供した役務に対していまだその対価の支払を受けていないものをいう。	債券利息の期間経過分の利息等
未払金	事業未払金	事業活動に伴う費用等の未払い債務をいう。	介護用品費、業務委託費等の施設運営に係る費用
	その他の未払金	上記以外の未払金（施設整備等未払金を含む）をいう。	固定資産取得に係る未払金 内部取引から生じる未払金等
	未払費用	賃金、支払利息、賃借料など時の経過に依存する継続的な役務給付取引において既に役務の提供は受けたが、会計期末までに法的にその対価の支払債務が確定していない分の金額をいう。	支払利息の期間経過分等

2）補助科目コードを使っての内部取引処理の標準化と補助簿の作成

新会計基準における未収金、未払金の財務諸表作成上のチェックポイントは、内部取引の相殺消去を正確に実行することです。会計システムに含まれる補助科目コードを駆使して消去対象であることを設定することで、この問題点を解決することができます。

事例で見ていきましょう。

事例

社会福祉法人○○会

事業区分	拠点区名	サービス区分	補助科目コード
	A 拠点区分	a サービス区分（就労継続支援 B 型）	900
		b サービス区分（指定障害者入所支援施設）	901
		c サービス区分（本部）	902
	B 拠点区分	d サービス区分（特別養護老人ホーム）	903
		e サービス区分（デイサービス）	904

社会福祉法人○○会勘定コード表（抜粋）

勘定科目	勘定科目コード	補助科目	補助科目コード
（収益項目）			
就労支援事業収益（大区分）	70000	—	—
パン販売事業収益（中区分）	71000	a 就労継続 B 型	900
		b 入所施設	901
		c 本部	902
		d 特養ホーム	903
		e デイサービス	904
		取引先	100
（費用項目）			
事業費	80000	—	—
給食費（中区分）	81000	a 就労継続 B 型	900
		b 入所施設	901
		c 本部	902
		d 特養ホーム	903
		e デイサービス	904
		取引先	200
事務費	90000	—	—
水道光熱費（中区分）	91000	a 就労継続 B 型	900
		b 入所施設	901
		c 本部	902
		d 特養ホーム	903
		e デイサービス	904
		○○市水道局	201

具体的な取引先は枝番設定で対応します。
- 100-01　道の駅○○
- 100-02　○○商店

具体的な取引先は枝番設定で対応します。
- 200-01　○○食品
- 200-02　○○給食

勘定科目	勘定科目コード	補助科目	補助科目コード
（資産項目）			
事業未収金（中区分）	20000	a 就労継続 B 型	900
		b 入所施設	901
		c 本部	902
		d 特養ホーム	903
		e デイサービス	904
		市町村	500
		取引先	501
		利用者	502
未収金（中区分）	21000	a 就労継続 B 型	900
		b 入所施設	901
		c 本部	902
		d 特養ホーム	903
		e デイサービス	904
		ABC 商事	503
未収補助金	22000	市町村	504
（負債項目）			
事業未払金（中区分）	40000	a 就労継続 B 型	900
		b 入所施設	901
		c 本部	902
		d 特養ホーム	903
		e デイサービス	904
		○○市	600
		仕入先	601
		利用者	602
その他の未払金（中区分）	41000	a 就労継続 B 型	900
		b 入所施設	901
		c 本部	902
		d 特養ホーム	903
		e デイサービス	904
		△△サービス	603

具体的な取引先は枝番設定で対応します。

500-01　○○市
500-02　△△町
501-01　○○ホテル
501-02　○○会社
502-01　A 氏
502-02　B 氏

具体的な取引先は枝番設定で対応します。

504-01　○○市
504-02　△△町

具体的な取引先は枝番設定で対応します。

601-01　△△食品
601-02　○○薬品
602-01　作業賃金 A
602-02　作業賃金 B

前記の補助科目・補助科目コードのうち、サービス区分に対するものは内部取引の相殺消去のために不可欠です。その他に対するものは、会計システムにおいて補助簿を作成するために不可欠なものとなります。

取引事例１

Ａ拠点区分ａサービス区分（就労継続支援Ｂ型）において製造したパン100,000円を、同一法人の経営するＢ拠点区分ｄサービス区分（特別養護老人ホーム）に朝食用として販売した。

仕訳

伝票起票 サービス区分	借方			貸方		
	勘定科目 コード	補助科目 コード	金額	勘定科目 コード	補助科目 コード	金額
Ａ拠点区分 ａサービス区分 （就労継続Ｂ型）	21000 未収金 （中区分）	903 ｄ特養ホーム	100,000	71000 パン販売事業収益 （中区分）	903 ｄ特養ホーム	100,000
Ｂ拠点区分 ｄサービス区分 （特養ホーム）	81000 給食費 （中区分）	900 ａ就労継続Ｂ型	100,000	41000 その他の未払金 （中区分）	900 ａ就労継続Ｂ型	100,000

（注）補助科目コードを使用すると内部取引の相殺消去がされるようにシステム上設定されています。

取引事例２

Ａ拠点ｃサービス区分（本部）で負担した水道光熱費120,000円を、Ａ拠点区分ａサービス区分（就労継続支援Ｂ型）に20,000円とＡ拠点区分ｂサービス区分（指定障害者入所支援施設）に90,000円を按分し、各サービス区分に請求した。

仕訳

伝票起票 サービス区分	借方			貸方		
	勘定科目 コード	補助科目 コード	金額	勘定科目 コード	補助科目 コード	金額
Ａ拠点区分 ｃサービス区分 （本部）	21000 未収金 （中区分）	900 ａ就労継続Ｂ型	20,000	91000 水道光熱費 （中区分）	900 ａ就労継続Ｂ型	20,000
Ａ拠点区分 ｃサービス区分 （本部）	21000 未収金 （中区分）	901 ｂ入所施設	90,000	91000 水道光熱費 （中区分）	901 ｂ入所施設	90,000
Ａ拠点区分 ａサービス区分 （就労継続Ｂ型）	91000 水道光熱費 （中区分）	902 ｃ本部	20,000	41000 その他の未払金 （中区分）	902 ｃ本部	20,000
Ａ拠点区分 ｂサービス区分 （入所施設）	91000 水道光熱費 （中区分）	902 ｃ本部	90,000	41000 その他の未払金 （中区分）	902 ｃ本部	90,000

（注）補助科目コードを使用すると内部取引の相殺消去がされるようにシステム上設定されています。

3）補助簿による未収金、未払金の残高管理

社会福祉法人会計は、発生主義会計が原則であり、このことは月次決算においても同様です。発生主義会計とは、当該月のサービス提供に対する収益を網羅して請求し、計上することです。費用も同様で、発生した費用を網羅して計上することが必要です。

収益計上の担当者からの諸請求明細について、会計責任者のチェックを受け、加算請求等にもれがないかどうかを確認したのちに、収益の伝票起票することが、正しい月次事業活動計算書の作成につながります。

さらに債権・債務の残高管理の面からは、未収金台帳の各補助科目の残高を、行政等の外部から入手もしくは提出した諸請求明細と突合することにより、計上額や残高の正確性及び網羅性を確認できます。未払金についても、未払金台帳の各補助科目の残高と外部取引先から入手した請求書等との突合により、計上額の正確性及び網羅性を確認できます。

事例のとおり補助科目コード設定を行うと、会計ソフトにより自動的に未収金台帳、未払金台帳という補助簿が次のような様式で出力され、残高の突合も効率的にできます。

【A 拠点区分未収金台帳】　　　　　　　　　　　　　　　　　（単位：円）

補助科目コード	得意先名	月初残高	増加	減少	月末残高
事業未収金（中区分）20000					
市町村 500					
500-01	○○市	1,200,000	700,000	500,000	1,400,000
500-02	△△町	2,000,000	1,200,000	1,300,000	1,900,000
取引先 501					
501-01	○○ホテル	600,000	250,000	0	850,000
501-02	○○会社	820,000	120,000	700,000	240,000
利用者 502					
502-01	A 氏	30,000	6,000	0	36,000
502-02	B 氏	20,000	10,000	20,000	10,000
未収金（中区分）21000					
503	ABC 商事	300,000	240,000	300,000	240,000
内部取引					
900 本部未収金	a 就労継続 B 型 （注 1）	0	20,000	0	20,000
901 本部未収金	b 入所施設 （注 1）	0	90,000	0	90,000
903 就労継続 B 未収金	d 特養ホーム	0	100,000	0	100,000
未収補助金（中区分）22000					
市町村 504					
504-01	○○市	0	500,000	0	500,000
504-02	△△町	0	400,000	0	400,000

（注 1）各サービス区分に対する未収金は残高管理のため、未収金台帳に表示します。

諸請求明細との突合を行い、計上額に漏れがないか、帳簿残高との一致を確認します。

4）内部取引の金額一致の確認

多くの会計ソフトは、内部取引の相殺消去を自動で行う機能を有しています。

この事例では、補助科目コード 900 番代を内部取引対象として設定していますので、900 番代の内部取引の金額が一致するかを以下のようにシステム内でチェックします。

（単位：円）

	借方			貸方			取引の一致
	勘定科目コード	補助科目コード	金額①	勘定科目コード	補助コード	金額②	金額① 金額②
取引事例１ 資産・負債	21000 未収金 （中区分）	903 d 特養ホーム	100,000	41000 その他の未払金 （中区分）	900 a 就労継続Ｂ型	100,000	一致
取引事例１ 収益・費用	81000 給食費 （中区分）	900 a 就労継続Ｂ型	100,000	71000 パン販売事業収益 （中区分）	903 d 特養ホーム	100,000	一致
取引事例２ 資産・負債	21000 未収金 （中区分）	900 a 就労継続Ｂ型	20,000	41000 その他の未払金 （中区分）	902 c 本部	20,000	一致
	21000 未収金 （中区分）	901 b 入所施設	90,000	41000 その他の未払金 （中区分）	902 c 本部	90,000	一致
取引事例２ 収益・費用	91000 水道光熱費 （中区分）	902 c 本部	20,000	91000 水道光熱費 （中区分）	900 a 就労継続Ｂ型	20,000	一致
	91000 水道光熱費 （中区分）	902 c 本部	90,000	91000 水道光熱費 （中区分）	901 b 入所施設	90,000	一致

補助簿による未収金、未払金残高の確認ができ、内部取引の金額の一致が確認できると、財務諸表及び附属明細書における内部取引消去が完了し、財務諸表及び附属明細書が完成します。

社会福祉事業区分事業活動内訳表　第２号の３様式　（単位：円）

勘定科目			A 拠点区分	B 拠点区分	合計	内部取引消去	事業区分合計
サービス活動増減の部	収益	就労支援事業収益					
		パン製造販売事業収益	100,000	0	100,000	△ 100,000	0
	費用	事業費					
		給食費	0	100,000	100,000	△ 100,000	0
		事務費					
		水道光熱費	120,000	0	120,000	0	120,000

社会福祉事業区分貸借対照表内訳表　第３号の３様式　（単位：円）

勘定科目	A 拠点区分	B 拠点区分	合計	内部取引消去	事業区分合計
流動資産					
未収金	100,000	0	100,000	△ 100,000	0
流動負債					
その他の未払金	0	100,000	100,000	△ 100,000	0

A 拠点区分貸借対照表明細書　（単位：円）

勘定科目	サービス区分			合計	内部取引消去	拠点区分合計
	a サービス区分	b サービス区分	c サービス区分			
流動資産						
未収金	100,000	0	20,000 90,000	210,000	△ 110,000	100,000
流動負債						
その他の未払金	20,000	90,000	0	110,000	△ 110,000	0

（注）A 拠点区分貸借対照表明細書は A 拠点区分資金収支明細書別紙 3 のように作成が義務づけられているものではありません。

POINT & KEYWORD

1. 未収金、未払金は発生主義会計になくてはならない勘定科目です。
　月次決算の段階から、未収金、未払金の計上を正しく行い、正確な月次決算の実行を心がけましょう。
2. 未収金、未払金の内部取引の相殺消去は、会計ソフトの使いこなしで解決できます。
　会計ソフトの初期設定の段階、特にコード体系の設定の段階で、未収金、未払金の勘定残高の管理レベルが決まります。
　定められたコードをルール通りに使用することの周知徹底が、未収金、未払金、内部取引消去と残高管理の問題解決のポイントです。
3. 財務諸表上での内部取引消去欄をイメージしながら、伝票起票することが関係者全員の留意点です。
4. 未収金、未払金のコード体系を設定すれば、未収金台帳、未払金台帳等の補助簿の作成も効率的にできます。
5. 会計基準注解（注 2）重要性の原則の適用について「（中略）未払金、未収金等の内重要性の乏しいもの、または毎会計年度経常的に発生し、その発生額が少額なものについては、未払金、未収金等を計上しないことができる。」という社会福祉法人の自主的経理を尊重する規定があります。会計実務上、必須知識のひとつです。

第10講 「資金の弾力運用」の理解と資金使途、積立資産の種類と限度額

1)「資金の弾力運用」の内容

社会福祉法人会計の特徴のひとつに「資金使途」と「積立資産の積立支出」の制限を挙げることができます。

社会福祉法人会計において、事業財源としての「措置費収入」や「運営費収入」などは、資金使途が定められているため、設備投資のために充当しようとする場合は、資金使途の制限を順守した上で、「資金の弾力運用」の通知の範囲内での設備投資への充当が可能となります。

2)「資金の弾力運用」の通知の重要性

「資金の弾力運用」の通知に違反するということは公金である「措置費収入」を流用することになりますので、これらの「措置費収入」の不正受給の問題が生じます。

これらの「措置費収入」「運営費収入」は資金使途が制限されているため、資金の弾力運用は細部にわたり規制されています。

一方、特別養護老人ホームや、障害福祉サービスを提供する施設などは「事業者報酬」として事業者に支払われていますので、「資金の弾力運用」は限られた規制のみで原則的には制限はありません。

3) 施設種類別の資金使途と積立資産

①特別養護老人ホーム等、②障害者施設等、③措置施設、④保育所の4つの施設に対する「資金の弾力運用」の通知が発出されています。

その内容について、次の表にまとめました。通知によっては、旧会計基準の様式、勘定科目が使用されている場合がありますので、新会計基準に読み替えて適用するように留意してください。また、通知の改正等にも留意してください。

施設種類別の資金使途と積立資産

施設種類別 通知番号等	資金の弾力運用等	資金の弾力運用等の内容	使用対象施設等
特別養護老人ホーム （平成12年3月10日、老発第188号） （平成26年6月30日最終改正 老発0630第1号） 障害者施設等 （平成19年3月30日一部改正、障発第0330003号）	移行時特別積立預金取崩	当該事業の用に供する施設及び設備並びに用地の取得に要する経費並びに当該事業の運営に要する経費	第1種社会福祉事業 第2種社会福祉事業 及び公益事業
	資金の運用	原則として制限はないが、次の経費に充当することはできない ①収益事業に要する経費 ②当該社会福祉法人外への資金の流出（貸付を含む）に属する経費 ③高額な役員報酬など実質的な剰余金の配当と認められる経費	
	資金の繰入れ	（ア）他の社会福祉事業等への繰入については、経常活動資金収支差額に資金残高が生じ、かつ当期資金収支差額合計に資金不足が生じない範囲内において可能	
		（イ）当該法人が行う当該施設以外の同種事業への資金の繰入については、当期末支払資金残高に資金不足が生じない範囲において可能	
	資金の繰替使用	一時繰替使用は可能だが、介護保険事業間を除き年度内に補填する必要がある。	
措置施設 （平成24年3月28日一部改正、雇児発第0328第1号、社援発0328第5号、老発第0328第2号）	運営費の積立	人件費積立預金、施設整備積立預金に積立可能	当該施設
	民改費加算額の使用	借入金の償還、利息の支払に充当可能	同一法人の経営する第1、第2種社会福祉事業
	前期末支払資金残高の使用	①当該施設での取崩使用 ②本部運営費への繰入 ③他の社会福祉事業運営費への繰入 ④公益事業運営費への繰入	同一法人の経営する第1、第2種社会福祉事業及び公益事業
保育所 （平成12年3月30日、児発第299号） （平成24年3月30日最終改正、雇児発0330第20号）	運営費の積立	人件費積立預金、修繕積立預金、備品等購入積立預金に積立可能	当該保育所
	民改費加算額の使用	借入金の償還、利息の支払、施設整備積立預金に充当可能	他の保育所の借入償還に充当可能
	民改費加算額の使用（対象施設拡大）	借入金の償還、利息の支払、施設整備積立預金に充当可能	同一法人の経営する第1、第2種社会福祉事業
	運営費の積立（拡大）	人件費積立預金、施設整備積立預金に積立可能	当該保育所
	前期末支払資金残高の使用	①当該施設での取崩使用 ②本部運営費への繰入 ③他の社会福祉事業運営費及び施設整備費への繰入 ④公益事業運営費への繰入	同一法人の経営する第1、第2種社会福祉事業及び公益事業

（『社会福祉法人　監事監査の手引き』社会福祉法人監事監査あり方検討会編、全国社会福祉協議会より一部改変）

4）「資金の弾力運用」に対する対応策

表にあるように、複雑な内容になっています。さらには、ここには記載していませんが複雑な要件がありますので、予算の段階から設備投資の金額や積立資産支出の金額をコントロールしておく必要があります。

その対応策として、次の表に予算の段階から資金収支計算書の関係数値を記入しコントロールする方法をおすすめします。もうひとつの対策として、「資金の弾力運用のチェックシート」を随時利用して、正しいか確認してください。

＜旧会計基準資金収支計算書＞

勘定科目			予算	決算
経常活動による収支	収入	介護保険収入		
		利用料収入		
		措置費収入		
		運営費収入		
		経常収入計		
	支出	人件費支出		
		経理区分間繰入金支出		
		経常支出計		
	経常活動資金収支差額			
施設整備等による収支	収入			
		施設整備等収入計		
	支出	固定資産取得支出		
		元入金支出		
		施設整備等支出計		
	施設整備等資金収支差額			
財務活動による収支	収入	積立預金取崩収入		
		財務収入計		
	支出	借入金元金償還支出		
		積立預金積立支出		
		財務支出計		
	財務活動資金収支差額			
予備費				
当期資金収支差額合計				
前期末支払資金残高				
当期末支払資金残高				

＜新会計基準資金収支計算書＞

勘定科目			予算	決算
事業活動による収支	収入	介護保険事業収入		
		老人福祉事業収入		
		保育事業収入		
		就労支援事業収入		
		事業収入計		
	支出	人件費支出		
		事業支出計		
	事業活動資金収支差額			
施設整備等による収支	収入			
		施設整備等収入計		
	支出	固定資産取得支出		
		元入金支出		
		施設整備等支出計		
	施設整備等資金収支差額			
その他の活動による収支	収入	積立資産取崩収入		
		その他の活動収入計		
	支出	積立資産支出		
		拠点区分間繰入金支出		
		その他の活動支出計		
	その他の活動資金収支差額			
予備費支出				
当期資金収支差額合計				
前期末支払資金残高				
当期末支払資金残高				

特別養護老人ホーム、障害者施設等の「資金の弾力運用のチェックシート」

<table>
<tr><th>項目とチェック内容</th><th>チェック欄</th></tr>
<tr><td>1．移行時特別積立預金と移行時減価償却特別積立預金の取崩
1）資金収支計算書に計上された科目と金額を記載したか。
（サービス区分）　（勘定科目）　（金　額）</td><td>Yes　No　NA</td></tr>
<tr><td>2）貸借対照表の残高と増減を記載したか。
<table>
<tr><th>サービス区分</th><th>勘定科目</th><th>前年度末</th><th>増加</th><th>減少</th><th>当年度末</th></tr>
<tr><td></td><td></td><td></td><td></td><td></td><td></td></tr>
<tr><td></td><td></td><td></td><td></td><td></td><td></td></tr>
</table></td><td>Yes　No　NA</td></tr>
<tr><td>3）取崩金額の使途が施設整備等の経費であるか。
使途：</td><td>Yes　No　NA</td></tr>
<tr><td>4）理事会の承認を得たか（要件として求められている）。
理事会日時　　年　月　日</td><td>Yes　No　NA</td></tr>
<tr><td>2．資金収支計算書の支出で、次の経費に充当されていないことを確かめよ。
①収益事業に要する経費
②当該社会福祉法人外への資金の流出（貸付を含む）に属する経費
③高額な役員報酬など実質的な剰余金の配当と認められる経費</td><td>Yes　No　NA</td></tr>
<tr><td>3．資金の繰入れ
（ア）他の社会福祉事業等への繰入れのある場合、資金収支差額が次のようになっているか。
経常活動資金収支差額（事業活動資金収支差額）＞0円
当期資金収支差額合計＞0円</td><td>Yes　No　NA</td></tr>
<tr><td>（イ）当該法人が行う当該施設以外の同種事業への資金の繰入がある場合、当期末支払資金残高が次のようになっているか。
当期末支払資金残高＞0円</td><td>Yes　No　NA</td></tr>
<tr><td>4．資金の繰替使用
1）貸付金等（経費等の立替で定期的に精算されているものは除く）で年度末に残高のあるものについて、リストアップせよ。</td><td>Yes　No　NA</td></tr>
<tr><td>2）貸付金等の年度末残高について、通知に反するものかどうか検討せよ。</td><td>Yes　No　NA</td></tr>
</table>

措置施設の「資金運用のチェックシート」
(雇児発第0328第1号・社援発第0328第5号・老発第0328第2号通知)

項目とチェック内容	チェック欄
1．要件の確認	
1）運営費の弾力運用は次の要件をすべて満たす場合に認められる。①～④の要件を満たしているかチェックせよ。	
①「社会福祉法人指導監査要綱の制定について」及び関係法令等に基づく指導において、適正な法人運営が確保されていると認められるか。	Yes No NA
②「生活保護法による保護施設に対する指導監査について」など、別表1に掲げる関係通知に基づき当該施設の監査において、適切な施設運営が確保されていると認められるか。	Yes No NA
③社会福祉法人会計基準に基づく財産目録、貸借対照表及び収支計算書が開示されているか。	Yes No NA
④「社会福祉事業の経営者による福祉サービスに関する苦情解決の仕組みの指針について」により、入所者等に対して苦情解決の仕組みが周知されており、第三者委員を設置して適切な対応を行っているとともに、入所者等からのサービスに係る苦情内容及び解決結果の定期的な公表を行うなど、利用者の保護に努めているか。または「福祉サービス第三者評価事業に関する指針について」に基づき、第三者評価を受審し、その結果についても公表を行い、サービスの質の向上に努めているか。	Yes No NA
2．対象の施設について	
1）当該施設は別表2に記載の施設に該当するか、根拠法と施設名を明らかにしたか。 施設名＿＿＿＿＿＿＿＿ 根拠法＿＿＿＿＿＿＿＿	Yes No NA
3．使用範囲について	
1）次の積立資産の表を完成したか。	Yes No NA

サービス区分名	勘定科目	期首残高	支出額	取崩額	期末残高
	人件費積立資産				
	施設整備等積立資産				

項目とチェック内容	チェック欄
2）使用計画を見て、内容と金額が一致することを確かめたか。	Yes No NA
3）取崩額が目的外に使用されている場合は、事前協議がされたか、理事会で審査されたか確かめよ。	Yes No NA
4）同一法人が運営する社会福祉施設等（別表3）の整備等に係る福祉医療機構等からの借入金の償還金及びその利息に民改費加算額を限度に支出されているかを確かめよ。	Yes No NA
5）サービス区分（サービス区分を設けていない場合は「拠点区分」）において発生した預貯金の利息等の収入については、以下の経費以外に充当されていないことを確かめよ。 ①福祉医療機構等に対する借入金の償還金及び利息 ②法人本部の運営に要する経費 ③同一法人が行う第1種社会福祉事業及び第2種社会福祉事業等の運営に要する経費 ④一法人が運営する小規模な公益事業の運営に要する経費（前期末支払資金残高の10%を限度とする。） ⑤同一法人が運営する指定居宅サービス事業等の運営に要する経費	Yes No NA

項目とチェック内容	チェック欄
4．前期末支払資金残高の取扱いについて	
1）前期末支払資金残高が使用される場合は、次の経費に充当されているか。 ①当該施設の人件費、通常経費の不足分 ②法人本部の運営に要する経費 ③同一法人が行う第1種社会福祉事業及び第2種社会福祉事業等の運営に要する経費 ④同一法人が運営する小規模な公益事業の運営に要する経費 ⑤同一法人が運営する指定居宅サービス事業等の運営に要する経費	Yes No NA
2）上記以外の経費に充当されていない場合は、事前協議を実施しているか。	Yes No NA
5．当期末支払資金残高について	
1）当該年度の運営費（措置費）収入の30％以下の保有額となっていることを確かめたか。	Yes No NA
2）30％超となっている場合に、将来発生が見込まれる経費を計画的に積み立てるなどの検討を実施したか。	Yes No NA
6．運営費の管理・運用について	
1）銀行、郵便局等への預貯金等、安全確実でかつ換金性の高い方法によっているか。	Yes No NA
2）同一法人内の資金の貸借については、経営上のやむを得ない場合に、当該年度内に限って認められるものである。年度内精算を確かめたか。	Yes No NA
7．指導監査等に係る指摘事項について	
1）改善措置が講じられていることを確かめたか。	Yes No NA
2）改善措置が講じられない場合に、制裁措置があることを認識しているか。	Yes No NA

保育所の「資金の弾力運用のチェックシート」（児発第 299 号通知）

項目とチェック内容	留意点	チェック欄

1．運営費の積立

1）以下の積立資産への支出があれば、次の表を完成せよ。

サービス区分名	勘定科目	期首残高	支出額	取崩額	期末残高
	人件費積立資産				
	修繕積立資産				
	備品等購入積立資産				
	当期資金収支差額合計額				
	合計（A）				
	運営費収入×5%（B）				

留意点：①～⑦の要件の具備（第１段階）を確認しておくこと。

チェック欄：Yes No NA

2）上記の（A）>（B）の場合に、別表6　収支計算分析表を提出しなければならない。収支計算分析表の準備はできているか。

チェック欄：Yes No NA

2．民改費加算額の使用

1）当該法人の別表２に記載の経費に充当した場合、次の表を完成せよ。

別表２	使途	勘定科目	金額
	1．保育所の建物、設備の整備・修繕、環境の改善等に要する経費 2．保育所の土地又は建物の賃借料 3．以上の経費に係る借入金（利息部分を含む。）の償還又は積立のための支出 4．保育所を経営する事業に係る租税公課		
上記１．1）の積立資産への積立支出			
合計（C）			
民改費加算額（M）			

留意点：
・第１段階の要件
・別表１の事業実施
・社会福祉法人会計基準の適用（第２段階の要件）
上記の要件を確認しておくこと。

チェック欄：Yes No NA

2）上記の別表２の３「以上の経費に係る積立の支出」の場合には「保育所施設・設備整備積立資産支出」の科目を設けているか。

チェック欄：Yes No NA

3）上記の表で（C）>（M）となる場合には、別表6　収支計算分析表を提出しなければならない。収支計算分析表の準備はできているか。

チェック欄：Yes No NA

4）上記の「保育所施設・設備整備積立資産」を同一設置者の他の保育所の施設整備に充てる場合、事前協議は済んでいるか。

チェック欄：Yes No NA

3．民改費加算額の使用（対象施設の拡大）

1）別表3、別表4に係る支出がある場合は、次の表を完成させよ。

	使途	勘定科目	金額
別表３	1．子育て支援事業を実施する施設の建物、設備の整備・修繕、環境の改善及び土地の取得等に要する経費 2．1. の経費に係る借入金(利息部分を含む)償還又は、積立のための支出		
	合計（D）		
別表４	1．社会福祉施設等の建物、以下別表2と同じ 2．社会福祉施設等の土地又は建物の賃借料 3．以上の経費に係る借入金(利息を含む)の償還又は積立のための支出 4．社会福祉施設等を経営する事業に係る租税公課		
	合計（E）		
(D)＋(E)			

留意点：
・第１段階
・第２段階
・第３段階
の要件の具備を確認しておくこと
第３段階の要件
・財務諸表の公開等
・第三者評価の受審と公開、苦情解決の仕組みの周知・実行、定期的公表

チェック欄：Yes No NA

2）(D)＋(E)>（M）となった場合に収支計算分析表を準備したか。

チェック欄：Yes No NA

3）別紙５に係る支出がある場合、次の表を完成させよ。

チェック欄：Yes No NA

<table>
<tr><th>項目とチェック内容</th><th>留意点</th><th>チェック欄</th></tr>
<tr><td>
<table>
<tr><th>別表５</th><th>使途</th><th>勘定科目</th><th>金額</th></tr>
<tr><td></td><td>１．別表２に、土地の取得等に要する経費が追加された。
２．別表２，２と同じ
３．以上の経費に係る借入金（利息を含む）の償還
４．別表２，４と同じ</td><td></td><td></td></tr>
<tr><td></td><td>合計　(F)</td><td></td><td></td></tr>
</table>
４）(D)＋(F)＞運営費の３カ月分となった場合、収支計算分析表を提出しなければならない。収支計算分析表を準備したか。</td><td></td><td>Yes　No　NA</td></tr>
<tr><td>４．前期末支払資金残高の使用
１）前期末支払資金残高の取崩は、原則事前協議が必要。支払資金残高の取崩が予想される際に事前協議を行ったか。
２）次の表を完成させ、事前協議の必要性について検討したか。
<table>
<tr><th>サービス区分名</th><th></th><th>予算</th><th>決算</th></tr>
<tr><td></td><td>前期末支払資金残高</td><td></td><td></td></tr>
<tr><td></td><td>同上取崩内容と金額
（　　　　　　　）</td><td></td><td></td></tr>
<tr><td></td><td>当期末支払資金残高</td><td></td><td></td></tr>
</table>
３）以下のような理由での取崩は、理事会の承認を得ることで経費の補填に充当できる。理事会の承認を得ているか、理事会議事録で確認したか。
①当該施設の人件費、光熱水料の不足分
②当該保育所を設置する法人本部の運営に要する経費
③同一設置者が運営する第１種、第２種社会福祉事業並びに子育て支援事業の運営、施設設備の整備等に要する経費
④一設置者が運営する公益事業（前期末支払資金残高の10%を限度とする。）</td><td>・事前協議が省略できるケース
・自然災害等やむを得ない事由
・事業活動収入（予算額）の3%以下
・第１段階
・第２段階
・第３段階
の要件の具備を確認のこと</td><td>Yes　No　NA
Yes　No　NA
Yes　No　NA</td></tr>
<tr><td>５．当期末支払資金残高は、当該年度の運営費収入の30%以下の金額となっているか。
１）予算の立案の段階で、当期末支払資金残高が当該年度の運営費収入の30%を超えている場合には、取崩について検討し事前協議を実施したか。</td><td></td><td>Yes　No　NA</td></tr>
<tr><td>６．保育所運営目的外の支出
１）保育所に係る拠点区分から、「1．運営費の使途範囲」から「4．運営費及び保育料の管理・運用」までに定める以外の支出がある場合には、収支計算分析表を準備したか。</td><td></td><td>Yes　No　NA</td></tr>
<tr><td>７．運営費の管理・運用について
１）銀行、郵便局等への預貯金等、安全確実でかつ換金性の高い方法によっているか。
２）同一法人内の資金の貸借については、経営上のやむを得ない場合に、当該年度内に限って認められるものである。年度内精算を確かめたか。</td><td></td><td>Yes　No　NA
Yes　No　NA</td></tr>
</table>

POINT & KEYWORD

1. 「資金の弾力運用」は社会福祉法人会計の特徴のひとつで経理担当者の必須の知識です。
2. 特別養護老人ホーム、障害者施設等のチェックシートにおいては、罰則が記載されていません。「資金の繰替使用」で年度内補填がされないままにならないよう留意してください。
3. 「資金の弾力運用」の理解のポイントは、どんな場合に「事前協議」「収支計算分析表の提出」が必要で「民改費の減算等」の制裁措置を受けるかです。
4. チェックシートの「別表」や「①～⑦」などは、通知に説明があります。

   チェックシートを活用される場合には、必ず現在適用されている通知で確認してください。

   特に、「保育所等」および「措置施設」の施設整備等の支出、積立資産支出を予算化する際には、年度末の支払資金残高を予測するなどして、通知に準拠するように予算の段階からチェックシートを活用してください。
5. 「資金の弾力運用」は、予算の段階での設備投資等の計画が前提になっています。

   資金収支差額が生じ、積立資産を積み立てる場合にも、きちんとした資金使途の前提となる計画が理事会で承認されなければなりません。

第3章

第11講　資金収支計算書の作成の留意点

1）資金収支計算書と貸借対照表のつながり

資金収支計算書は、当該会計年度におけるすべての支払資金の増加及び減少の状況を明りょうに表示するものでなければなりません（会計基準第2章の1）。すべての支払資金とは何か、貸借対照表とのつながりを意識しながら支払資金の範囲について理解しましょう。

2）支払資金の改正点と貸借対照表・資金収支計算書との関係

新会計基準に改正されましたが、「支払資金残高＝流動資産—流動負債」と旧会計基準から変わっていません。ただし、支払資金としての流動資産・流動負債に含まれない科目の範囲は次の表のように改正されました。（会計基準第2章の2）

支払資金としての流動資産・流動負債に含まれない科目

	流動資産	流動負債
①	1年以内回収予定長期貸付金	1年以内返済予定設備資金借入金 1年以内返済予定長期運営資金借入金 1年以内返済予定リース債務 1年以内返済予定役員等長期借入金 1年以内支払予定長期未払金
②	徴収不能引当金（※）	賞与引当金
③	医薬品 診療・療養費等材料 給食用材料 商品・製品 仕掛品 原材料	—

※ 徴収不能引当金を債権より直接控除している場合、控除前の債権額で支払資金残高を算定する必要があります。

このように、支払資金には、ほとんど変化がありませんが、支払資金の計算のベースである「流動資産」と「流動負債」に含まれる勘定科目が増加していますので、この違いを理解しなければなりません。

次の「支払資金計算シート」を使うと支払資金の内容と資金収支計算書と貸借対照表のつながりを理解するのに役立ちます。事例で見ていきましょう。

事例

貸借対照表

平成 X2 年 3 月 31 日現在　（単位：円）

資産の部			負債の部		
	当年度末	前年度末		当年度末	前年度末
流動資産	42,679,000	41,330,000	流動負債	22,342,794	22,200,450
現金預金	13,550,000	14,000,000	事業未払金	20,000,000	21,000,000
有価証券（※1）	999,000	200,000	1 年以内返済予定設備資金借入金	1,000,000	1,000,000
事業未収金	28,000,000	27,000,000	未払費用	450	450
貯蔵品	200,000	200,000	預り金	1,342,344	200,000
立替金	500,000	500,000	固定負債	4,000,000	5,000,000
徴収不能引当金（※2）	△ 570,000	△ 570,000	設備資金借入金	4,000,000	5,000,000
固定資産	84,235,658	80,947,900	負債の部合計	26,342,794	27,200,450
基本財産	46,804,990	48,000,000	純資産の部		
土地	10,000,000	10,000,000	基本金	20,000,000	20,000,000
建物	35,804,990	37,000,000	その他の積立金	29,800,000	23,800,000
定期預金	1,000,000	1,000,000	人件費積立金	4,800,000	3,800,000
その他の固定資産	37,430,668	32,947,900	保育所施設設備整備積立金	25,000,000	20,000,000
建物	2,309,582	3,600,000	次期繰越活動増減差額	50,771,864	51,277,450
構築物	1,729,802	2,000,000	（うち当期活動増減差額）	(5,494,414)	
器具及び備品	2,342,384	1,500,000			
投資有価証券	1,248,900	2,047,900			
人件費積立資産	4,800,000	3,800,000			
保育所施設設備整備積立資産	25,000,000	20,000,000	純資産の部合計	100,571,864	95,077,450
資産の部合計	126,914,658	122,277,900	負債の部及び純資産の部合計	126,914,658	122,277,900

※ 1　有価証券 999,000 には、1 年以内に償還期限が到来する満期保有目的の債券が 799,000 含まれている。

※ 2　事業未収金に対する引当額 560,000、立替金に対する引当額 10,000
当年度末、前年度末も同額である。

資金収支計算書

（自）平成 X1 年 4 月 1 日（至）平成 X2 年 3 月 31 日　（単位：円）

		予算	決算	差異	摘要
	（中略）				
	その他の活動資金収支差額				
当期資金収支差額合計			407,656		
前期末支払資金残高			20,699,550		
当期末支払資金残高			21,107,206		

「支払資金計算シート」 （単位：円）

流動資産	当年度末	前年度末	流動負債	当年度末	前年度末
現金預金	13,550,000	14,000,000	事業未払金	20,000,000	21,000,000
有価証券	999,000	200,000	未払費用	450	450
うち１年以内償還の満期保有目的の債券	△ 799,000	—	預り金	1,342,344	200,000
事業未収金	28,000,000	27,000,000			
貯蔵品	200,000	200,000			
立替金	500,000	500,000			
合計	42,450,000	41,900,000	合計	21,342,794	21,200,450
支払資金	21,107,206	20,699,550			

3）支払資金に関するチェックポイント

(1) 有価証券と支払資金の関係

流動資産に計上されている有価証券は、「国債、地方債、株式、社債、証券投資信託の受益証券などのうち時価の変動により利益を得ることを目的とする有価証券」と定義されています。（別紙１「社会福祉法人会計基準適用上の留意事項（運用指針）」）

なお、満期保有目的の債券のうち貸借対照表日の翌日から起算して１年以内に償還期限が到来するものについては、当該勘定科目に含めて表示するか、取引の内容を示す名称を付した勘定科目で表示することになっています。この１年以内に償還期限が到来する満期保有目的の債券は、支払資金の範囲に含まれない「１年基準により固定資産から流動資産に振替えられた項目」に該当します。（日本公認会計士協会　非営利法人委員会研究資料第５号「社会福祉法人会計基準に関する実務上の Q&A」Q4A（1）①、平成 24 年７月 18 日）

したがって、支払資金残高の計算には、有価証券の内訳を把握し、１年以内に償還期限が到来する満期保有目的の債券は、計算上除かなければなりません。事例の貸借対照表の※１「１年以内に償還期限が到来する満期保有目的の債券 799,000 円」は支払資金残高から除くことになります。

(2) なぜ棚卸資産のうち貯蔵品のみ支払資金に含まれるのか

貯蔵品の定義は「消耗品等で未使用の物品」と、旧会計基準から新会計基準に改正されても変わっていません。（運用指針）

一方、貯蔵品を除く棚卸資産については、新会計基準において貸借対照表の科目に計上されることになりました。貯蔵品は前払費用に類似し、一方、商品・製品のような棚卸資産は支払資金としての性格より販売用品の性格をもつため、同じ流動資産であっても支払資金に含めなかったと考えられます。

(3) なぜ積立資産は支払資金に含まれないのか

積立資産は貸借対照表上、①退職給付引当資産、②長期預り金積立資産、③○○積立資産の3つです。次の表のとおり、いずれも特定の目的があって積み立てられているため固定資産に計上されており、支払資金には含まれません。(運用指針)

貸借対照表勘定科目の説明（抜粋）

大区分	中区分	説明
固定資産 (その他の固定資産)	退職給付引当資産	退職金の支払いに充てるために退職給付引当金に対応して積み立てた現金預金等をいう。
	長期預り金積立資産	長期預り金に対応して積み立てた現金預金等をいう。
	○○積立資産	将来における特定の目的のために積み立てた現金預金等をいう。なお、積立資産の目的を示す名称を付した科目で記載する。

事例の貸借対照表に計上されている、基本財産の定期預金、その他の固定資産の人件費積立資産、保育所施設設備整備積立資産はいずれも固定資産であり、支払資金の範囲には含まれていません。

4) 現金預金等明細表を作成し、保有資金を管理

積立資産の管理方法には、①専用口座で管理する方法、②専用口座で管理しない方法、があります。①は専用口座と流動資産である通常の口座の区分が明確であり、資金の流用を防ぐことが可能です。預金の口数が多数になるほど金額の把握は困難になります。そのため、次の「現金預金等明細表」を作成し、法人全体や拠点区分全体で現金預金等の管理をします。貸借対照表に計上される現金預金や有価証券、基本財産、各積立資産の金額と一致することを確かめましょう。

また、預金は金融機関から期末日現在の残高証明書の交付を受けて、帳簿残高と一致することを確かめましょう。

現金預金等明細表

(単位：円)

拠点名	項目			当期末残高	確認	貸借対照表残高					
								基本財産	その他の固定資産		
	金融機関・支店	種類	口座番号			現金預金	有価証券	定期預金	投資有価証券	人件費積立資産	保育所施設設備整備積立資産
	現金			100,000		100,000					
	有価証券			200,000	✓		200,000				
	A 銀行 a 支店	普通	12345	29,000,000	✓	10,000,000					19,000,000
	B 銀行 b 支店	定期	00001	10,000,000	✓					4,000,000	6,000,000
	A 銀行 a 支店	定期	12346	1,000,000	✓			1,000,000			
	C 証券 c 支店	債券	AB01	2,047,900	✓		799,000		1,248,900		
	A 銀行 a 支店	普通	12347	4,250,000	✓	3,450,000				800,000	
	合計			46,597,900		13,550,000	999,000	1,000,000	1,248,900	4,800,000	25,000,000
	B/S との照合					✓	✓	✓	✓	✓	✓

※ 確認の欄に、銀行・証券会社等の残高証明書等と照合した場合にチェックを付ける

POINT & KEYWORD

1. 貸借対照表の現金預金残高は、基本財産や積立資産とは別に表示されています。「支払資金計算シート」を作り、支払資金と現金預金残高の違いを理解しましょう。
2. 「現金預金等明細表」で、現金預金、有価証券、投資有価証券、積立資産などいわゆる保有資金を把握します。この表で、金融機関別の保有資金も把握できますので、現金預金残高の正確性のチェックに役立ちます。
3. 満期保有目的の債券の表示は、貸借対照日の翌日から起算して1年以内に償還期限が到来するものについては流動資産であることに注意しましょう。しかし、支払資金には含めません。

第12講　事業活動計算書の作成の留意点

1）事業活動計算書と貸借対照表のつながり

事業活動計算書は、「当該会計年度における純資産のすべての増減内容を明りょうに表示するものでなければならない」（会計基準第３章の１）と定められています。つまり、事業活動計算書は純資産の増減要因を表したものといえます。

事例

事業活動計算書
（自）平成 X1 年４月１日（至）平成 X2 年３月 31 日
（単位：円）

	勘定科目	当年度決算	前年度決算	増減
当期活動増減差額（11）		5,494,414		
繰越活動増減差額の部	前期繰越活動増減差額（12）	51,277,450		
	当期末繰越活動増減差額（13）=（11）+（12）	56,771,864		
	基本金取崩額（14）	2,500,000		
	その他の積立金取崩額（15）	0		
	その他の積立金積立額（16）	6,000,000		
	次期繰越活動増減差額（17）=（13）+（14）+（15）−（16）	53,271,864		

期首貸借対照表・期末貸借対照表

期首貸借対照表（平成 X1 年４月１日現在）

純資産	基本金	20,000,000
	国庫補助金等特別積立金	10,000,000
	その他の積立金	23,800,000
	次期繰越活動増減差額	51,277,450
	純資産の部合計	105,077,450

当期増加額：4,494,414

期末貸借対照表（平成 X2 年３月 31 日現在）

純資産	基本金	17,500,000
	国庫補助金等特別積立金	9,000,000
	その他の積立金	29,800,000
	次期繰越活動増減差額 （うち当期活動増減差額	53,271,864 5,494,414）
	純資産の部合計	109,571,864

このように、事業活動計算書の末尾「次期繰越活動増減差額」と貸借対照表の純資産の部に記載される「次期繰越活動増減差額」、事業活動計算書の特別増減の部の次に記載される「当期活動増減差額」と、貸借対照表の純資産の部の（　）内に記載される「うち当期活動増減差額」

はそれぞれ金額が一致します。

なお、純資産の部の増加額4,494,414円に対し、事業活動計算書の当期活動増減差額は5,494,414円と1,000,000円の差額が生じています。これは、国庫補助金等特別積立金取崩額が、事業活動計算書の「当期活動増減差額」より上の「サービス活動増減の部」の費用に計上されているからです。同様に、国庫補助金等特別積立金の積立てや基本金の組入れも「特別増減の部」の費用にそれぞれ計上されるため、純資産の部の増減額と、事業活動計算書の当期活動増減差額の不一致の要因となります。

2）事業活動計算書だけに表示される科目

事業活動計算書と資金収支計算書の多くの科目は、科目名がほぼ同じであり金額は一致しているため、支払資金に増減変化をもたらす取引といえます。一方で、事業活動計算書のみに表示される科目は、支払資金に増減変化をもたらさない取引といえます。

代表的な取引例を解説します。

(1) 減価償却費

減価償却費は固定資産が減少するのみであり、支払資金残高（流動資産－流動負債）の増減はありません。

器具及び備品　5,000円の減価償却費を計上

	借方		貸方	
BS・PL仕訳	＜サービス活動増減の部＞ 減価償却費	5,000	＜BSその他の固定資産＞ 器具及び備品	5,000
CF仕訳	仕訳なし			

(2) 固定資産の寄附（現物寄附）

事業活動計算書の「固定資産受贈額」として計上します（運用指針9（2））。

通常の購入取引であれば支払資金の減少をともないますが、現物寄附のため支払資金の増減はありません。

なお、旧会計基準では現預金で寄附を一旦受け入れ、その後購入したという仕訳を起こしていましたが、新会計基準では変更されています。

車輌運搬具100,000円の寄附

	借方		貸方	
BS・PL仕訳	＜BSその他の固定資産＞ 車輌運搬具	100,000	＜特別増減の部＞ 車輌運搬具受贈額	100,000
CF仕訳	仕訳なし			

(3) 固定資産を法人内部で移管

固定資産を法人内部で移管する場合は移管元と移管先で固定資産が減少・増加します。ただし、支払資金の増減はともないませんので、移管にともなう費用・収益は事業活動計算書のみに反映されます。

拠点区分間で車輌 30,000 円を移管

〔移管元〕	借方		貸方	
BS・PL 仕訳	＜特別増減の部＞ 拠点区分間固定資産移管費用	30,000	＜BS その他の固定資産＞ 車輛運搬具	30,000
CF 仕訳	仕訳なし			

〔移管先〕	借方		貸方	
BS・PL 仕訳	＜BS その他の固定資産＞ 車輛運搬具	30,000	〈特別増減の部＞ 拠点区分間固定資産移管収益	30,000
CF 仕訳	仕訳なし			

拠点区分間固定資産移管費用・拠点区分間固定資産移管収益は、いずれも拠点区分事業活動計算書（第 2 号の 4 様式）の特別増減の部に計上されますが、内部取引であるため最終的に相殺消去されます。

(4) 固定資産の売却取引

固定資産を売却した場合、対価を受け取るため支払資金の増加が生じます。しかし、売却資産の帳簿価額がある限り売却額と売却損益の額は一致しません。

帳簿価額 200,000 円の車輛運搬具を 300,000 円で売却

	借方		貸方	
BS・PL 仕訳	＜BS 流動資産＞ 普通預金	200,000	＜BS その他の固定資産＞ 車輛運搬具	200,000
	＜BS 流動資産＞ 普通預金	100,000	＜特別増減の部＞ 車輛運搬具売却益	100,000
CF 仕訳	支払資金	300,000	＜PL 施設整備等による収支＞ 車輛運搬具売却収入	300,000

このように、資金収支計算書には「車輛運搬具売却収入」として 30 万円計上される一方で、事業活動計算書には「車輛運搬具売却益」として 10 万円計上され、金額は一致しません。

同じく、固定資産の部に計上される投資有価証券も同様です。

(5) 投資有価証券の評価損益

決算時に投資有価証券の時価評価を行い、評価損益が生じた場合、支払資金の範囲外である投資有価証券が増減するのみであり支払資金の増減は生じません。

帳簿価額970,000円の投資有価証券の期末時価が940,000円

	借方		貸方	
BS・PL仕訳	＜サービス活動外増減の部＞ 投資有価証券評価損	30,000	＜BSその他の固定資産＞ 投資有価証券	30,000
CF仕訳	仕訳なし			

投資有価証券は支払資金の範囲外です。したがって投資有価証券の評価損益が支払資金の増減に影響はなく、評価損益は事業活動計算書の「サービス活動外増減の部」に計上されます。

なお、有価証券の時価評価を行った場合は、流動資産である有価証券が増減するため評価損益は事業活動計算書のみならず、資金収支計算書の「事業活動による収支」における「流動資産評価益（損）等による資金増加額」の「資産評価益（損）」にも同額計上されます。

帳簿価額970,000円の有価証券の期末時価が940,000円

	借方		貸方	
BS・PL仕訳	＜サービス活動外増減の部＞ 有価証券評価損	30,000	＜BSその他の固定資産＞ 有価証券	30,000
CF仕訳	＜PL事業活動による収支―流動資産評価損等による資金減少額＞ 資産評価損	30,000	支払資金	30,000

支払資金の範囲外である固定資産・負債を相手勘定とする場合、1取引に対して資金収支計算書と事業活動計算書それぞれのために2つの仕訳が必要となります。現金で消耗品を購入した場合、といった通常のケースであれば会計ソフト上は事業活動計算書の科目で仕訳を入力すれば自動的に資金収支計算書にも反映されることが多いと思いますが、1取引に対して2つの仕訳が必要な場合は、会計ソフト特有の処理を行うことになりますので、会計ソフトの仕訳要領を把握してください。

3）3つの引当金が計上される場合

会計基準では、運用指針18において、引当金を①徴収不能引当金、②賞与引当金、③退職給付引当金の3種類に限定しています。当該会計年度の負担に属する金額を当該会計年度の費用として引当金に繰り入れ、当該引当金の残高を貸借対照表の負債の部に計上又は資産の部に控除項目として記載します（会計基準注解19）が、重要性の乏しいものについては計上しないことができます（会計基準注解2（3））。

4）賞与引当金の計算方法と勘定科目について

賞与引当金とは、支給対象期間に基づき定期に支給する職員賞与にかかる引当金をいいます（運用指針 18（2））。

それでは、賞与引当金の計算方法と勘定科目について確認しましょう。

・賞与支給対象期間：平成 X1 年 6 月～11 月（12 月支給分）、平成 X1 年 12 月～平成 X2 年 5 月（7 月支給分）

・翌年度 7 月（平成 X2 年 7 月）賞与支給見込額：6,000,000 円

前記の引当金の説明に当てはめると、将来（平成 X2 年度）に実現可能性が高い賞与であって、賞与の支給の原因が当会計年度（平成 X1 年度）以前に発生しており、その金額をあらかじめ合理的に見積もることができるため、賞与引当金を計上しなければなりません。

<table>
<tr><td>平成 X1 年 12 月</td><td>平成 X2 年 1 月</td><td>2 月</td><td>3 月</td><td>平成 X2 年 4 月</td><td>5 月</td></tr>
<tr><td colspan="4">賞与引当金繰入対象：4,000,000 円</td><td></td><td></td></tr>
<tr><td colspan="6">賞与支給見込額：6,000,000 円</td></tr>
</table>

賞与引当金繰入額：6,000,000 円×4（12 月～3 月）/6（12 月～5 月）＝4,000,000 円

と計算します。

ただし、賞与引当金は流動負債ですが支払資金の範囲には含まれないため、400 万円の引当金計上は支払資金の増減をともなわないことになります。

<table>
<tr><td></td><td colspan="2">借方</td><td colspan="2">貸方</td></tr>
<tr><td>BS・PL 仕訳</td><td>＜サービス活動増減の部―人件費＞
賞与引当金繰入</td><td>4,000,000</td><td>＜BS 流動負債＞
賞与引当金</td><td>4,000,000</td></tr>
<tr><td>CF 仕訳</td><td colspan="4">仕訳なし</td></tr>
</table>

5）退職金の支給と退職給付引当金の取り崩し

(1) 独立行政法人福祉医療機構の実施する社会福祉施設職員等退職手当共済制度の会計処理

この制度のように、拠出以後に追加的な負担が生じない外部拠出型の制度については、職員が退職しても仕訳をする必要はありません。

(2) 都道府県等の実施する退職共済制度の会計処理

職員が退職し、退職金を20万円支払い、退職給付引当金を15万円、退職給付引当資産を18万円計上

	借方		貸方	
BS・PL仕訳	＜BS固定負債＞ 退職給付引当金	150,000	諸口	150,000
	＜サービス活動増減の部―人件費＞ 退職給付費用	50,000	諸口	50,000
CF仕訳	＜PL事業活動による収支―人件費支出＞ 退職給付支出	200,000	支払資金	200,000

	借方		貸方	
BS・PL仕訳	諸口	180,000	＜BSその他の固定資産＞ 退職給付引当資産	180,000
CF仕訳	支払資金	180,000	＜その他の活動による収支―積立資産取崩収入＞ 退職給付引当資産取崩収入	180,000

	借方		貸方	
BS・PL仕訳	諸口	20,000	＜サービス活動増減の部＞ その他の収益	20,000
CF仕訳	支払資金	20,000	＜PL事業活動による収支＞ その他の収入	20,000

退職給付引当金を超える退職金の支払いのため、超過分については退職給付費用で処理をします。また、退職給付引当資産を超える退職金の支払いのため、超過分は運用益ということになり、その他の科目で処理をします。仮に、退職金の支払いが20万円に対し、退職給付引当資産22万円のように退職給付引当資産を超えている場合は、差額は運用損のため、その他の費用で処理をします。

6) その他の積立金の計上と「資金の弾力運用」について

その他の積立金とは、将来の特定の目的の費用又は損失に備えるため、理事会の議決に基づき事業活動計算書の当期末繰越活動増減差額から積立金として積み立てた額を計上するものとします（会計基準第4章の4（4））。

当期末繰越活動増減差額にその他の積立金取崩額を加算した額に余剰が生じた場合には、その範囲内で積立金を積み立てることが可能であり、積立金を計上する際は、積立ての目的を示す名称を付し、同額の積立資産を積み立てるものとします（会計基準注解20）。

ただし、保育所や措置施設に関しては資金運用通知に基づき、その他の積立金の種類に制限があります。

7）基本金の計上と取り崩しについて

基本金は、社会福祉法人が事業の一部または全部を廃止し、かつ基本金組入れの対象となった基本財産またはその他の固定資産が廃棄され、または売却された場合に限り、取崩額が発生します。

基本金は会計基準では「社会福祉法人が事業開始等に当たって財源として受け取った寄附金の額を計上するもの」と規定されています（会計基準注解 12）。

それでは、基本金の組入れ・取崩しの会計処理について確認しましょう。

(1) 基本金の組入れの会計処理

法人施設の創設にあたり、理事長から施設創設費用として寄附金 1,000 万円を受け入れた

	借方		貸方	
BS・PL 仕訳	＜BS 流動資＞ 普通預金	10,000,000	＜特別増減の部＞ 施設整備等寄附金収益	10,000,000
CF 仕訳	支払資金	10,000,000	＜施設整備等による収支＞ 施設整備等寄附金収入	10,000,000

	借方		貸方	
BS・PL 仕訳	＜特別増減の部＞ 基本金組入額	10,000,000	＜BS 純資産の部＞ 基本金	10,000,000
CF 仕訳	仕訳なし			

このように２段階で会計処理を行います。会計基準注解 12 によると、1 号基本金から 3 号基本金に規定する寄附金を事業活動計算書の特別収益に計上した後、収益の相当額を基本金組入額として特別費用に計上します。

(2) 基本金の取崩し

介護保険事業を廃止し、事業に使用していた建物（建物帳簿価額800万円・建物に関する基本金が1,500万円組入れ）を処分した

	借方		貸方	
BS・PL仕訳	＜特別増減の部＞ 建物処分損	8,000,000	＜BS基本財産＞ 建物	8,000,000
CF仕訳	仕訳なし			

	借方		貸方	
BS・PL仕訳	＜BS純資産の部＞ 基本金	15,000,000	＜繰越活動増減差額の部＞ 基本金取崩額	15,000,000
CF仕訳	仕訳なし			

会計基準注解13に規定されているとおり、建物を処分した事実に基づき会計処理を行い、当該事業に関して組み入れられていた基本金を取崩し、事業活動計算書の繰越活動増減差額の部に計上します。

POINT & KEYWORD

1. 純資産の部の増加額が当期活動増減差額と不一致の場合があります。その原因は、基本金組入額と国庫補助金等特別積立金積立額が計上されるためです。
2. 評価損益、売却損益も事業活動計算書に計上されます。資金収支計算書に表示される流動資産評価損益等による資金増減額との違いについて理解を深めましょう。
3. 有価証券売却損益、固定資産売却損益の仕訳処理について、資金収支計算書にも関係する取引では、会計ソフト特有の仕訳処理をすることがあります。使用している会計ソフトの仕訳要領を理解することが必要です。

第13講　財務3表の正確性の検証

1）財務3表のプルーフリストの作成とポイント理解

第11講では資金収支計算書と貸借対照表とのつながり、第12講では事業活動計算書と貸借対照表とのつながりについて説明しました。第13講では、これらを受けて財務3表プルーフリストを説明します。

後述の財務3表の正確性を検証するために、次の「財務3表プルーフリスト」を作成します。

財務3表プルーフリスト

（単位：円）

資金の使途		資金の源泉	
資金収支計算書（CF）科目等	金額	事業活動計算書（PL）科目等	金額
事業活動による支出		事業活動計算書	
・退職給付支出（※3、※8）	200	・当期活動増減差額（※2、※8）	23,050
施設整備等による収入		プラス要因	
・車輌運搬具売却収入（※3、※8）	300	・退職給付費用（※4、※8）	1,050
施設整備等による支出		・減価償却費（※4）	12,500
・固定資産取得支出（※3）	4,500		
・設備資金借入金元金償還支出（※3）	5,000		
その他の活動による収入		マイナス要因	
・長期貸付金回収収入（※3）	5,000	・国庫補助金等特別積立金取崩額（※4）	2,500
・退職給付引当資産取崩収入（※3、※8）	200	・車輌運搬具売却益（※4、※8）	100
その他の活動による支出			
・積立資産支出（※3、※8）	16,500		
差引計（※5）	20,700	差引計（※6、※7）	34,000
当期資金収支差額合計（※1）	13,300		
合計（※7）	34,000		

(1) 財務３表プルーフリストの作成方法とポイント理解

	作成方法	ポイント
※1	CFの「当期資金収支差額合計」の金額13,300を記入	資金の使途は、CFの「当期資金収支差額合計」から調整する。
※2	PLの「当期活動増減差額」23,050を記入	資金の源泉は、PLの「当期活動増減差額」から調整する。
※3	CFにのみ表示される科目と金額を記入	CFとPLで異なる科目について調整する。
※4	PLにのみ表示される科目と金額を記入	同上
※5	CFの支出科目はプラス、収入科目はマイナスで差引計算を行う	CFにのみ表示される支出科目を足し戻し、収入科目を引き戻すことで、CFとPL共通の仕訳を行った状態の収支差額が算定される。
※6	PLの費用科目はプラス要因に記載し、収益科目はマイナス要因に記載して差引計算を行う	PLにのみ表示される費用科目を足し戻し、収益科目を引き戻すことで、CFとPL共通の仕訳を行った状態の増減差額が算定される。
※7	「資金の源泉」の差引計と「資金の使途」の合計の金額の一致を確かめる。	上記の調整により、資金の源泉が計算され、資金の使途が表わされる。 残高が当期資金収支差額の合計となる。
※8	上記の金額の不一致は、次に示す決算整理仕訳をリストしなかったことが原因で起きることがある。	固定資産の売却、有価証券の売却、退職金の支払と退職給付引当金の取崩を伴うような取引には注意する。

(2) 財務３表の理解と正確性の検証

次のような決算整理仕訳が、財務３表プルーフリストに反映されているかを確かめながら作成することが、財務３表の理解と正確性の検証に役立ちます。仕訳は例示であり、下記以外にも仕訳が考えられるので留意してください。

固定資産の売却

	借方		貸方	
BS・PL仕訳	普通預金	200	車輌運搬具	200
	普通預金	100	車輌運搬具売却益	100
CF仕訳	支払資金	300	車輌運搬具売却収入	300

退職給付引当金の計上と退職給付引当資産支出の計上

	借方		貸方	
BS・PL仕訳	退職給付費用	1,000	退職給付引当金	1,000
CF仕訳	積立資産支出（退職給付引当資産支出）	1,000	支払資金	1,000

退職金の支払いと引当資産の取崩し

	借方		貸方	
BS・PL仕訳	退職給付引当金	150	諸口	150
	退職給付費用	50	諸口	50
CF仕訳	退職給付支出	200	支払資金	200

	借方		貸方	
BS・PL仕訳	諸口	200	退職給付引当資産	200
CF仕訳	支払資金	200	退職給付引当資産取崩収入	200

(3) 財務３表プルーフリストの有用性

財務３表プルーフリストの「資金の源泉」には、実際には資金の収入・支出をともなわない事業活動計算書の科目が集約されています。例えば、減価償却費 1,000 は、当期活動増減差額の金額を減少させますが、資金の支出をともなっていません。つまり、同額資金の源泉を得ることになります。

一方「資金の使途」には、収益と費用の計算結果である当期活動増減差額には影響がない資金の収支が列挙されています。例えば、長期貸付金回収収入 5,000 は、事業活動計算書には直接影響がないので、財務３表プルーフリストにリストアップすることで資金の使途を説明することになります。

事例

財務３表プルーフリストは次の財務３表から作成したものです。

資金収支計算書と事業活動計算書
（自）平成 X1 年４月１日（至）平成 X2 年３月 31 日

（単位：円）

資金収支決算書（CF）

区分		科目	金額
事業活動による収支	収入	（中略）	
		事業活動収入計	300,000
	支出	人件費支出（※）	165,200
		事業費支出	80,000
		事務費支出	21,000
		事業活動支出計	266,200
	事業活動資金収支差額		33,800
施設整備等による収支	収入	車輌運搬具売却収入	300
		施設整備等収入計	300
	支出	固定資産取得支出	4,500
		設備資金借入金元金償還支出	5,000
		施設整備等支出計	9,500
	施設整備等資金収支差額		△ 9,200
その他の活動による収支	収入	長期貸付金回収収入	5,000
		退職給付引当資産取崩収入	200
		その他の活動収入計	5,200
	支出	積立資産支出	16,500
		その他の活動による支出	0
		その他の活動支出計	16,500
	その他の活動資金収支差額		△ 11,300
予備費支出			-
当期資金収支差額合計			13,300
前期末支払資金残高			90,000
当期末支払資金残高			103,300

事業活動計算書（PL）

区分		科目	金額
サービス活動増減の部	収益	（中略）	
		サービス活動収益計	300,000
	費用	人件費（※）	166,050
		事業費	80,000
		事務費	21,000
		減価償却費	12,500
		△国庫補助金等特別積立金取崩額	△ 2,500
		サービス活動費用計	277,050
サービス活動増減差額			22,950
サービス活動外増減の部	収益		
		サービス活動外収益計	0
	費用		
		サービス活動外費用計	0
	サービス活動外増減差額		0
経常増減差額			22,950
特別増減の部	収益	車輌運搬具売却益	100
		特別収益計	100
	費用	基本金繰入額	0
		国庫補助金等特別積立金積立額	0
		特別費用計	0
	特別増減差額		100
当期活動増減差額			23,050
	前期繰越活動増減差額		64,000
	当期末繰越活動増減差額		87,050
	その他の積立金取崩額		-
	その他の積立金積立額		15,500
	次期繰越活動増減差額		71,550

支払資金計算シートを用いて、BSとの整合性を点検しましょう。

BSとの整合性を点検しましょう。

※ CF の人件費支出 165,200 のうち退職給付支出 200、PL の人件費 166,050 のうち退職給付費用 1,050 が含まれている。

貸借対照表（BS）
平成 X2 年 3 月 31 日現在

（単位：円）

資産の部			負債の部		
	当年度末	前年度末		当年度末	前年度末
流動資産	175,300	167,000	流動負債	73,000	78,000
現金預金	104,300	98,000	短期運営資金借入金	28,000	35,000
事業未収金	56,000	54,000	事業未払金	30,000	28,000
貯蔵品	2,000	2,000	1 年以内返済予定設備資金借入金	5,000	5,000
商品・製品	9,000	9,000	職員預り金	1,000	1,000
1 年以内回収予定長期貸付金	5,000	5,000	賞与引当金	9,000	9,000
徴収不能引当金	△ 1,000	△ 1,000			
固定資産	573,100	570,000	固定負債	100,850	105,000
基本財産	405,000	410,000	設備資金借入金	90,000	95,000
土地	210,000	210,000	退職給付引当金	10,850	10,000
建物	195,000	200,000	負債の部合計	173,850	183,000
その他の固定資産	168,100	160,000	純資産の部		
建物	27,000	30,000	基本金	310,000	310,000
車輛運搬具	17,800	20,000	国庫補助金等特別積立金	97,500	100,000
器具及び備品	12,000	10,000	その他の積立金		
長期貸付金	5,000	10,000	施設整備積立金	62,500	50,000
退職給付引当資産	10,800	10,000	人件費積立金	33,000	30,000
施設設備積立資産	62,500	50,000	次期繰越活動増減差額	71,550	64,000
人件費積立資産	33,000	30,000	（うち当期活動増減差額）	(23,050)	
			純資産の部合計	574,550	554,000
資産の部合計	748,400	737,000	負債及び純資産の部合計	748,400	737,000

PL との整合性を点検しましょう。

資金収支計算書（CF）の支払資金と貸借対照表（BS）上の支払資金が、会計基準に準拠して一致しているかを次のような支払資金計算シートで確かめます（作成方法の詳細は第 11 講を参照）。

支払資金計算シート

（単位：円）

流動資産	当年度末	前年度末	流動負債	当年度末	前年度末
現金預金	104,300	98,000	短期運営資金借入金	28,000	35,000
事業未収金	56,000	54,000	事業未払金	30,000	28,000
貯蔵品	2,000	2,000	職員預り金	1,000	1,000
合計	162,300	154,000	合計	59,000	64,000
支払資金	103,300	90,000			

CF との整合性を点検しましょう。

POINT & KEYWORD

1. 財務諸表等の公表の際には整合性のチェックを忘れないようにしましょう。

　現況報告書の添付書類である貸借対照表及び収支計算書のうち、公表する様式については、新会計基準を適用する法人については、第1号の1様式（資金収支計算書）及び第1号の2様式（資金収支内訳表)、第2号の1様式（事業活動計算書）及び第2号の2様式（事業活動内訳表)、第3号の1様式（貸借対照表）及び第3号の2様式（貸借対照表内訳表）が使用されます。(「社会福祉法人の認可について」一部改正について、平成26年5月29日、厚生労働省)

2. 会計管理体制なくして、財務諸表の公表は考えられません。

　チームワークとコミュニケーションでスキルを高めて、会計の透明性を高める努力をしましょう。

3. 会計管理体制の再構築は、会計管理業務を標準化することから始めます。

　具体的には、「会計ソフトの使いこなし」「会計管理の標準様式、ワークシートの活用」「役割分担による内部牽制の体制づくり」の3つが基礎になります。

第14講 「財務諸表に対する注記」の作成の留意点

1）財務諸表の注記

会計基準の第5章には、財務諸表について「財務諸表には、次の事項を注記しなければならない。」と規定され、次の15項目をあげ、記載方法についても定められています。法人全体で記載する注記は「事業区分貸借対照表内訳表」（第3号の3様式）の後に記載し、拠点区分で記載する注記は「拠点区分貸借対照表」（第3号の4様式）の後に記載します。ただし、拠点が1つの法人の場合、拠点区分で記載する財務諸表の注記を省略することができるものと規定されています（運用指針21（2））。

	注記事項	法人全体用	拠点区分用	記載がない場合の記載方法
(1)	継続事業の前提に関する注記		＼	記載不要
(2)	重要な会計方針 (1) 有価証券の評価基準及び評価方法 ・満期保有目的の債券等 (2) 固定資産の減価償却の方法 ・建物並びに器具及び備品 ・リース資産 (3) 引当金の計上基準 ・退職給付引当金 ・賞与引当金 ・徴収不能引当金		1. (1) (2) (3)	該当なし
(3)	重要な会計方針の変更		2.	記載不要
(4)	法人で採用する退職給付制度		3.	該当なし
(5)	法人が作成する財務諸表等と拠点区分、サービス区分		4.	該当なし
(6)	基本財産の増減の内容及び金額		5.	該当なし
(7)	会計基準第3章第4（4）及び（6）の規定による基本金又は国庫補助金等特別積立金の取崩し		6.	該当なし
(8)	担保に供している資産		7.	該当なし
(9)	固定資産の取得価額 減価償却累計額及び当期末残高		8.	記載不要
(10)	債権額、徴収不能引当金の当期末残高 債権の当期末残高		9.	記載不要
(11)	満期保有目的の債券の内訳並びに帳簿価額、時価及び評価損益		10.	該当なし
(12)	関連当事者との取引の内容		＼	該当なし
(13)	重要な偶発債務		＼	該当なし
(14)	重要な後発事象		11.	該当なし
(15)	その他社会福祉法人の資金収支及び純資産増減の状況並びに資産、負債及び純資産の状況を明らかにするために必要な事項		12.	該当なし

(1) 継続事業の前提に関する注記

継続事業の前提に重要な疑義を生じさせるような事象又は状況が存在する場合であって、当該事業又は状況を解消し、又は改善するための対応をしてもなお、継続事業の前提に関する重要な不確実性が認められるときは、財務諸表に注記する必要があります（「社会福祉法人会計基準の運用上の取扱いについて（Q & A）」問5）。

表に記載の通り、拠点区分での注記は不要であることから事業ごとに判断することはありません。法人として事業が存続できるか否か疑義が生じた場合の記載となります。

(2) 重要な会計方針

代替的な複数の会計処理方法等が認められていない場合には、会計方針の注記を省略することができます（会計基準注解（注21））。

記載例

(1) 有価証券の評価基準及び評価方法
　①満期保有目的の債券等：償却原価法（定額法）
　②上記以外の有価証券
　　・時価のあるもの：決算日の市場価格に基づく時価法（売却原価は移動平均法により算定）
　　・時価のないもの：移動平均法による原価法
(2) 固定資産の減価償却の方法
　①建物並びに器具及び備品─定額法
　②リース資産
　　所有権移転ファイナンス・リース取引に係るリース資産
　　　自己所有の固定資産に適用する減価償却方法と同一の方法によっている。
(3) 引当金の計上基準
　①退職給付引当金：独立行政法人福祉医療機構の実施する社会福祉施設職員等退職手当共済制度に加入している職員に係る掛金納付額のうち、法人の負担額に相当する金額を計上している。
　②賞与引当金：職員に対する賞与の支給に備えるため、当期に帰属する額を計上している。

(3) 重要な会計方針の変更

いったん採用した会計方針は継続性の原則により、みだりに変更してはなりません（会計基準第1章2（3））。そのため、重要な会計方針を変更したときは、①その旨、②変更の理由及び③当該変更による影響額を注記します（会計基準第5章（3））。

記載例

機械及び装置について、前事業年度まで定額法を採用していたが、当事業年度より定率法に変更した。就労支援事業収益に対応させるために変更を行った。この変更により、減価償却費は1,500,000円増加した。

(4) 法人で採用する退職給付制度

記載例

当法人では、全常勤職員について独立行政法人福祉医療機構の実施する社会福祉施設職員等退職手当共済制度に加入している。

(5) 法人が作成する財務諸表等と拠点区分、サービス区分

ここでは、作成する財務諸表と各拠点区分におけるサービス区分の内容を、経理規程を参考に記載します。

記載例

当法人の作成する財務諸表は、以下のとおりになっている。
(1) 法人全体の財務諸表（第1号の1様式、第2号の1様式、第3号の1様式）
(2) 社会福祉事業における拠点区分別内訳表（第1号の3様式、第2号の3様式、第3号の3様式）
(3) 各拠点区分におけるサービス区分の内容
ア　A拠点
・「介護老人福祉施設A」
・「短期入所生活介護A」
・「居宅介護支援A」
・「本部」
イ　B拠点
・「保育所B園」
ウ　C拠点
・「児童養護施設C」
・「子育て短期支援事業C」

(6) 基本財産の増減の内容及び金額

基本財産の増減がある場合は記載します。該当のない場合は、「該当なし」等と記載します。

記載例

基本財産の増減の内容及び金額は、以下のとおりである。

（単位：円）

基本財産の種類	前期末残高	当期増加額	当期減少額	当期末残高
土地	100,000,000	0	0	100,000,000
建物	68,000,000	0	1,700,000	66,300,000
定期預金	5,000,000	0	0	5,000,000
投資有価証券	800,000,000	200,000,000	0	1,000,000,000
合計	973,000,000	200,000,000	1,700,000	1,171,300,000

(7) 会計基準第３章第４（4）及び（6）の規定による基本金又は国庫補助金等特別積立金の取崩し

法人全体又は拠点区分で該当する内容があれば記載します。該当ない場合は項目ごと省略はできず、「該当なし」等と記載します。

記載例

○○施設を××へ譲渡し、当該事業を廃止したことにともない、基本金 10,000,000 円及び国庫補助金等特別積立金 20,000,000 円を取り崩した。

(8) 担保に供している資産

法人全体又は拠点区分で該当する内容があれば記載します。該当ない場合は項目ごと省略はできず、「該当なし」等と記載します。

記載例

担保に供されている資産は、以下のとおりである。

土地（基本財産）	50,000,000 円
建物（基本財産）	33,000,000 円
計	83,000,000 円

担保している債務の種類及び金額は、以下のとおりである。

設備資金借入金（1 年以内返済予定額を含む）	83,000,000 円
計	83,000,000 円

第
3
章

(9) 固定資産の取得価額、減価償却累計額及び当期末残高

貸借対照表上、間接法で表示している場合はあらためて注記の記載は不要です。項目ごと削除可能です。

直接法で表示している場合は貸借対照表上、帳簿価額で記載されているため、取得価額と減価償却累計額がわかりません。間接法と同等の情報提供をするために、注記をします。

記載例

固定資産の取得価額、減価償却累計額及び当期末残高は、以下のとおりである。

（単位：円）

	取得価額	減価償却累計額	当期末残高
建物（基本財産）	85,000,000	18,700,000	66,300,000
建物	100,000,000	14,000,000	86,000,000
構築物	1,500,000	597,241	902,759
機械及び装置	6,000,000	3,390,442	2,609,558
合計	192,500,000	36,687,683	155,812,317

(10) 債権額、徴収不能引当金の当期末残高、債権の当期末残高

(9) と同様に、貸借対照表上、間接法で表示している場合は、記載は不要です。

記載例

債権額、徴収不能引当金の当期末残高、債権の当期末残高は、以下のとおりである。

（単位：円）

	債権額	徴収不能引当金の当期末残高	債権の当期末残高
事業未収金	28,560,000	560,000	28,000,000
立替金	510,000	10,000	500,000
合計	29,070,000	570,000	28,500,000

(11) 満期保有目的の債券の内訳並びに帳簿価額、時価及び評価損益

記載例

満期保有目的の債券の内訳並びに帳簿価額、時価及び評価損益は、以下のとおりである。

（単位：円）

種類及び銘柄	帳簿価額	時価	評価損益
第○回利付国債	96,000,000	98,000,000	2,000,000
合計	96,000,000	98,000,000	2,000,000

第○回利付国債…当事業年度4月1日に9,500万円で取得（額面10,000万円・5年満期）、期末時価9,800万円の場合

・当期償却額…（10,000万円－9,500万円）÷5年＝100万円

・当期末帳簿価額（償却原価）…9,500万円＋100万円＝9,600万円

上記の記載例のとおり、償却原価法に基づいて算定される場合は、帳簿価額に償却原価を記載します。

(12) 関連当事者との取引の内容

関連当事者との取引高、つまり事業活動計算書項目及び貸借対照表項目いずれにかかる取引も年間1,000万円を超える場合には、関連当事者ごとに注記をしなければなりません（運用指針22）。

なお、関連当事者との間の取引のうち、①一般競争入札による取引並びに預金利息及び配当金の受取りその他取引の性格から見て取引条件が一般の取引と同様であることが明白な取引、②役員に対する報酬、賞与及び退職慰労金の支払いに関しては、注記を要しません（会計基準（注22）の3）。

記載例

関連当事者との取引の内容は、以下のとおりである。

（単位：円）

種類	法人等の名称	所在地	資産総額	事業の内容又は職業	議決権の所有の割合	関係内容		取引の内容	取引金額	科目	期末残高
						役員の兼務等	事業上の関係				
役員及びその近親者	A	東京都××区	—	法人の理事長	—	—	—	施設建物用地の賃借料（注1）	××	前払金	××
役員及びその近親者が議決権の過半数を所有している法人	医療法人B会	神奈川県××市	××	病院	—	役員及び近親者が社員総数の過半数を占めている法人	—	業務委託費の支払い（注2）	××	未払金	××

取引条件及び取引条件の決定方針等

（注1）施設建物用地の賃貸は、近隣の賃貸条件を勘案した上で協議し、賃貸契約を締結している。

（注2）協力医療機関等の委託契約については、近隣の取引価格を勘案した上で協議し、委託契約を締結している。

また、注記の記載に当たって次の点に留意してください。

(1)「所在地」の欄には、関連当事者が法人、団体等の場合、市町村（政令指定都市においては区）までを記載します。ただし、役員及びその近親者等、個人である場合においては記載を要しません。

(2)「取引金額」の欄には、会計年度中の関連当事者である期間の取引について、取引の種類ごとに総額で記載します。

(3)「科目」及び「期末残高」の欄には、取引により発生した債権債務にかかる主要な科目及びその期末残高を記載します。

(4)「取引条件及び取引条件の決定方針等」として、取引条件の決定方針を簡潔に記載します。なお、取引条件が、一般の取引に比べ著しく異なる場合には、その条件を具体的に記載します。

(5) 役員及びその近親者等、個人である場合には、「直近の会計年度末における資産総額」及び「議決権の所有割合」の欄の記載を要しません。

（出典：「社会福祉法人会計基準に関する実務上のQ＆A」日本公認会計士協会、Q38）

(13) 重要な偶発債務

偶発債務とは、現時点では債務ではありませんが、一定の事由を条件として将来債務となる可能性のある債務をいいます。現時点ではオフバランス情報ですが、将来法人の負担となる可能性があるため注記が求められています。ただし、注記の対象となるものは重要な影響額のあるものです。

記載例

当法人は、保育所Ｂ園火災事故の損害賠償請求（２千５百万円）を○○地方裁判所に提訴されています。

(14) 重要な後発事象

後発事象とは、当該会計年度末日後に発生した事象で翌会計年度以後の社会福祉法人の財政及び活動の状況に影響を及ぼすものをいいます。重要な後発事象は社会福祉法人の状況に関する利害関係者の判断に重要な影響を与えるため、財務諸表作成日までに発生したものは財務諸表に注記する必要があります（例：①火災、出水等による重大な損害の発生、②施設の開設または閉鎖、施設の譲渡または譲受け、③重要な係争事件の発生又は解決、④重要な徴収不能額の発生）。なお、後発事象の発生により、当該会計年度の決算における会計上の判断ないし見積りを修正する必要が生じた場合は、当該会計年度の財務諸表に反映させなければなりません（会計基準注23）。この場合は注記事項ではなく財務諸表の修正が必要になります。

記載例

（前記②の場合） 当法人は、平成X2年10月１日より、保育所Ｄ園の施設を開設し、事業を開始する予定です。

(15) その他社会福祉法人の資金収支及び純資産増減の状況並びに資産、負債及び純資産の状態を明らかにするために必要な事項

会計基準に定められた1～14の項目のほかに、社会福祉法人の利害関係者が当該法人の状況を適正に判断するために必要な事項です。このような事項は、個々の経営内容、周囲の環境等によってさまざまです（会計基準注解（注24））。例えば、会計基準注９の３（2）で求められているオペレーティング・リース取引のうち解約不能のものにかかる未経過リース料に関する注記も当該注記項目に含まれます。

記載例

<table><tr><td>（1）オペレーティング・リース取引
オペレーティング・リース取引のうち解約不能のものにかかる未経過リース料
１年内　250,000円
１年超　1,000,000円
合計　1,250,000円</td></tr></table>

POINT & KEYWORD

1. 財務諸表についての注記事項は、財務諸表についての説明でもありますので必要十分な情報開示が要求されます。
   記載についての基準として「社会福祉法人会計基準の運用上の取扱いについて（Q & A）平成23年7月27日、事務連絡」と「社会福祉法人新会計基準（案）に関する意見募集手続き（パブリックコメント）の結果について、平成23年7月27日、厚生労働省社会・援護局福祉基盤課」が役に立ちます。
2. 財務諸表についての注記事項は、オフバランスとしての財務情報を提供します。注記情報は財務諸表の理解のためには不可欠なものですから、会計責任者は、注記に関する情報収集についての役割分担をきちんと決めておくことも、会計管理体制の構築上、重要なことです。
3. 「関連当事者との取引の内容」等の内容については、法令・通知の改正によって情報開示の範囲が変化します。関係法令・通知の改正に注意が必要です。

第4章
決算業務効率化ツールの活用方法

第15講　期末決算業務に関する総括点検表

決算を効率的かつスムーズに行うには、事前の準備や打ち合わせが必要です。

<資料>の「期末決算業務に関する総括点検表」を活用して、決算の準備・点検をすすめていきます。

1）日程と期限

はじめに、決算のスケジュールを決めます。

次の手順でスケジュールの管理を行います。

① 法律や通知等にもとづき、監事監査、理事会、登記などの具体的な日程を決定する。
② 決定した日程にしたがい、それぞれの決算作業の期限を決定する。
③ 決定した日程及び期限についての周知と確認、決算業務の進捗状況の把握と対応を行う。

2）業務分担とチェック

スケジュールが決まったら、業務分担を決定します。経理規程等のルールに従い、誰がいつまでに何を行うのかを決めます。

また、それぞれの決算業務には必ず担当者以外のチェック、上長の承認が必要ですので、チェックや承認についてもあらかじめ担当者を明確にしておく必要があります。

明らかにすべき事項は次のとおりです。

① 業務
② 担当者
③ チェック者・承認者

3）記録とファイリング

決算業務の日程や期限、業務分担は文書で明確にし、周知しておくことが必要です。また、業務の担当者・チェック者・承認者がいつ確認したのかも含めて、サインや印を記録しておくことが重要です。

決算業務においては、その過程や意思決定の状況の記録を残しておくと、次年度以降の決算や業務の引継ぎに役立てることができます。

期末決算業務に関する総括点検表で、事前の準備を行うだけでなはく、該当資料をファイリングすれば、進捗管理や業務の棚卸に活用できます。また、その記録を残しておけば、決算業務のマニュアルや引継書としても利用できます。

ここでは、一般的なものを示していますが、法人や施設の状況に合わせて更新すれば、さらに充実したものとなります。

大切なことは、期末決算業務に関する総括点検表を用いて、法人や施設の決算や現在の状況について、担当者間及び職員と役員のコミュニケーションをとることです。

＜資料＞

期末決算業務に関する総括点検表

社会福祉法人名 ＿＿＿＿＿＿＿＿＿＿＿＿＿＿＿＿

拠　点　区　分 ＿＿＿＿＿＿＿＿＿＿＿＿＿＿＿＿

＿＿＿＿＿＿＿＿＿＿＿＿＿＿＿＿

＿＿＿＿＿＿＿＿＿＿＿＿＿＿＿＿

＿＿＿＿＿＿＿＿＿＿＿＿＿＿＿＿

＿＿＿＿＿＿＿＿＿＿＿＿＿＿＿＿

＿＿＿＿＿＿＿＿＿＿＿＿＿＿＿＿

事　業　年　度 平成X2年3月期

点 検 担 当 者 ＿＿＿＿＿＿＿＿＿＿＿＿＿＿＿＿

＿＿＿＿＿＿＿＿＿＿＿＿＿＿＿＿

総括点検表のねらいと実施要領

□　点検項目は、決算に関する全般的項目を含んでいます。
決算前の打合せ時の点検及び決算後の事後処理の検討・反省会に利用します。

□　主な点検項目

1．決算スケジュール（内部・外部監査、理事会承認のスケジュール）
2．決算に関する全般的点検項目
3．事業区分、拠点区分、サービス区分と共通経費按分基準
4．財務諸表の体系
5．財務諸表に対する注記
6．附属明細書の作成
7．勘定科目と会計システム
8．実査、棚卸、残高確認、固定資産現在高報告など
9．決算整理事項
10．決算手続その他の留意点

1．決算スケジュール（内部・外部監査、理事会承認のスケジュール）

次の表に日程を入れ、決算スケジュールを明らかにします。

	項　　目	内　　容	日　　程	担当者又は管理者
1)	決算の打合せ	(1) 決算日程及び業務分担の決定	年　月　日	
		・総括点検表を使っての実施		
		(2) 規程の定期点検	年　月　日	
		・利用者処遇関連		
		・職員処遇関連		
		・法人運営・経理関連		
		(3) 契約書・議事録・稟議書等	年　月　日	
		・ファイルの点検		
2)	実査、棚卸、現物調査	(1) 現金預金・有価証券の実査	年　月　日	
	残高確認	(2) 棚卸資産の棚卸	年　月　日	
		(3) 固定資産の現物調査	年　月　日	
		(4) 金融機関残高証明書の入手	年　月　日	
		(借入金を含む)		
		(5) 債権・債務の残高確認	年　月　日	
3)	決算整理仕訳の集約と	(1) 第一次締切	年　月　日	
	入力	・一次締切分のチェック		
		・一次締切分の入力		
		(2) 第二次締切	年　月　日	
		・二次締切分のチェック		
		・二次締切分の入力		
4)	補助簿等との照合	(1) 固定資産管理台帳　ほか	年　月　日	
5)	附属明細書の作成と照合		年　月　日	
6)	財務諸表の作成	(1) 各拠点からの提出	年　月　日	
		(2) 本部における財務諸表の作成	年　月　日	
7)	決算役員会	(1) 理事長、担当理事の承認	年　月　日	
8)	内部監査	(1) 監事監査	年　月　日	
9)	外部監査		年　月　日	
10)	理事会承認と登記	(1) 議事の決定	年　月　日	
		(2) 招集通知	年　月　日	
		(3) 理事会	年　月　日	
		(4) 評議員会	年　月　日	
		(5) 資産総額登記	年　月　日	
11)	税務申告及び納付	(1) 消費税等の申告及び納付	年　月　日	
12)	所轄官庁への報告	(1) 現況報告書等の提出	年　月　日	
13)	決算書等の公開	(1) ホームページの更新	年　月　日	
		(2) 備置・閲覧の準備等	年　月　日	

2．決算に関する全般的点検項目

2-1　経理規程と経理実態との比較

会計処理手続、役割分担について点検します。

	項　　目	内　　容	有　・　無	備　　考
1)	辞令簿の作成等		有　・　無	
		(1) 統括会計責任者	(　　　)	
		会計責任者	(　　　)	
		出納職員	(　　　)	
		(2) 契約担当者	(　　　)	
		(3) 予算管理責任者	(　　　)	
		(4) 固定資産管理責任者	(　　　)	
2)	予算の事前作成			
		(1) 予算理事会における承認	有　・　無	年　月　日
		(2) 補正予算、予算の流用	有　・　無	
		(3) 予備費の使用	有　・　無	
3)	現金預金出納手続	(1) 預金口座の開設・解約	有　・　無	
		(2) 出納の承認手続	有　・　無	
		(3) 銀行印の保管責任者	(　　　)	
4)	会計に関する承認手続	(1) 事業計画の承認	有　・　無	
		(2) 設備投資の承認	有　・　無	
		(3) 資金の借入の承認	有　・　無	
		(4) 積立金の積立・取崩の承認	有　・　無	
		(5) 役員報酬の承認	有　・　無	
		(6) 資金運用の承認	有　・　無	
		(7) 契約書等の承認	有　・　無	
5)	「資金の弾力運用」通知における事前協議等	(1)「資金の弾力運用」通知関連の支出	有　・　無	
		(2) 支出に関連して必要な手続の確認	有　・　無	
		(3) 収支計算分析表の提出	有　・　無	

※記載上の留意点

（　）には、管理者・担当者の氏名、備考欄には、承認日付、承認機関や関係規程名を記載のこと。
さらに、留意点があればコメントを記載のこと。

2-2　所轄官庁への財務諸表等の提出期限、補助金等の申請期限など

	書類等の名称	関係官庁名等	提出期限と留意点
1)	財務諸表等の提出		
2)	補助金等の申請等		
3)	各種報告書類の提出		
4)	報告・連絡・相談等		

2-3　所轄官庁からの指導・報告・連絡・通知など

	書類等の名称	関係官庁名	提出期限と留意点
1)	指導・監督など		
2)	連絡・通知など		
3)	補助金・給付金等		
4)	新規事業の認可ほか		
5)	指導監査に関すること		
6)	各種給付加算に関すること		

3．事業区分、拠点区分、サービス区分と共通経費按分基準

3-1　事業区分・拠点区分・サービス区分での検討

	項　　　目	内　　　容	備　　　考
1)	追加すべきサービス区分	(1) サービス区分の業種名 (2) どの拠点区分に属するか (3) どの事業区分に属するか	
2)	変更・廃止すべきサービス区分		
3)	検討を必要とするサービス区分	(1) 収支状況が悪いサービス区分 (2) 課題のあるサービス区分	
4)	決算方針	(1) 積立金の積立・取崩 (2) 資金調達の実行 (3) 借入金の返済 (4) 設備の落成	
5)	前年からの検討課題		
6)	新会計基準への移行年度		平成（　）年度より

3-2　内部取引の整理

	項　　　目	内　　　容	備　　　考
1)	事業区分間の内部取引	有　・　無	1. 経費立替等 2. 運転資金貸付 3. 事業活動に係る費用 4. その他 （　　　　　　　　）
2)	拠点区分間の内部取引	有　・　無	
3)	サービス区分間の内部取引	有　・　無	
4)	就労支援事業における内部取引	有　・　無	

3-3　共通経費按分基準

	項　　　目	内　　　容	備　　　考
1)	按分基準表の点検	(1) 拠点区分間 (2) サービス区分間 (3) 就労支援事業の事業間	
2)	事業費と事務費の按分		

※記載上の留意点

備考欄には、打合せの内容や、取引の内容についてのコメントを記載のこと。

４．財務諸表の体系

財務諸表		資金収支計算書	事業活動計算書	貸借対照表
	法人全体	第１号の１様式 （　　　　）	第２号の１様式 （　　　　）	第３号の１様式 （　　　　）
		資金収支内訳表	事業活動内訳表	貸借対照表内訳表
	法人全体 事業区分毎	第１号の２様式 （　　　　）	第２号の２様式 （　　　　）	第３号の２様式 （　　　　）
		事業区分資金収支内訳表	事業区分事業活動内訳表	事業区分貸借対照表内訳表
	事業区分毎 拠点区分別	第１号の３様式 （　　　　） （　　　　） （　　　　）	第２号の３様式 （　　　　） （　　　　） （　　　　）	第３号の３様式 （　　　　） （　　　　） （　　　　）
		拠点区分資金収支計算書	拠点区分事業活動計算書	拠点区分貸借対照表
	拠点区分毎	第１号の４様式 （　　　　） （　　　　） （　　　　） （　　　　） （　　　　） （　　　　） （　　　　）	第２号の４様式 （　　　　） （　　　　） （　　　　） （　　　　） （　　　　） （　　　　） （　　　　）	第３号の４様式 （　　　　） （　　　　） （　　　　） （　　　　） （　　　　） （　　　　） （　　　　）
附属明細書		別紙３	別紙４	※
	拠点区分毎 サービス区分別	拠点区分資金収支明細書 （　　　　） （　　　　） （　　　　） （　　　　） （　　　　） （　　　　） （　　　　）	拠点区分事業活動明細書 （　　　　） （　　　　） （　　　　） （　　　　） （　　　　） （　　　　） （　　　　）	拠点区分貸借対照表明細書 （　　　　） （　　　　） （　　　　） （　　　　） （　　　　） （　　　　） （　　　　）

※会計基準第６章附属明細書２．附属明細書の構成において、作成すべき附属明細書には含まれていません。

5．財務諸表に対する注記

記載の要否や前期からの変更の有無、記載の仕方などを検討します。

	注　　記	法人全体用	拠点区分用	記載がない場合の記載方法	記載の要否	変更
1.	継続事業の前提に関する注記			記載不要	要　・　否	有　・　無
2.	重要な会計方針 (1) 有価証券の評価基準及び評価方針 ・満期保有目的の債券等 (2) 固定資産の減価償却の方法 ・建物ならびに器具及び備品 ・リース資産 (3) 引当金の計上基準 ・退職給付引当金 ・賞与引当金 ・徴収不能引当金		1. (1) (2) (3)	該当なし	要　・　否	有　・　無
3.	重要な会計方針の変更		2.	記載不要	要　・　否	有　・　無
4.	法人で採用する退職給付制度		3.	該当なし	要　・　否	有　・　無
5.	法人が作成する財務諸表等と拠点区分、サービス区分		4.	該当なし	要　・　否	有　・　無
6.	基本財産の増減の内容及び金額		5.	該当なし	要　・　否	有　・　無
7.	会計基準第3章第4（4）及び（6）の規定による基本金又は国庫補助金等特別積立金の取崩し		6.	該当なし	要　・　否	有　・　無
8.	担保に供している資産		7.	該当なし	要　・　否	有　・　無
9.	固定資産の取得価額、 減価償却累計額及び当期末残高		8.	記載不要	要　・　否	有　・　無
10.	債権額、徴収不能引当金の当期末残高、債権の当期末残高		9.	記載不要	要　・　否	有　・　無
11.	満期保有目的の債券の内訳並びに帳簿価額、時価及び評価損益		10.	該当なし	要　・　否	有　・　無
12.	関連当事者との取引の内容			該当なし	要　・　否	有　・　無
13.	重要な偶発債務			該当なし	要　・　否	有　・　無
14.	重要な後発事象		11.	該当なし	要　・　否	有　・　無
15.	その他社会福祉法人の資金収支及び純資産 増減の状況並びに資産、負債及び純資産の状態を明らかにするために必要な事項		12.	該当なし	要　・　否	有　・　無

前期の注記やひな型となる注記例をファイリングし更新します。

また、法人全体の注記と各拠点の注記との整合性や各拠点間での注記の整合性を確かめます。

記載例

財務諸表に対する注記（法人全体用）

1．重要な会計方針

(1) 有価証券の評価基準及び評価方法

満期保有目的の債券等　償却原価法（定額法）
上記以外の有価証券で時価のあるもの　決算日の市場価格に基づく時価法

(2) 固定資産の減価償却の方法

有形固定資産（リース資産を除く）　定額法
無形固定資産（リース資産を除く）　定額法
リース資産
所有権移転ファイナンス・リース取引に係るリース資産
自己所有の固定資産に適用する減価償却方法と同一の方法によっている。
所有権移転外ファイナンス・リース取引に係るリース資産
リース期間を耐用年数とし、残存価額を零とする定額法によっている。
なお、所有権移転外ファイナンス・リース取引のうち、平成 X1 年 3 月 31 日以前のものについては、通常の賃貸借取引に係る方法に準じた会計処理によっている。

(3) 引当金の計上基準

徴収不能引当金
債権の貸倒れに備えるため、一般債権については貸倒実績率により、貸倒懸念債権等特定の債権については個別に回収可能性を検討し、回収不能見込額を計上している。
賞与引当金
職員の賞与の支給に備えるため、支給見込額のうち当期に帰属する額を計上している。
退職給付引当金
職員の退職金の支給に備えるため、XXX 退職共済制度にかかる期末退職金要支給額を計上している。

2．法人で採用する退職給付制度

独立行政法人福祉医療機構の退職共済制度及び XXX 退職共済制度

3．法人が作成する財務諸表等と拠点区分、サービス区分

当法人の作成する財務諸表は、以下のとおりになっている。

(1) 法人全体の財務諸表（第 1 号の 1 様式、第 2 号の 1 様式、第 3 号の 1 様式）
(2) 事業区分別内訳表（第 1 号の 2 様式、第 2 号の 2 様式、第 3 号の 2 様式）
(3) 社会福祉事業における拠点区分別内訳表（第 1 号の 3 様式、第 2 号の 3 様式、第 3 号の 3 様式）
(4) 収益事業における拠点区分別内訳表（第 1 号の 3 様式、第 2 号の 3 様式、第 3 号の 3 様式）
当法人では、収益事業を実施していないため作成していない。
(5) 各拠点区分におけるサービス区分の内容

ア　A 里拠点（社会福祉事業）
「介護老人福祉施設 A 里」
「短期入所生活介護○○」
「居宅介護支援○○」
「本部」
イ　B 園拠点（社会福祉事業）
「保育所 B 園」
ウ　C の家拠点（社会福祉事業）
「児童養護施設 C の家」
「子育て短期支援事業○○」
エ　D 苑拠点（公益事業）
「有料老人ホーム D 苑」

第4章

4．基本財産の増減の内容及び金額
基本財産の増減の内容及び金額は、以下のとおりである。

（単位：円）

基本財産の種類	前期末残高	当期増加額	当期減少額	当期末残高
土地	100,000,000	0	0	100,000,000
建物	1,000,000,000	200,000,000	125,000,000	1,075,000,000
定期預金	20,000,000	0	0	20,000,000
投資有価証券	20,000,000	0	0	20,000,000
合計	1,140,000,000	200,000,000	125,000,000	1,215,000,000

5．会計基準第3章第4（4）及び（6）の規定による基本金又は国庫補助金等特別積立金の取崩し
保育所Ｂ園建物の建替えによる取壊しに伴い、国庫補助金等特別積立金30,000,000円を取り崩した。

6．担保に供している資産
担保に供されている資産は、以下のとおりである。

土地（基本財産）	100,000,000円
建物（基本財産）	800,000,000円
計	900,000,000円

担保している債務の種類及び金額は、以下のとおりである。

設備資金借入金（1年以内返済予定額を含む）	500,000,000円
計	500,000,000円

7．固定資産の取得価額、減価償却累計額及び当期末残高
固定資産の取得価額、減価償却累計額及び当期末残高は、以下のとおりである。

（単位：円）

	取得価額	減価償却累計額	当期末残高
建物（基本財産）	2,000,000,000	925,000,000	1,075,000,000
建物	900,000,000	600,000,000	300,000,000
構築物	300,000,000	200,000,000	100,000,000
車輛運搬具	80,000,000	60,000,000	20,000,000
器具及び備品	210,000,000	155,000,000	55,000,000
合計	3,490,000,000	1,940,000,000	1,550,000,000

8．債権額、徴収不能引当金の当期末残高、債権の当期末残高
債権額、徴収不能引当金の当期末残高、債権の当期末残高は、以下のとおりである。

（単位：円）

	債権額	徴収不能引当金の当期末残高	債権の当期末残高
事業未収金	600,000,000	5,000,000	595,000,000
短期貸付金	10,000,000	5,000,000	5,000,000
合計	610,000,000	10,000,000	600,000,000

9．満期保有目的の債券の内訳並びに帳簿価額、時価及び評価損益
満期保有目的の債券の内訳並びに帳簿価額、時価及び評価損益は、以下のとおりである。

（単位：円）

種類及び銘柄	帳簿価額	時価	評価損益
第52回利付国債	200,000,000	199,000,000	△1,000,000
第55回利付国債	100,000,000	102,000,000	2,000,000
第10回FF社期限前償還条件付社債	50,000,000	49,500,000	△500,000
合計	350,000,000	350,500,000	500,000

10．関連当事者との取引の内容
関連当事者との取引の内容は、以下のとおりである。

（単位：円）

種類	法人等の名称	住所	資産総額	事業の内容又は職業	議決権の所有割合	関係内容		取引の内容	取引金額	科目	期末残高
						役員の兼務等	事実上の関係				
役員及びその近親者	福祉花子	—	—	法人理事長	—	—	—	運転資金の借入（注1）	30,000,000	役員短期借入金	30,000,000
役員及びその近親者	福祉花子	—	—	法人理事長	—	—	—	施設建物用地の賃貸料（注2）	10,000,000	事業未払金	1,000,000

取引条件及び取引条件の決定方針等
（注1）運転資金の借入については、借入期間は6ヶ月、無利息無担保、期日一括返済の金銭消費貸借契約を締結している。
（注2）施設建物用地の賃貸については、近隣の賃貸条件を勘案した上で協議し、賃貸契約を締結している。

11．重要な偶発債務
該当なし

12．重要な後発事象
該当なし

13．その他社会福祉法人の資金収支及び純資産増減の状況並びに資産、負債及び純資産の状態を明らかにするために必要な事項
該当なし

財務諸表に対する注記（拠点区分用）

1．重要な会計方針

(1) 有価証券の評価基準及び評価方法

満期保有目的の債券等　償却原価法（定額法）

上記以外の有価証券で時価のあるもの　決算日の市場価格に基づく時価法

(2) 固定資産の減価償却の方法

有形固定資産（リース資産を除く）　定額法

無形固定資産（リース資産を除く）　定額法

リース資産

所有権移転ファイナンス・リース取引に係るリース資産

自己所有の固定資産に適用する減価償却方法と同一の方法によっている。

所有権移転外ファイナンス・リース取引に係るリース資産

リース期間を耐用年数とし、残存価額を零とする定額法によっている。

なお、所有権移転外ファイナンス・リース取引のうち、平成X1年3月31日以前のものについては、通常の賃貸借取引に係る方法に準じた会計処理によっている。

(3) 引当金の計上基準

徴収不能引当金

債権の貸倒れに備えるため、一般債権については貸倒実績率により、貸倒懸念債権等特定の債権については個別に回収可能性を検討し、回収不能見込額を計上している。

賞与引当金

職員の賞与の支給に備えるため、支給見込額のうち当期に帰属する額を計上している。

退職給付引当金

職員の退職金の支給に備えるため、XXX退職共済制度にかかる期末退職金要支給額を計上している。

2．採用する退職給付制度

独立行政法人福祉医療機構の退職共済制度及びXXX退職共済制度

3．拠点が作成する財務諸表等とサービス区分

当拠点区分において作成する財務諸表等は、以下のとおりになっている。

(1) A里拠点財務諸表（第1号の4様式、第2号の4様式、第3号の4様式）

(2) 拠点区分事業活動明細書（会計基準別紙4）

ア　介護老人福祉施設A里

イ　短期入所生活介護○○

ウ　居宅介護支援○○

エ　本部

(3) 拠点区分資金収支明細書（会計基準別紙3）は省略している。

4．基本財産の増減の内容及び金額

基本財産の増減の内容及び金額は、以下のとおりである。

（単位：円）

基本財産の種類	前期末残高	当期増加額	当期減少額	当期末残高
土地	100,000,000	0	0	100,000,000
建物	500,000,000	0	15,000,000	485,000,000
合計	600,000,000	0	15,000,000	585,000,000

5．会計基準第3章第4（4）及び（6）の規定による基本金又は国庫補助金等特別積立金の取崩し

該当なし

6．担保に供している資産

担保に供されている資産は、以下のとおりである。

土地（基本財産）	100,000,000円
建物（基本財産）	485,000,000円
計	585,000,000円

担保している債務の種類および金額は、以下のとおりである。

設備資金借入金（1年以内返済予定額を含む）	300,000,000円
計	300,000,000円

7．固定資産の取得価額、減価償却累計額及び当期末残高

固定資産の取得価額、減価償却累計額及び当期末残高は、以下のとおりである。

（単位：円）

	取得価額	減価償却累計額	当期末残高
建物（基本財産）	1,000,000,000	515,000,000	485,000,000
建物	500,000,000	400,000,000	100,000,000
構築物	200,000,000	150,000,000	50,000,000
車輌運搬具	50,000,000	40,000,000	10,000,000
器具及び備品	110,000,000	80,000,000	30,000,000
合計	1,860,000,000	1,185,000,000	675,000,000

8．債権額、徴収不能引当金の当期末残高、債権の当期末残高

債権額、徴収不能引当金の当期末残高、債権の当期末残高は、以下のとおりである。

（単位：円）

	債権額	徴収不能引当金の当期末残高	債権の当期末残高
事業未収金	400,000,000	4,000,000	396,000,000
短期貸付金	10,000,000	5,000,000	5,000,000
合計	410,000,000	9,000,000	401,000,000

9．満期保有目的の債券の内訳並びに帳簿価額、時価及び評価損益

満期保有目的の債券の内訳並びに帳簿価額、時価及び評価損益は、以下のとおりである。

（単位：円）

種類及び銘柄	帳簿価額	時価	評価損益
第52回利付国債	200,000,000	199,000,000	△1,000,000
第10回FF社期限前償還条件付社債	50,000,000	49,500,000	△500,000
合計	250,000,000	248,500,000	△1,500,000

10．重要な後発事象

該当なし

11．その他社会福祉法人の資金収支及び純資産増減の状況並びに資産、負債及び純資産の状態を明らかにするために必要な事項

該当なし

第4章

なお、新会計基準への移行処理年度には下記の注記が必要と考えられています。

・重要な会計方針の変更（各会計方針の変更について）

・その他社会福祉法人の資金収支及び純資産増減の状況並びに資産、負債及び純資産の状態を明らかにするために必要な事項（勘定科目の変更など）

6．附属明細書の作成

通知に規定されている附属明細書と勘定科目および補助簿の関係図です。

作成欄に☑を入れ、作成する附属明細書、補助簿を明らかにします。

（全国社会福祉法人経営者協議会「社会福祉法人モデル経理規程」（注7）より一部改変）

	勘定科目	補助簿	作成	附属明細書	作成
貸借対照表	現金	現金出納帳			
	預金	預金（貯金）出納帳			
	当座預金	当座預金残高調整表			
	小口現金	小口現金出納帳			
	有価証券	有価証券台帳			
	未収金	未収金台帳			
	棚卸資産	棚卸資産受払台帳			
	立替金	立替金台帳			
	前払金	前払金台帳			
	貸付金	貸付金台帳			
	仮払金	仮払金台帳			
	固定資産	固定資産管理台帳		基本財産及びその他の固定資産（有形・無形固定資産）の明細書（別紙1）	
	リース資産	リース資産管理台帳			
	差入保証金	差入保証金台帳			
	長期前払費用	長期前払費用台帳			
	未払金	未払金台帳			
	預り金	預り金台帳			
	前受金	前受金台帳			
	仮受金	仮受金台帳			
	引当金			引当金明細書（別紙2）	
	借入金	借入金台帳		借入金明細書（別紙①）	
	退職給付引当金	退職給付引当金台帳			
	基本金	基本金台帳		基本金明細書（別紙⑥）	
	国庫補助金等特別積立金			国庫補助金等特別積立金明細書（別紙⑦）	
	その他の積立金			積立金・積立資産明細書（別紙⑧）	
	事業区分間貸付金 事業区分間借入金 拠点区分間貸付金 拠点区分間借入金	事業区分間、拠点区分間及びサービス区分間、長期貸付金（長期借入金）管理台帳		事業区分間及び拠点区分間貸付金（借入金）残高明細書（別紙⑤）	
	サービス区分間貸付金 サービス区分間借入金	事業区分間、拠点区分間及びサービス区分間、短期貸付金（短期借入金）管理台帳		サービス区分間貸付金（借入金） 残高明細書（別紙⑩）	
事業活動計算書				拠点区分事業活動明細書（別紙4） 就労支援事業別事業活動明細書（別紙⑪） 就労支援事業別事業活動明細書（多機能型事業所等用）（別紙⑫）	
	製造原価			就労支援事業製造原価明細書（別紙⑬）	

	勘　定　科　目	補　　助　　簿	作成	附属明細書	作成
事業活動計算書	製造原価			就労支援事業製造原価明細書（多機能型事業所等用）（別紙⑭）	
	販管費			就労支援事業販管費明細書（別紙⑮）	
	販管費			就労支援事業販管費明細書（多機能型事業所等用）（別紙⑯）	
	製造原価販管費 （売上高5,000万円以下）			就労支援事業明細書（別紙⑰） 就労支援事業明細書（多機能型事業所等用）（別紙⑱）	
	授産事業費用			授産事業費用明細書（別紙⑲）	
	事業収入	事業収入管理台帳			
	経常経費寄附金収益	寄附金台帳		寄附金収益明細書（別紙②）	
	施設整備等寄附金収益				
	長期運営資金借入金元金償還寄附金収益				
	補助金事業収益	補助金台帳		補助金事業等収益明細書（別紙③）	
	事業区分間繰入金収入	事業区分間、拠点区分間及びサービス区分間繰入金管理台帳		事業区分間及び拠点区分間繰入金明細書（別紙④）	
	事業区分間繰入金支出				
	拠点区分間繰入金収入				
	拠点区分間繰入金支出				
	サービス区分間繰入金収入			サービス区分間繰入金明細書（別紙⑨）	
	サービス区分間繰入金支出				
資金収支計算書				拠点区分資金収支明細書（別紙3）	

7．勘定科目と会計システム

7-1　勘定科目についての問題点

・新たに設定すべき勘定科目	有　・　無	（　　　　）
・仕訳処理上問題のある勘定科目	有　・　無	（　　　　）
・決算時に設定する勘定科目	有　・　無	（　　　　）
・上記の問題点に対する対処	有　・　無	（　　　　）

7-2　会計システムについて

・会計ソフトの名称 ＿＿＿＿＿＿＿＿

・ハードの構成など（取扱説明書があればその名称等） ＿＿＿＿＿＿＿＿

・セキュリティについて（パスワード等でアクセスが制限されているか） ＿＿＿＿＿＿＿＿

・メンテナンス契約の有無、相手先 ＿＿＿＿＿＿＿＿

・システム管理者名 ＿＿＿＿＿＿＿＿

7-3　会計システムの使いこなし状況

・月次決算等日常の使いこなしはできているか　Yes　・　No

・財務諸表等の決算時に出力する帳簿についての準備はできているか　Yes　・　No

・固定資産管理システム、給与システムほか使用されているソフトの使いこなしはできているか　Yes　・　No

・使用されているソフトの名称

＿＿＿＿＿＿＿＿

＿＿＿＿＿＿＿＿

＿＿＿＿＿＿＿＿

第4章

8．実査、棚卸、残高確認、固定資産の現在高報告など

8-1　実査

小口現金	拠点区分・ サービス区分	保管場所	限度額	金額等	実査 予定日	出納職員	会計 責任者
預金通帳	拠点区分・ サービス区分	金融機関・ 支店名	口座 No.	金額等	実査 予定日	出納職員	会計 責任者
証書等	拠点区分・ サービス区分	金融機関・ 支店名	口座 No.	金額等	実査 予定日	出納職員	会計 責任者
有価証券	拠点区分・ サービス区分	金融機関・ 支店名	口座 No.	金額等	実査 予定日	出納職員	会計 責任者

8-2　棚卸

内容	拠点区分・ サービス区分	保管場所	受払簿	金額等	棚卸 予定日	出納職員	会計 責任者
商品 製品 原材料 貯蔵品							

8-3　残高証明、残高確認

預金	拠点区分・ サービス区分	金融機関名・ 支店名	口座 NO.	依頼 チェック	入手 チェック	出納職員	会計 責任者

有価証券	拠点区分・ サービス区分	金融機関名・ 支店名	口座 NO.	依頼 チェック	入手 チェック	出納職員	会計 責任者

借入金	拠点区分・ サービス区分	金融機関名・ 支店名	口座 NO.	依頼 チェック	入手 チェック	出納職員	会計 責任者

その他	拠点区分・ サービス区分	相手先	科目	依頼 チェック	入手 チェック	出納職員	会計 責任者

8-4　固定資産の現在高報告

拠点区分・ サービス区分	固定資産 管理責任者	固定資産管理台帳 出力担当者	調査予定日	報告予定日

8-5　リース資産の現物調査

拠点区分・ サービス区分	リース資産 管理責任者	リース資産台帳 出力担当者	調査予定日	報告予定日

9．決算整理事項

9-1　決算整理事項をリストアップし、決算整理仕訳起票担当者を決めておきます。

チェック	決算整理事項	起票担当者	関連補助簿	附属明細書	チェック 担当者	提出期限
□	借入金残高の確認 一年基準による仕訳起票					
□	貸付金残高の確認 一年基準による仕訳起票					
□	事業収入の検証 未収金の確認 前受金の確認					
□	寄附金収入の確認					
□	補助金収入の確認					
□	未払金・前払金の確認 未払費用・前払費用の確認 未収収益・前受収益の確認					
□	棚卸資産の計上					
□	減価償却費の計上 国庫補助金等特別積立金 取崩額・積立額の計上					
□	引当金の計上及び取崩					
□	退職共済預け金 退職給付引当金 退職共済給付					
□	その他の積立金 その他の積立資産					
□	基本金の組入・取崩					
□	内部取引 関連当事者間取引 注記事項					

第4章

9-2　決算整理事項の仕訳例

前期あるいは標準となる決算整理仕訳のリストをファイリングして更新し、追加事項がないか検討すればもれがなくなります。

	決算整理事項	借方	金額	貸方	金額
1)	設備資金借入金のうち1年以内返済予定分を流動負債の部へ振替えた。	設備資金借入金	80	1年以内返済予定設備資金借入金	80
2)	設備資金借入金の元金償還支出とすべき金額の一部を借入金利息支出としていた。	1年以内返済予定設備資金借入金	50	支払利息	50
		〈資金収支計算書の仕訳〉			
		設備資金借入金元金償還支出	50	支払利息支出	50
3)	利用者負担金収入の前受分を前受金に振替えた。	利用者負担金収益（収入）	10	前受金	10
4)	損害保険料の未経過分20（翌期分）を前払費用に振替えた。	前払費用	20	保険料（支出）	20
5)	6月末に支払期限の地代の1月から3月までの未払い分24を計上した。	土地・建物賃借料（支出）	24	未払費用	24
6)	当期末において、基本金の組入れ対象となっていた建物30を除却処理した。 事業を廃止したため、基本金も取崩した。	建物売却損・処分損	30	基本財産―建物	30
		基本金	30	基本金取崩額 （繰越活動増減差額の部）	30
7)	当期末において、施設整備等補助金100の交付決定通知を受取った。 国庫補助金等特別積立金を100積み立てた。	未収補助金	100	施設整備等補助金収益（収入）	100
		国庫補助金等特別積立金積立額 （特別増減の部）	100	国庫補助金等特別積立金	100
8)	基本財産―建物の減価償却費50を計上し、同時にその建物に対する国庫補助金等特別積立金を40取崩した。	減価償却費	50	基本財産―建物	50
		国庫補助金等特別積立金	40	国庫補助金等特別積立金取崩額 （サービス活動増減の部―費用）	40
9)	賞与引当金を計算し、当期の支給対象期間分について計上した。	賞与引当金繰入 （サービス活動増減の部―人件費）	60	賞与引当金	60
10)	事業未収金について徴収不能引当金を10繰入れることにした。	徴収不能引当金繰入	10	徴収不能引当金	10
11)	3月末に退職した職員に対する退職金10は、未払いであった。 この退職金については、退職給付引当金を取崩す会計処理をした。	退職給付費用（支出） （サービス活動増減の部―人件費）	10	その他の未払金	10
		退職給付引当金 （※この仕訳は、資金収支計算書に反映しない仕訳である。）	10	退職給付費用	10
12)	3月末の職員の期末要支給額を計算し退職給付引当金50を繰入した。	退職給付費用	50	退職給付引当金	50

	決算整理事項	借方	金額	貸方	金額
13)	施設改築積立金を500積立、同時に同額を定期預金とした。	施設改築積立金積立額 (繰越活動増減差額の部)	500	施設改築積立金	500
		施設改築積立資産	500	現金預金	500
		〈資金収支計算書の仕訳〉			
		施設改築積立資産支出	500	現金預金	500
14)	修繕積立金300を取崩し、修繕費の支払に充当することにした。 そして、修繕積立資産も同時に取崩した。	修繕積立金	300	修繕積立金取崩額 (繰越活動増減差額の部)	300
		現金預金	300	修繕積立資産	300
		〈資金収支計算書の仕訳〉			
		現金預金	300	修繕積立資産取崩収入 (その他の活動による収支の部)	300

10. 決算手続その他の留意点

次の決算手続についても点検し、留意点を明らかにします。

10-1	仮勘定、経過勘定、雑収入、雑費についての内容検討		
	勘定科目	該当の有無	留意点
	1) 建設仮勘定	有 ・ 無	
	2) 仮払金	有 ・ 無	
	3) 仮受金	有 ・ 無	
	4) 預り金	有 ・ 無	
	5) 雑収入	有 ・ 無	
	6) 雑費	有 ・ 無	
	7)		
	8)		
10-2	有価証券の評価と時価簿価比較の実行について		
	項　目	該当の有無	留意点
	1) 満期保有目的の債券の評価について(注16)	有 ・ 無	
	2) 満期保有目的の債券等以外の有価証券のうち市場価格のあるもの	有 ・ 無	
10-3	関連当事者間取引(注22)(別紙1、(運用指針22))		
	項　目	該当の有無	留意点
	1) 役員との取引で年間1,000万円を超える取引	有 ・ 無	
	2) 役員が議決権の過半数を所有する会社との取引で年間1,000万円を超える取引	有 ・ 無	
10-4	予算と実績の比較、補正予算について		
	項　目	該当の有無	留意点
	1) 予算と実績の比較の実行 著しく乖離している科目の把握 備考欄の記載の検討	有 ・ 無	
	2) 予備費の使用、科目間流用の検討	有 ・ 無	
	3) 補正予算の検討	有 ・ 無	

POINT & KEYWORD

1. 期末決算業務に関する総括点検表は、決算業務マニュアルの設計図として活用しましょう。
2. 各法人における決算業務マニュアルの作成に発展すると、効率化につながります。

第16講　決算管理チェックリスト

1）財務諸表の整合性について

新会計基準が適用されたことにより、従来の決算管理体制から視点を変える必要があります。

新会計基準では、法人全体としての決算管理、そして会計管理単位である拠点区分別の決算管理を行うことになります。

法人のなかには、何度も財務諸表の出力のやり直しをされているところもあると聞きます。それは、会計ソフトに頼り、作成が必要な財務諸表を確認せず、全部の財務諸表を出力されているためと思われます。財務諸表が複雑で、内部取引消去欄もあり、間違いを見つけるたびに財務諸表を出力されるために生じたものです。

このようなことを防止するため、＜資料＞の「決算管理チェックリスト」で、財務諸表の整合性を体系的にチェックします。ほとんどの場合、複数の不一致が見つかります。またその多くが入力ミスで、そのミスが勘定コードの入力ミスであることに気づきます。

また、これまでは、月次決算での内部取引の整合性のチェックの必要がありませんでしたので、内部取引にかかる不一致を毎月修正しなかったことが原因という場合が多いようです。

2）会計ソフトの使いこなしと決算管理チェックリストの関係

入力ミスを早く見つけておけばいいのですが、決算まで放置しておくと、見つかるまでチェックをしなければなりません。入力ミスは月次決算で発見しておくことが決算をスムーズにすすめる秘訣です。

財務諸表に対する注記との整合性は要注意です。

正確に訂正するための道具として、決算管理チェックリストを活用しますが、万能ではありません。新会計基準に精通してくると、決算管理チェックリストが内容の確認には役に立たず、形式的な整合性に強みを発揮することがわかります。

「資金収支計算書と事業活動計算書のプルーフリスト」と「現金預金（有価証券・〇〇積立資産を含む）明細表」はチェックリストの弱点をカバーするため、内容の確認になくてはならないものです。必ず作成するようにしてください。

<資料>

平成　　年度

決算管理チェックリスト

（法人全体用）

目的

1. 会計基準に準拠して、財務諸表が作成されたかを確かめることができます。

2. 財務諸表の表示検討を、このチェックリストに従って実施し、決算管理ファイルとして利用することで、財務諸表の透明性を高めることができます。

使用方法

1. 決算業務の最終段階で財務諸表を出力し、財務諸表がチェックリストに合致しているかを確かめます。

2. このチェックリストを決算管理ファイルとして利用する場合は、チェックリストに従って明細表や資料を綴じ込み、決算管理ファイルを作成します。決算管理ファイルにより決算書類が完成しますと、再度財務諸表をチェックリストに従ってチェックします。

社会福祉法人名＿＿＿＿＿＿＿＿＿＿＿＿

作　　成　　者＿＿＿＿＿＿＿＿＿＿＿＿

【凡例】

本チェックリストで使用する略称は下記のとおりとする。

F/S	資金収支計算書（内訳表を含む） 事業活動計算書（内訳表を含む） 貸借対照表（内訳表を含む）
C/F	資金収支計算書（内訳表を含む）
P/L	事業活動計算書（内訳表を含む）
B/S	貸借対照表（内訳表を含む）
附明	附属明細書

なお、略称を使用せず、チェックリストの理解のために会計基準にある名称を使用していることがあります。

第4章

決算管理チェックリスト
（法人全体用）

参照記号	勘定科目等	決算管理チェック項目	チェック欄	摘要
Y	事業区分・拠点区分・サービス区分と財務諸表の体系			
1.1	財務諸表			
		・財務諸表（附属明細書を含む）を入手し、要求されているものがすべてそろっているか確かめよ。		
1.2	経理規程に一致しているか			
		・財務諸表（附属明細書を含む）が経理規程の記載と一致しているか。 ・貸借対照表に記載されている、財務諸表に対する注記5「法人が作成する財務諸表等と拠点区分、サービス区分」の記載と一致しているか。		
1.3	内部取引の相殺消去			
		次の財務諸表で内部取引が消去されていることを確かめよ。 ・資金収支内訳表（第1号の2様式） ・事業活動内訳表（第2号の2様式） ・事業区分資金収支内訳表（第1号の3様式） ・事業区分事業活動内訳表（第2号の3様式） ・別紙3、別紙4については拠点区分用決算管理チェックリストでチェックを実施する。 ・内部取引に関連して、共通経費が按分基準によって按分されている場合は、按分基準と按分の内容を把握せよ。		
1.4	内部取引と附属明細書との整合性について			
		・別紙④事業区分間及び拠点区分間繰入金明細書と上記1.3の財務諸表との整合性を確かめよ。 ・別紙⑤事業区分間及び拠点区分間貸付金（借入金）残高明細書と上記1.3の財務諸表との整合性を確かめよ。		
1.5	F/S注記と財務諸表等の関連について			
		・記載の有無と該当ない場合は記載不要の注記について確かめよ。 1．継続事業の前提に関する注記 3．重要な会計方針の変更 9．固定資産の取得価額、減価償却累計額及び当期末残高（貸借対照表上、間接法で表示している場合） 10．債権額、徴収不能引当金の当期末残高、債権の当期末残高（貸借対照表上、間接法で表示している場合）		

チェック欄には、チェックが完了した場合に日付とチェック者のサインを記載します。未了の場合にはその旨と記載した日付とサインを記載します。

決算管理チェックリスト
（法人全体用）

参照記号	勘定科目等	決算管理チェック項目	チェック欄	摘要
		・記載の有無と該当がない場合、「該当なし」と記載されているか確かめよ。 2．重要な会計方針 4．法人で採用する退職給付制度 5．法人が作成する財務諸表等と拠点区分、サービス区分 6．基本財産の増減の内容及び金額 7．会計基準第3章第4（4）及び（6）の規定による基本金又は国庫補助金等特別積立金の取崩し 8．担保に供している資産 11．満期保有目的の債券の内訳並びに帳簿価額、時価及び評価損益 12．関連当事者との取引の内容 13．重要な偶発債務 14．重要な後発事象 15．その他社会福祉法人の資金収支及び純資産増減の状況並びに資産、負債及び純資産の状態を明らかにするために必要な事項 ・注記事項のうち、次のものについては関連財務諸表との整合性について確かめよ。		

	B/S	C/F	P/L	附明
6．基本財産の増減の内容及び金額				
7．会計基準第3章第4（4）及び（6）の規定による基本金又は国庫補助金等特別積立金の取崩し				
8．担保に供している資産				
9．固定資産の取得価額、減価償却累計額及び当期末残高（直接法で表示されている場合）				
10．債権額、徴収不能引当金の当期末残高、債権の当期末残高（直接法で表示されている場合）				
11．満期保有目的の債券の内訳並びに帳簿価額、時価及び評価損益				
12．関連当事者との取引の内容				

決算管理チェックリスト
（法人全体用）

参照記号	勘定科目等	決算管理チェック項目	チェック欄	摘要
Y	整合性の点検			
2.1	C/F と P/L			
		・資金収支計算書と事業活動計算書の整合性を次頁のプルーフリストを作成し確かめよ。		
2.2	C/F と B/S			
		・支払資金について、資金収支計算書と貸借対照表について、整合性を確かめよ。		
2.3	P/L と B/S			
		・当期活動増減差額、繰越活動増減差額について、事業活動計算書と貸借対照表について、整合性を確かめよ。		
2.4	B/S と現金預金等			
		・貸借対照表の現金預金、有価証券、投資有価証券、○○積立資産について、実査の記録、金融機関の残高証明等から添付の現金預金（有価証券・○○積立資産を含む）明細表を完成させ、実際残高との整合性を確かめよ。		
2.5	B/S と補助簿の整合性			
		・次の勘定科目の内訳明細書を入手して、金額の一致を確認し、内容に異常のないことを確かめよ。 ・流動資産　・流動負債 　・事業未収金　・事業未払金 　・未収金　・その他の未払金 　・未収補助金　・未払費用 　・未収収益　・預り金 　・立替金　・職員預り金 　・前払金　・前受金 　・前払費用　・前受収益 　・仮払金　・仮受金		

資金収支計算書と事業活動計算書のプルーフリスト

資金収支計算書と事業活動計算書の違いを把握しながら、次の合計欄が同額になることを確かめよ。

資金の使途		資金の源泉	
科目等	金　額	科目等	金　額
資金収支計算書		事業活動計算書	
施設整備等による収入	（　　　）	・当期活動増減差額	（　　　）
		プラス要因	（　　　）
		・減価償却費	
施設整備等による支出	（　　　）		
その他の活動による収入	（　　　）	マイナス要因	（　　　）
		・国庫補助金等特別積立金取崩額	
その他の活動による支出	（　　　）		
差引計	（　　　）	差引計	（　　　）
当期資金収支差額合計	（　　　）		
合計	（　　　）	合計	（　　　）

第4章

現金預金（有価証券・○○積立資産を含む）明細表（全体用・拠点区分用）

年　　月　　日現在

社会福祉法人名＿＿＿＿＿＿＿＿＿＿＿＿

	日　付	担当者（署名）
作　成	・　・	
チェック	・　・	

会計責任者

（単位：円）

拠点区分	項		目	当期末残高	確認	内								訳
	金融機関・支店	種　類	口座 NO.			現金預金	有価証券	基本財産定期預金	基本財産投資有価証券	投資有価証券	(　　)積立資産	(　　)積立資産	(　　)積立資産	(　　)積立資産
	現　　金				／									
	有　価　証　券				／									
	合　　計		B/S と確認											

↑ 残高証明書と確認

（注１）預金が多数あり、２枚目以降におよぶ場合は、現金・有価証券を消して使用してください。

（注２）全体用の記載は拠点用の合計欄を転記してください。その際は、金融機関・支店等の記載は省略してください。

（注３）拠点数が少ない場合は、すべての金融機関・支店・種類・口座ごとに記載し、全体用を拠点用にも使用してください。

（注４）現金も金融機関・支店等の欄に記載してください。

決算管理チェックリスト
（法人全体用）

参照記号	勘定科目等	決算管理チェック項目	チェック欄	摘要
Y	貸借対照表残高と附属明細書について			
3.1	基本財産及びその他の固定資産（有形・無形固定資産）の明細書			
		・固定資産台帳との整合性について確かめよ。 ・明細書に記載の資産科目について、つぎの金額について貸借対照表と一致しているか確かめよ。 　・期首帳簿価額 　・期首帳簿価額に含まれる国庫補助金等の額 　・期末帳簿価額 　・期末帳簿価額に含まれる国庫補助金等の額 ・同様に財務諸表に注記されている内容と一致しているか確かめよ。 　・期末帳簿価額 　・減価償却累計額 　・期末取得原価		
3.2	プルーフリストの記載と当期増加額との一致について			
		・次の表に該当事項を記載し一致を確かめよ。		

資産の種類及び名称	基本財産及びその他の固定資産の明細書		資金収支計算書の記載と金額		事業活動計算書の記載と金額	
	当期増加額	うち国庫補助金等の額	科目	金額	科目	金額
合計						

参照記号	勘定科目等	決算管理チェック項目	チェック欄	摘要
3.3	引当金明細書			
		・明細書に記載の科目について、貸借対照表又は財務諸表に対する注記の記載と一致するかを確かめよ。 ・同様に事業活動計算書の科目と一致するかを確かめよ。 ・資金収支計算書と事業活動計算書において、退職給付費用、職員賞与に差額がある場合においては、その差額の発生原因を把握せよ。		
3.4	借入金明細書			
		・明細書に記載の科目について、貸借対照表の記載との一致を確かめよ。 ・期首残高 ・差引期末残高		

第4章

決算管理チェックリスト
（法人全体用）

参照記号	勘定科目等	決算管理チェック項目	チェック欄	摘要
		・当期借入金について、資金収支計算書の記載との一致を確かめよ。 ・当期償還額について、資金収支計算書の記載との一致を確かめよ。 ・元金償還補助金について、資金収支計算書・事業活動計算書の記載との一致を確かめよ。 ・支払利息、借入金利息補助金収入について、資金収支計算書、事業活動計算書の記載との一致を確かめよ。 ・担保資産について財務諸表に注記した内容との一致を確かめよ。		
3.5	寄附金収益明細書			
		・明細書に記載の科目について、資金収支計算書、事業活動計算書の科目との一致を確かめよ。 ・基本金組入額としたものについて、事業活動計算書、貸借対照表の科目との一致を確かめよ。 ・基本金組入額としたものについて、基本金明細書の各拠点区分ごとの内訳に記載された金額との一致を確かめよ。		
3.6	補助金事業等収益明細書			
		・明細書に記載の補助金について、資金収支計算書、事業活動計算書に計上されている補助金との整合性を確かめよ。 ・同様に、国庫補助金等特別積立金に計上されたものについて、国庫補助金等特別積立金明細書との整合性を確かめよ。		
3.7	基本金明細書			
		・明細書に記載されている基本金について、B/S、P/L との一致を確かめよ。		

決算管理チェックリスト
（法人全体用）

参照記号	勘定科目等	決算管理チェック項目	チェック欄	摘要
3.8	国庫補助金等特別積立金明細書			
		・明細書に記載されている国庫補助金等特別積立金について、B/S、P/L に計上されている金額との整合性を確かめよ。 ・明細書に記載されているサービス活動費用の控除項目として計上する取崩額について、B/S、P/L に計上されている金額との整合性を確かめよ。 ・明細書に記載されている特別費用の控除項目として計上する取崩額について、B/S、P/L に計上されている金額との整合性を確かめよ。		
3.9	積立金・積立資産明細書			
		・明細書に記載されている○○積立金について、F/S に計上されている金額との整合性を確かめよ。 ・明細書に記載されている○○積立資産について、F/S に計上されている金額との整合性を確かめよ。 ・2.4 で作成された、現金預金（有価証券・○○積立資産を含む）明細表に一致するか確かめよ。		
4.1	内部取引消去に関する附属明細書のチェック			
		（1.4 において実施していますが、詳細にチェックする。） ・事業区分間及び拠点区分間繰入金明細書について 　・明細書に記載されている繰入金が、資金収支内訳表、事業活動内訳表、事業区分資金収支内訳表、事業区分事業活動内訳表に一致するか確かめよ。 ・事業区分間及び拠点区分間貸付金（借入金）残高明細書について 　・明細書に記載されている貸付金（借入金）が資金収支内訳表、事業区分資金収支内訳表に一致するか確かめよ。 　・事業区分あるいは拠点区分において貸付金（借入金）残高は、年度内精算が原則とされている事業においては、通常では精算されていなければならない。 　もし、残高がある場合に発生理由、契約内容を把握せよ。		

第4章

決算管理チェックリスト
（法人全体用）

参照記号	勘定科目等	決算管理チェック項目	チェック欄	摘要
5.1	就労支援事業別事業活動明細書			
		・作成されている明細書について、F/Sとの一致を確かめよ。 ・資金収支計算書と事業活動計算書における差額について、原因を把握せよ。 　・在庫増減 　・その他		

<資料>

平成　　年度

決算管理チェックリスト

（拠点区分用）

目的

1. 会計基準に準拠して、財務諸表が作成されたかを確かめることができます。

2. 財務諸表の表示検討を、このチェックリストに従って実施し、決算管理ファイルとして利用することで、財務諸表の透明性を高めることができます。

使用方法

1. 決算業務の最終段階で財務諸表を出力し、財務諸表がチェックリストに合致しているかを確かめます。

2. このチェックリストを決算管理ファイルとして利用する場合は、チェックリストに従って明細表や資料を綴じ込み、決算管理ファイルを作成します。決算管理ファイルにより決算書類が完成しますと、再度財務諸表をチェックリストに従ってチェックします。

社会福祉法人名 ＿＿＿＿＿＿＿＿＿＿

拠 点 区 分 名 ＿＿＿＿＿＿＿＿＿＿

作　　成　　者 ＿＿＿＿＿＿＿＿＿＿

【凡例】

本チェックリストで使用する略称は下記のとおりとする。

F/S	資金収支計算書（内訳表を含む） 事業活動計算書（内訳表を含む） 貸借対照表（内訳表を含む）
C/F	資金収支計算書（内訳表を含む）
P/L	事業活動計算書（内訳表を含む）
B/S	貸借対照表（内訳表を含む）
附明	附属明細書

なお、略称を使用せず、チェックリストの理解のために会計基準にある名称を使用していることがあります。

決算管理チェックリスト
（拠点区分用）

参照記号	勘定科目等	決算管理チェック項目	チェック欄	摘要
Y	事業区分・拠点区分・サービス区分と財務諸表の体系			
1.1	財務諸表等			
		・拠点区分　資金収支計算書（第1号の4様式） ・拠点区分　事業活動計算書（第2号の4様式） ・拠点区分　貸借対照表（第3号の4様式） ・拠点区分　資金収支明細書（別紙3） ・拠点区分　事業活動明細書（別紙4） ・拠点区分貸借対照表明細書（作成されている場合のみ） を入手し、財務諸表が準備されていることを確かめよ。		
1.2	経理規程に一致しているか			
		・法人全体用でチェックするので、担当者の指示に従ってください。		
1.3	内部取引の相殺消去			
		・別紙3、別紙4、拠点区分貸借対照表明細書（作成されている場合のみ）において、内部取引が消去されていることを確かめよ。 ・内部取引に関連して、共通経費が按分基準によって按分されている場合は、按分基準と按分の内容を把握せよ。		
1.4	内部取引と附属明細書との整合性について			
		・法人全体用でチェックするので、担当者の指示に従ってください。		
1.5	F/S 注記と財務諸表等の関連について			
		・記載の有無と該当ない場合は記載不要の注記について確かめよ。 1．継続事業の前提に関する注記（拠点区分では要求されていない。） 3．重要な会計方針の変更 9．固定資産の取得価額、減価償却累計額及び当期末残高（貸借対照表上、間接法で表示している場合） 10．債権額、徴収不能引当金の当期末残高、債権の当期末残高（貸借対照表上、間接法で表示している場合） ・記載の有無と該当がない場合、「該当なし」と記載されているか確かめよ 2．重要な会計方針		

チェック欄には、チェックが完了した場合に日付とチェック者のサインを記載します。未了の場合にはその旨と記載した日付とサインを記載します。

第4章

決算管理チェックリスト
（拠点区分用）

参照記号	勘定科目等	決算管理チェック項目	チェック欄	摘要
		4．採用する退職給付制度 5．拠点が作成する財務諸表等とサービス区分 6．基本財産の増減の内容及び金額 7．会計基準第3章第4（4）及び（6）の規定による基本金又は国庫補助金等特別積立金の取崩し 8．担保に供している資産 11．満期保有目的の債券の内訳並びに帳簿価額、時価及び評価損益 12．関連当事者との取引の内容（拠点区分では要求されていない。） 13．重要な偶発債務（拠点区分では要求されていない。） 14．重要な後発事象 15．その他社会福祉法人の資金収支及び純資産増減の状況並びに資産、負債及び純資産の状態を明らかにするために必要な事項 ・注記事項のうち、次のものについては関連財務諸表との整合性について確かめよ。		

	B/S	C/F	P/L	附明
6．基本財産の増減の内容及び金額				
7．会計基準第3章第4（4）及び（6）の規定による基本金又は国庫補助金等特別積立金の取崩し				
8．担保に供している資産				
9．固定資産の取得価額、減価償却累計額及び当期末残高（直接法で表示されている場合）				
10．債権額、徴収不能引当金の当期末残高、債権の当期末残高（直接法で表示されている場合）				
11．満期保有目的の債券の内訳並びに帳簿価額、時価及び評価損益				

決算管理チェックリスト
（拠点区分用）

参照記号	勘定科目等	決算管理チェック項目	チェック欄	摘要
Y	整合性の点検			
2.1	C/F と P/L			
		・拠点区分資金収支計算書と拠点区分事業活動計算書について次頁のプルーフリストを作成し、整合性を確かめよ。		
2.2	C/F と B/S			
		・支払資金について、拠点区分資金収支計算書と拠点区分貸借対照表について、整合性を確かめよ。		
2.3	P/L と B/S			
		・当期活動増減差額、繰越活動増減差額について、拠点区分事業活動計算書と拠点区分貸借対照表について整合性を確かめよ。		
2.4	B/S と現金預金等			
		・拠点区分貸借対照表の現金預金、有価証券、投資有価証券、○○積立資産について、実査の記録、金融機関の残高証明等から添付の現金預金（有価証券・○○積立資産を含む）明細表を完成させ、実際残高との整合性を確かめよ。		
2.5	B/S と補助簿の整合性			
		・次の勘定科目の内訳明細書を入手して、金額の一致と内容に異常のないことを確かめよ。 ・流動資産 　・事業未収金 　・未収金 　・未収補助金 　・未収収益 　・立替金 　・前払金 　・前払費用 　・仮払金 　・流動負債 　・事業未払金 　・その他の未払金 　・未払費用 　・預り金 　・職員預り金 　・前受金 　・前受収益 　・仮受金		

第4章

資金収支計算書と事業活動計算書のプルーフリスト（拠点区分用）

資金収支計算書と事業活動計算書の違いを把握しながら、次の合計欄が同額になることを確かめよ。

資金の使途		資金の源泉	
科目等	金　額	科目等	金　額
資金収支計算書		事業活動計算書	
施設整備等による収入	（　　　）	・当期活動増減差額	（　　　）
		プラス要因	（　　　）
		・減価償却費	
施設整備等による支出	（　　　）		
その他の活動による収入	（　　　）	マイナス要因	（　　　）
		・国庫補助金等特別積立金取崩額	
その他の活動による支出	（　　　）		
差引計	（　　　）	差引計	（　　　）
当期資金収支差額合計	（　　　）		
合計	（　　　）	合計	（　　　）

決算管理チェックリスト
（拠点区分用）

参照記号	勘定科目等	決算管理チェック項目	チェック欄	摘要
Y	拠点区分貸借対照表残高と附属明細書について			
3.1	基本財産及びその他の固定資産（有形・無形固定資産）の明細書			
		・固定資産台帳との整合性について確かめよ。 ・明細書に記載の資産科目について、つぎの金額について貸借対照表の一致を確かめよ。 　・期首帳簿価額 　・期首帳簿価額に含まれる国庫補助金等の額 　・期末帳簿価額 　・期末帳簿価額に含まれる国庫補助金等の額 ・同様に財務諸表に注記された内容との一致を確かめよ。 　・期末帳簿価額 　・減価償却累計額 　・期末取得原価		
3.2	プルーフリストの記載と当期増加額との一致について			
		・次の表に該当事項を記載し一致を確かめよ。		

資産の種類及び名称	基本財産及びその他の固定資産の明細書		資金収支計算書の記載と金額		事業活動計算書の記載と金額	
	当期増加額	うち国庫補助金等の額	科目	金額	科目	金額
合計						

参照記号	勘定科目等	決算管理チェック項目	チェック欄	摘要
3.3	引当金明細書			
		・明細書に記載の科目について、拠点区分貸借対照表又は財務諸表に対する注記の記載との一致を確かめよ。 ・同様に拠点区分事業活動計算書の科目との一致を確かめよ。 ・拠点区分資金収支計算書と拠点区分事業活動計算書において、退職給付費用、職員賞与に差額がある場合においては、その差額の発生原因を把握せよ。		
3.4	借入金明細書			
		・明細書に記載の科目について、拠点区分貸借対照表の記載との一致を確かめよ。 　・期首残高 　・差引期末残高		

第4章

決算管理チェックリスト
（拠点区分用）

参照記号	勘定科目等	決算管理チェック項目	チェック欄	摘要
		・当期借入金について、拠点区分資金収支計算書の記載との一致を確かめよ。 ・当期償還額について、拠点区分資金収支計算書の記載との一致を確かめよ。 ・元金償還補助金について、拠点区分資金収支計算書・拠点区分事業活動計算書の記載との一致を確かめよ。 ・支払利息、借入金利息補助金収入について、拠点区分資金収支計算書、拠点区分事業活動計算書の記載との一致を確かめよ。 ・担保資産について財務諸表に注記した内容との一致を確かめよ。		
3.5	寄附金収益明細書			
		・明細書に記載の科目について、拠点区分資金収支計算書、拠点区分事業活動計算書の科目との一致を確かめよ。 ・基本金組入額としたものについて、拠点区分事業活動計算書、拠点区分貸借対照表の科目との一致を確かめよ。 ・基本金組入額としたものについて、基本金明細書の各拠点区分ごとの内訳に記載された金額との一致を確かめよ。		
3.6	補助金事業等収益明細書			
		・明細書に記載の補助金について、拠点区分資金収支計算書、拠点区分事業活動計算書に計上されている補助金との整合性を確かめよ。 ・同様に、国庫補助金等特別積立金に計上されたものについて、国庫補助金等特別積立金明細書との整合性を確かめよ。		
3.7	基本金明細書			
		・明細書に記載されている基本金について、拠点区分貸借対照表、拠点区分事業活動計算書との一致を確かめよ。		

決算管理チェックリスト
（拠点区分用）

参照記号	勘定科目等	決算管理チェック項目	チェック欄	摘要
3.8	国庫補助金等特別積立金明細書			
		・明細書に記載されている国庫補助金等特別積立金について、拠点区分貸借対照表、拠点区分事業活動計算書に計上されている金額との整合性を確かめよ。 ・明細書に記載されているサービス活動費用の控除項目として計上する取崩額について、拠点区分貸借対照表、拠点区分事業活動計算書に計上されている金額との整合性を確かめよ。 ・明細書に記載されている特別費用の控除項目として計上する取崩額について、拠点区分貸借対照表、拠点区分事業活動計算書に計上されている金額との整合性を確かめよ。		
3.9	積立金・積立資産明細書			
		・明細書に記載されている○○積立金について、拠点区分貸借対照表、拠点区分事業活動計算書に計上されている金額との整合性を確かめよ。 ・明細書に記載されている○○積立資産について、拠点区分貸借対照表、拠点区分資金収支計算書に計上されている金額との整合性を確かめよ。 ・チェックリスト2.4で作成された、現金預金（有価証券・○○積立資産を含む）明細表に一致するか確かめよ。		
4.1	内部取引消去に関する附属明細書のチェック			
		（チェックリスト1.4において実施していますが、詳細にチェックする。） ・事業区分間及び拠点区分間繰入金明細書について 　・明細書に記載されている繰入金が、事業区分資金収支内訳表、事業区分事業活動内訳表、○○拠点区分資金収支明細書、○○拠点区分事業活動明細書に一致するか確かめよ。 ・事業区分間及び拠点区分間貸付金（借入金）残高明細書について 　・明細書に記載されている貸付金（借入金）が事業区分資金収支内訳表、○○拠点区分資金収支明細書に一致するか確かめよ。		

第4章

決算管理チェックリスト
（拠点区分用）

参照記号	勘定科目等	決算管理チェック項目	チェック欄	摘要
		・事業区分あるいは拠点区分において貸付金（借入金）残高は、年度内精算が原則とされている事業においては、通常では精算されていなければならない。 もし、残高がある場合に発生理由、契約内容を把握せよ。		
5.1	就労支援事業別事業活動明細書			
		・作成されている明細書について、拠点区分資金収支計算書、拠点区分事業活動計算書、拠点区分貸借対照表との一致を確かめよ。 ・拠点区分資金収支計算書と拠点区分事業活動計算書における差額について、原因を把握せよ。 ・在庫増減 ・その他		

POINT & KEYWORD

1. 決算管理チェックリストの目的を意識して使用しましょう。財務諸表等の作成のゴールと位置づけて使用することで、正確性、信頼性を高めます。
2. 資金収支計算書と事業活動計算書のプルーフリストは、財務諸表の正確性を検証するための重要な資料です。
3. 現金預金（有価証券、○○積立資産を含む）明細表は、必ず貸借対照表との整合性を確認しましょう。

第17講　社会福祉法人現況報告書の作成の留意点と進捗コントロールシート

平成26年5月29日、「『社会福祉法人の認可について』の一部改正について」が発出され、経営情報のインターネットを活用した公表が義務化されました。

これにともない、現況報告書の様式も改正されました。また、所轄庁は所管する法人のうち、ホームページが存在しないことにより公表が困難な法人等が存在する場合には、所轄庁のホームページにおいて当該法人の現況報告書を公表することになりました。

このように、経営情報の公開が義務化されるに至った経緯には、次のような社会的な要請が背景にあったものと考えられます。

> 日本再興戦略―JAPAN is BACK―（平成25年6月14日、閣議決定）、67頁
>
> ○医療・介護サービスの高度化
>
> ・質の高い介護サービス等を安定的に供給するため、社会福祉法人の財務諸表の公表推進により透明性を高めるとともに、法人規模拡大の推進等の経営を高度化するための仕組みの構築や、地域医療介護連携のための医療情報連携ネットワークの普及・展開、介護・医療関連情報の「見える化」を実施する。
>
> 規制改革実施計画（平成25年6月14日、閣議決定）、21頁
>
> （事項名）
>
> 社会福祉法人の経営情報の公開
>
> （規制改革の内容・実施時期）
>
> （No. 11）全ての社会福祉法人について、平成25年度分以降の財務諸表の公表を行う。公表がより効果的に行われるための具体的な方策について検討し、結論を得る。〔平成25年中に結論を得て、平成26年度当初から措置〕
>
> （No. 12）平成24年度の財務諸表について公表を行うよう、社会福祉法人に周知指導し、それによる社会福祉法人の取組の状況について調査し、規制改革会議に報告する。〔平成25年9月までに措置〕
>
> （No. 13）所轄庁に対しても、所管する社会福祉法人の平成24年度の財務諸表について、所轄庁等のホームページ等で公表を行うよう協力を要請し、それによる所轄庁の取組の状況について調査し、規制改革会議に報告する。〔平成25年9月までに措置〕

第4章

経営情報が正しく現況報告書に記載され、公表されるように、＜資料＞の「社会福祉法人現況報告書作成の留意点と進捗コントロールシート」を作りました。

<資料>

平成　　年度
社会福祉法人現況報告書
作成の留意点と進捗コントロールシート

目　　的：現況報告書の作成を組織的・効率的に実施することで、報告書の透明性・信頼性を高めます。

作成要領：作成担当者の分担とチェック担当者を定め、内部管理体制の整備された状況における作成を推進します。
現況報告書の作成責任者である理事長のチェックを記録します。
さらに、監事監査の実施を記録することで、現況報告書の信頼性を担保します。

社会福祉法人名＿＿＿＿＿＿＿＿＿＿＿＿

作　　成　　者＿＿＿＿＿＿＿＿＿＿＿＿

Ⅰ．基本情報

チェック内容と留意点		サインと日付			
		担当者	チェック者	担当理事	監事監査
1-1)	定款・経理規程・就業規則・稟議規程などの諸規程の管理者が定められており、ファイリングがきちんとできていますか。				
2)	上記の諸規程等について定期的に見直し、担当者や管理者によって、改訂が実施されていますか。				
3)	法人の登記簿謄本が定期的に入手され、アップツーデートな状態であることが確認されていますか。				
4)	メールアドレス・ホームページの管理者が定められており、管理の記録が残されていますか。				
所見 1)	担当者より				
2)	チェック者より				
3)	担当理事より				
4)	監事監査より				

Ⅱ．事業

チェック内容と留意点		サインと日付			
		担当者	チェック者	担当理事	監事監査
2-1)	定款に定める事業内容、経理規程に定める事業区分、拠点区分、サービス区分において、現況報告および財務諸表等との整合性を確認していますか。				
2)	所轄庁への認可申請や届出書類のファイリングを確認し、関係法令等が明らかにされ、定期報告もきちんとされていることを確認していますか。				
3)	各々の業務について、事業計画、事業報告がファイルされており、事業内容のコントロールが組織的に実行されていることを確認していますか。				
所見 1)	担当者より				
2)	チェック者より				
3)	担当理事より				
4)	監事監査より				

第4章

Ⅲ．組織

チェック内容と留意点		サイン と日付			
		担当者	チェック者	担当理事	監事監査
3‒1)	理事・監事・評議員の名簿と一致していますか。さらに記載すべき内容についてのチェックがどのようにされているか確認されていますか。				
2)	施設長、職員について労務管理担当者等から、記載内容についての情報の元となるデータの正確性について確認されていますか。				
3)	理事会の記載について、理事会議事録に一致していることを確認していますか。				
4)	評議員会の記載について、評議員会議事録に一致していることを確認していますか。				
5)	監事監査の記載について、監事からの監査報告書等の記録との一致を確認していますか。				
所見 1)	担当者より				
2)	チェック者より				
3)	担当理事より				
4)	監事監査より				

Ⅳ．資産管理

チェック内容と留意点		サインと日付			
		担当者	チェック者	担当理事	監事監査
4-1） 2） 3） 4） 5） 6）	財産目録の記載との一致を確かめていますか。 不動産登記簿の記載との一致を確かめていますか。 担保提供の状況の記載についても、不動産登記簿の記載との一致を確かめていますか。 建物については、固定資産台帳の記載と一致していることを確かめていますか。 収益事業用不動産については、固定資産税の納付状況について確かめていますか。 財務諸表の記載との整合性について確かめていますか。 施設あるいは事業所別に整合性を確かめていますか。				
所見 1）	担当者より				
2）	チェック者より				
3）	担当理事より				
4）	監事監査より				

第4章

V．その他

チェック内容と留意点		サイン と日付			
		担当者	チェック者	担当理事	監事監査
5-1)	情報公開についての記載について、記載内容についての管理者を確かめ、情報公開についての法人内ルールに従って公開されていることを確認していますか。				
2)	外部監査についての記載について、外部監査人との契約書のファイル等を確かめ、記載内容の正確性を確認していますか。				
3)	第三者評価についての記載について、第三者評価受審施設等、評価担当団体などとの契約書を確かめ、記載内容の正確性を確認していますか。				
4)	準拠している会計基準について、経理規程の記載と一致していることを確認していますか。				
所見 1)	担当者より				
2)	チェック者より				
3)	担当理事より				
4)	監事監査より				

POINT & KEYWORD

1. 現況報告書は、公表資料であることを意識し、関係者及び法人役員のチェックを必ず受けるようにしましょう。

第5章
通　知

1）社会福祉法人会計基準の制定について

雇児発0727第1号
社援発0727第1号
老　発0727第1号
平成23年7月27日

一　部　改　正
雇児発0329第24号
社援発0329第56号
老　発0329第28号
平成25年3月29日

一　部　改　正
雇児発0925第1号
社援発0925第1号
老　発0925第1号
平成27年9月25日

　都道府県知事
各　指定都市市長　殿
　中核市市長

厚生労働省雇用均等・児童家庭局長
厚生労働省社会・援護局長
厚生労働省老健局長

社会福祉法人会計基準の制定について

社会福祉法人の会計処理の基準については、「社会福祉法人会計基準の制定について」（平成12年2月17日社援第310号厚生省大臣官房障害保健福祉部長、社会・援護局長、老人保健福祉局長、児童家庭局長連名通知）により示されているところである。

これまで、社会福祉法人における会計処理については、「社会福祉法人会計基準」のほか「指定介護老人福祉施設等会計処理等取扱指導指針」、「介護老人保健施設会計・経理準則」、「就労支援の事業の会計処理の基準」、「経理規程準則」等による財務諸表の作成が認められてきたところであるが、同一法人の中で様々な会計ルールが併存していることにより、事務処理が煩雑である等の問題が指摘されている。

ついては、社会福祉法に規定する財産目録、貸借対照表及び収支計算書の作成に当たっての基準として、別紙のとおり「社会福祉法人会計基準」を新たに定め、平成24年4月1日から適用することとしたので、この円滑な実施につきご配意願いたい。

1　新たな社会福祉法人会計基準（以下「会計基準」という。）の基本的考え方

(1)　社会福祉法人（以下「法人」という。）が行う全ての事業（社会福祉事業、公益事業、収益事業）を適用対象とする。

(2)　法人全体の財務状況を明らかにし、経営分析を可能とするとともに、外部への情報公開に資するものとする。

2　現行基準からの主な変更点

(1)　法人全体での資産、負債等の状況を把握できるようにするため、公益事業及び収益事業を含め、法人で一本の会計単位とすることとした。

(2)　施設・事業所毎の財務状況を明らかにするため、拠点区分を設けることとした。また、施設・事業所内で実施する福祉サービス毎の収支を明らかにするため、サービス区分を設けることとした。

(3)　財務諸表の体系は、資金収支計算書、事業活動計算書、貸借対照表及び財産目録とした。

①資金収支計算書は、支払資金の収入、支出の内容を明らかにするために作成し、事業活動による収支、施設整備等による収支及びその他の活動による収支に区分するものとした。

②事業活動計算書は、法人の事業活動の成果を把握するために作成し、サービス活動増減の部、サービス活動外増減の部、特別増減の部及び繰越活動増減差額の部に区分するものとした。

(4)　資金収支計算書、事業活動計算書及び貸借対照表については、事業区分、拠点区分の単位でも作成することとした。

(5)　従来の明細書、別表を整理した上で、重要な資産及び負債等の状況を明確にするために、借入金、寄附金、積立金等についてその内容を明らかにする附属明細書を作成することとした。

(6)　基本金の範囲を法人の設立及び施設整備等、法人が事業活動を維持するための基盤として収受した寄附金に限定し、4号基本金を廃止した。

(7)　引当金の範囲を徴収不能引当金、賞与引当金、退職給付引当金に限定し、その他引当金を廃止した。

(8)　財務情報の透明性を向上させるため、1年基準、時価会計、リース会計などの会計手法を導入した。

3　適用の範囲及び実施時期

(1)　適用の範囲

社会福祉法第44条第2項に定める、法人が毎会計年度終了後二月以内に作成しなければならない財産目録、貸借対照表及び収支計算書は、会計基準により作成するものとし、全ての法人について適用するものとする。

(2)　実施の時期

平成24年4月1日より適用するものとする。

ただし、平成27年3月31日（平成26年度決算）までの間は、従来の会計処理によることができるものとする。

4　従前の通知等の取扱い

(1)　廃止する通知等

以下の通知等は、平成27年3月31日（平成26年度決算）をもって廃止する。

・「社会福祉法人会計基準の制定について」（平成12年2月17日社援第310号厚生省大臣官房障害保健福祉部長、社会・援護局長、老人保健福祉局長、児童家庭局長連名通知）

・「社会福祉施設を経営する社会福祉法人の経理規程準則の制定について」（昭和51年1月31日社施第25号厚生省社会局長・児童家庭局長通知）

・「授産会計基準の制定について」（平成13年3月29日社援発第555号厚生労働省社会・援護局長通知）

・「社会福祉法人会計基準の制定について」（平成12年2月17日社援施第6号厚生省大臣官房障害保健福祉部企画課長、社会・援護局企画課長、社会・援護局施設人材課長、老人保健福祉局老人福祉計画課長、児童家庭局企画課長通知）

・「社会福祉法人会計基準への移行に関する留意点について」（平成12年2月17日社援施第8号厚生省大臣官房障害保健福祉部企画課長、社会・援護局企画課長、社会・援護局施設人材課長、老人保健福祉局老人福祉計画課長、児童家庭局企画課長通知）

・「「社会福祉法人会計基準」及び「指定介護老人福祉施設等会計処理等取扱指導指針」等の当面の運用について」（平成12年12月19日社援施第49号、老計第55号厚生省社会・援護局施設人材課長・老人保健福祉局計画課長通知）

・「授産施設会計基準に係る取扱いについて」（平成13年3月29日社援保発第23号、障障発第12号、障精発第18号厚生労働省社会・援護局保護課長、障害保健福祉部障害福祉課長、障害保健福祉部精神保健福祉課長通知）

・「「社会福祉法人会計基準」及び「指定介護老人福祉施設等会計処理等取扱指導指針」の運用に関する疑義回答について」（平成13年2月28日厚生労働省社会・援護局福祉基盤

課長・老人保健福祉局計画課長事務連絡）

・「社会福祉法人経営に係る会計総括表の送付について」（平成19年3月30日厚生労働省社会・援護局福祉基盤課課長補佐事務連絡）

⑵　改正通知等

会計基準の制定に伴い、一部改正が必要な主な通知等は以下のとおりであり、追って改正通知を発出する予定である。

・「社会福祉法人の認可について」（平成12年12月1日障第890号、社援第2618号、老発第794号、児発第908号厚生省大臣官房障害保健福祉部長、社会・援護局長、老人保健福祉局長、児童家庭局長通知）

・「社会福祉法人指導監査要綱の制定について」（平成13年7月23日雇児発第487号、社援発第1274号、老発第273号厚生労働省雇用均等・児童家庭局長、厚生労働省社会・援護局長、厚生労働省老健局長通知）

・「社会福祉法人が経営する社会福祉施設における運営費の運用及び指導について」（平成16年3月12日雇児発第0312001号、社援発第0312001号、老発第0312001号厚生労働省雇用均等・児童家庭局長、社会・援護局長、老健局長通知）

・「就労支援等の事業に関する会計処理の取扱いについて」（平成18年10月2日社援発第1002001号厚生労働省社会・援護局長通知）

・「社会福祉法人が経営する社会福祉施設における運営費の運用及び指導について」（平成16年3月12日雇児福発第0312002号、社援基発第0312002号、障障発第0312002号、老計発第0312002号厚生労働省雇用均等・児童家庭局家庭福祉課長、社会・援護局福祉基盤課長、社会・援護局障害保健福祉部障害福祉課長、老健局計画課長通知）

・「社会福祉法人における入札契約等の取扱いについて」（平成12年2月17日社援施第7号厚生省大臣官房障害保健福祉部企画課長、社会・援護局企画課長、社会・援護局施設人材課長、老人保健福祉局老人福祉計画課長、児童家庭局企画課長通知）

・「指定介護老人福祉施設等に係る会計処理等の取扱いについて」（平成12年3月10日老計第8号厚生省老人保健福祉局老人福祉計画課長通知）等

社会福祉法人会計基準

目　次

第1章　総則

第2章　資金収支計算書

第3章　事業活動計算書

第4章　貸借対照表

第5章　財務諸表の注記

第6章　附属明細書

第7章　財産目録

社会福祉法人会計基準

第1章　総　則

1　目的及び適用範囲

(1)　この会計基準は、社会福祉法（昭和26年法律第45号。以下「法」という。）第22条に規定する社会福祉法人（以下「社会福祉法人」という。）の財務諸表及び附属明細書並びに財産目録の作成の基準を定め、社会福祉法人の健全なる運営に資することを目的とする。

なお、会計基準に定めのない事項については、一般に公正妥当と認められる社会福祉法人会計の慣行をしん酌しなければならない。

(2)　この会計基準は、社会福祉法人が実施する全ての事業を対象とする。

2　一般原則

社会福祉法人は、次に掲げる原則に従って、財務諸表（資金収支計算書、事業活動計算書及び貸借対照表をいう。以下同じ。）及び附属明細書並びに財産目録を作成しなければならない。（注1）

(1)　財務諸表は、資金収支及び純資産増減の状況並びに資産、負債及び純資産の状態に関する真実な内容を明りょうに表示するものでなければならない。

(2)　財務諸表は、正規の簿記の原則に従って正しく記帳された会計帳簿に基づいて作成しなければならない。

(3)　会計処理の原則及び手続並びに財務諸表の表示方法は、毎会計年度これを継続して適用し、みだりに変更してはならない。

(4) 重要性の乏しいものについては、会計処理の原則及び手続並びに財務諸表の表示方法の適用に際して、本来の厳密な方法によらず、他の簡便な方法によることができる。（注2）

3　総額表示

財務諸表に記載する金額は、原則として総額をもって表示しなければならない。

4　会計年度

社会福祉法人の会計年度は4月1日に始まり、翌年3月31日に終わるものとする。

5　事業区分

社会福祉法人は財務諸表作成に関して、社会福祉事業、公益事業、収益事業の区分（以下「事業区分」という。）を設けなければならない。

6　拠点区分・サービス区分

(1) 社会福祉法人は財務諸表作成に関して、実施する事業の会計管理の実態を勘案して会計の区分（以下「拠点区分」という。）を設けなければならない。（注3）

(2) 社会福祉法人は、その拠点で実施する事業内容に応じて区分（以下「サービス区分」という。）を設けなければならない。（注4）

7　内部取引

社会福祉法人は財務諸表作成に関して、内部取引を相殺消去するものとする。（注5）

第2章　資金収支計算書

1　資金収支計算書の内容

資金収支計算書は、当該会計年度におけるすべての支払資金の増加及び減少の状況を明りょうに表示するものでなければならない。

2　資金収支計算書の資金の範囲

前項の支払資金は、流動資産及び流動負債とし、その残高は流動資産と流動負債の差額とする。

ただし、1年基準により固定資産又は固定負債から振替えられた流動資産・流動負債、引当金並びに棚卸資産（貯蔵品を除く。）を除くものとする。（注6）（注7）

3　資金収支計算の方法

資金収支計算は、当該会計年度における支払資金の増加及び減少に基づいて行うものとする。

4　資金収支計算書の区分

資金収支計算書は、当該会計年度における支払資金の増加及び減少の状況について、事業活動による収支、施設整備等による収支及びその他の活動による収支に区分して記載するものとする。

5　資金収支計算書の構成

(1)　事業活動による収支には、経常的な事業活動による収入及び支出（受取利息配当金収入及び支払利息支出を含む。）を記載し、事業活動資金収支差額を記載するものとする。

(2)　施設整備等による収支には、固定資産の取得に係る支出及び売却に係る収入、施設整備等補助金収入、施設整備等寄附金収入及び設備資金借入金収入並びに設備資金借入金元金償還支出等を記載し、施設整備等資金収支差額を記載するものとする。

(3)　その他の活動による収支には、長期運営資金の借入れ及び返済、積立資産の積立て及び取崩し、投資有価証券の購入及び売却等資金の運用に係る収入及び支出（受取利息配当金収入及び支払利息支出を除く。）並びに事業活動による収支及び施設整備等による収支に属さない収入及び支出を記載し、その他の活動資金収支差額を記載するものとする。

(4)　事業活動資金収支差額、施設整備等資金収支差額及びその他の活動資金収支差額を合計して当期資金収支差額合計を記載し、これに前期末支払資金残高を加算して当期末支払資金残高として記載するものとする。

(5)　資金収支計算書は、当該会計年度の決算の額を予算の額と対比して記載するものとする。

(6)　決算の額と予算の額の差異が著しい勘定科目については、その理由を備考欄に記載するものとする。

6　資金収支計算書の種類及び様式

(1)　資金収支計算書は、法人全体を表示するものとする。事業区分の情報は、資金収支内訳表及び事業区分資金収支内訳表において表示するものとする。

また、拠点区分別の情報については、拠点区分資金収支計算書において表示するものとする。

(2)　前項のそれぞれの様式は第１号の１様式から第１号の４様式までのとおりとする。

7　資金収支計算書の勘定科目

資金収支計算の内容を明りょうに記録するため、資金収支計算書に記載する勘定科目は別に定めるとおりとする。

8　共通収入支出の配分

資金収支計算を行うに当たっては、事業区分、拠点区分又はサービス区分に共通する収入及び支出を、合理的な基準に基づいて配分するものとする。（注8）

第３章　事業活動計算書

1　事業活動計算書の内容

事業活動計算書は、当該会計年度における純資産のすべての増減内容を明りょうに表示するものでなければならない。

2　事業活動計算の方法

事業活動計算は、当該会計年度における純資産の増減に基づいて行うものとする。

3　事業活動計算書の区分

事業活動計算書は、サービス活動増減の部、サービス活動外増減の部、特別増減の部及び繰越活動増減差額の部に区分するものとする。

4　事業活動計算書の構成

(1) サービス活動増減の部には、サービス活動による収益及び費用を記載してサービス活動増減差額を記載するものとする。

なお、サービス活動費用に減価償却費等の控除項目として、国庫補助金等特別積立金取崩額を含めるものとする。(注9)(注10)

(2) サービス活動外増減の部には、受取利息配当金、支払利息、有価証券売却損益並びにその他サービス活動以外の原因による収益及び費用であって経常的に発生するものを記載し、サービス活動外増減差額を記載するものとする。(注14)

(3) サービス活動増減差額にサービス活動外増減差額を加算したものを、経常増減差額として記載するものとする。

(4) 特別増減の部には、第4章第4第2項に規定する寄附金、第4章第4第3項に規定する国庫補助金等の収益、固定資産売却等に係る損益、事業区分間又は拠点区分間の繰入れ及びその他の臨時的な損益(金額が僅少なものを除く。)を記載し、第4章第4第2項に規定する基本金の組入額及び第4章第4第3項に規定する国庫補助金等特別積立金の積立額を減算して、特別増減差額を記載するものとする。

なお、国庫補助金等特別積立金を含む固定資産の売却損・処分損を記載する場合は、特別費用の控除項目として、国庫補助金等特別積立金取崩額を含めるものとする。(注10)(注11)(注12)(注13)

(5) 経常増減差額に前項の特別増減差額を加算したものを、当期活動増減差額として記載するものとする。

(6) 繰越活動増減差額の部は、前期繰越活動増減差額、基本金取崩額、第4章第4第4項に規定するその他の積立金積立額、その他の積立金取崩額を記載し、当期活動増減差額に当該項目を加減したものを、次期繰越活動増減差額として記載するものとする。(注13)

5　事業活動計算書の種類及び様式

(1) 事業活動計算書は、法人全体を表示するものとする。事業区分の情報は、事業活動内訳表及び事業区分事業活動内訳表において表示するものとする。

また、拠点区分別の情報については、拠点区分事業活動計算書において表示するものとする。

⑵　前項のそれぞれの様式は第２号の１様式から第２号の４様式までのとおりとする。

6　事業活動計算書の勘定科目

事業活動計算の内容を明りょうに記録するため、事業活動計算書に記載する科目は、別に定めるとおりとする。

7　共通収益費用の配分

事業活動計算を行うに当たっては、事業区分、拠点区分又はサービス区分に共通する収益及び費用を、合理的な基準に基づいて配分するものとする。（注 8）

第４章　貸借対照表

1　貸借対照表の内容

貸借対照表は、当該会計年度末現在におけるすべての資産、負債及び純資産の状態を明りょうに表示するものでなければならない。

2　貸借対照表の区分

貸借対照表は、資産の部、負債の部及び純資産の部に分かち、更に資産の部を流動資産及び固定資産に、負債の部を流動負債及び固定負債に区分しなければならない。（注 7）

3　貸借対照表価額

⑴　資産の貸借対照表価額は、原則として、当該資産の取得価額を基礎として計上しなければならない。受贈、交換によって取得した資産の取得価額は、その取得時における公正な評価額とする。（注 9）（注 14）（注 15）

⑵　受取手形、未収金、貸付金等の債権については、取得価額から徴収不能引当金を控除した額をもって貸借対照表価額とする。

⑶　満期まで所有する意思をもって保有する社債その他の債券（以下「満期保有目的の債券」という。）等については、取得価額をもって貸借対照表価額とする。満期保有目的の債券等以外の有価証券のうち市場価格のあるものについては、時価をもって貸借対照表価額とする。（注 16）

⑷　棚卸資産については、取得価額をもって貸借対照表価額とする。ただし、時価が取得価額よりも下落した場合には、時価をもって貸借対照表価額とする。

⑸　有形固定資産及び無形固定資産については、その取得価額から減価償却累計額を控除した価額をもって貸借対照表価額とする。（注 17）

⑹　資産の時価が著しく下落したときは、回復の見込みがあると認められる場合を除き、時価をもって貸借対照表価額としなければならない。ただし、有形固定資産及び無形固定資産について使用価値を算定でき、かつ使用価値が時価を超える場合には、取得価額から減価償却累計額を控除した価額を超えない限りにおいて使用価値をもって貸借対照表価額と

することができるものとする。（注18）

(7) 引当金として計上すべきものがある場合には、当該内容を示す科目を付して、その残高を負債の部に計上又は資産の部の控除項目として記載するものとする。（注19）

4　純資産

(1) 純資産の区分

貸借対照表の純資産は、基本金、国庫補助金等特別積立金、その他の積立金及び次期繰越活動増減差額に区分するものとする。

(2) 基本金

基本金には、社会福祉法人が事業開始等に当たって財源として受け取った寄附金の額を計上するものとする。（注12）（注13）

(3) 国庫補助金等特別積立金

国庫補助金等特別積立金には、施設及び設備の整備のために国又は地方公共団体等から受領した補助金、助成金及び交付金等（以下「国庫補助金等」という。）の額を計上するものとする。（注10）（注11）

(4) その他の積立金

その他の積立金には、将来の特定の目的の費用又は損失に備えるため、理事会の議決に基づき事業活動計算書の当期末繰越活動増減差額から積立金として積み立てた額を計上するものとする。（注20）

5　貸借対照表の種類及び様式

(1) 貸借対照表は、法人全体を表示するものとする。事業区分の情報は、貸借対照表内訳表及び事業区分貸借対照表内訳表において表示する。

また、拠点区分別の情報については、拠点区分貸借対照表を作成するものとする。

(2) 前項のそれぞれの様式は第３号の１様式から第３号の４様式までのとおりとする。

6　貸借対照表の勘定科目

資産、負債及び純資産の内容を明りょうに記録するため、貸借対照表に記載する勘定科目は、別に定めるとおりとする。

第５章　財務諸表の注記

財務諸表には、次の事項を注記しなければならない。

(1) 継続事業の前提に関する注記

(2) 資産の評価基準及び評価方法、固定資産の減価償却方法、引当金の計上基準等財務諸表の作成に関する重要な会計方針（注21）

(3) 重要な会計方針を変更したときは、その旨、変更の理由及び当該変更による影響額

⑷　法人で採用する退職給付制度

⑸　法人が作成する財務諸表等と拠点区分、サービス区分

⑹　基本財産の増減の内容及び金額

⑺　第3章第4⑷及び⑹の規定により、基本金又は国庫補助金等特別積立金の取崩しを行った場合には、その旨、その理由及び金額

⑻　担保に供している資産

⑼　固定資産について減価償却累計額を直接控除した残額のみを記載した場合には、当該資産の取得価額、減価償却累計額及び当期末残高

⑽　債権について徴収不能引当金を直接控除した残額のみを記載した場合には、当該債権の金額、徴収不能引当金の当期末残高及び当該債権の当期末残高

⑾　満期保有目的の債券の内訳並びに帳簿価額、時価及び評価損益

⑿　関連当事者との取引の内容（注22）

⒀　重要な偶発債務

⒁　重要な後発事象（注23）

⒂　その他社会福祉法人の資金収支及び純資産増減の状況並びに資産、負債及び純資産の状態を明らかにするために必要な事項（注24）

第6章　附属明細書

1　附属明細書の内容

附属明細書は、当該会計年度における資金収支計算書、事業活動計算書及び貸借対照表に係る事項を表示するものとする。

2　附属明細書の構成

⑴　附属明細書は、資金収支計算書、事業活動計算書及び貸借対照表の内容を補足する重要な事項を表示しなければならない。

⑵　作成すべき附属明細書は以下のとおりとする。

・基本財産及びその他の固定資産（有形・無形固定資産）の明細書（注25）（別紙1）

・引当金明細書（別紙2）

・拠点区分資金収支明細書（別紙3）

・拠点区分事業活動明細書（別紙4）

・その他重要な事項に係る明細書

第７章　財産目録

１　財産目録の内容

財産目録は、当該会計年度末現在におけるすべての資産及び負債につき、その名称、数量、金額等を詳細に表示するものとする。

２　財産目録の区分

財産目録は、貸借対照表の区分に準じ、資産の部と負債の部に区分し、純資産の額を示すものとする。

３　財産目録の金額

財産目録の金額は、貸借対照表記載の金額と同一とする。

４　財産目録の種類及び様式

財産目録は、法人全体を表示するものとする。その様式は、別紙５のとおりとする。

社会福祉法人会計基準注解

＊社会福祉法人会計基準を以下、会計基準と呼称する。

（注１）財務諸表について

第１章第２に規定する資金収支計算書には資金収支内訳表、事業区分資金収支内訳表及び拠点区分資金収支計算書を含み、事業活動計算書には事業活動内訳表、事業区分事業活動内訳表及び拠点区分事業活動計算書を含み、貸借対照表には貸借対照表内訳表、事業区分貸借対照表内訳表及び拠点区分貸借対照表を含むものとする。以下同じ。

（注２）重要性の原則の適用について

重要性の原則の適用例としては、次のようなものがある。

(1)　消耗品、貯蔵品等のうち、重要性が乏しいものについては、その買入時又は払出時に費用として処理する方法を採用することができる。

(2)　保険料、賃借料、受取利息配当金、借入金利息、法人税等にかかる前払金、未払金、未収金、前受金等のうち重要性の乏しいもの、または毎会計年度経常的に発生しその発生額が少額なものについては、前払金、未払金、未収金、前受金等を計上しないことができる。

(3)　引当金のうち、重要性の乏しいものについては、これを計上しないことができる。

(4)　取得価額と債券金額との差額について重要性が乏しい満期保有目的の債券については、償却原価法を適用しないことができる。

(5)　ファイナンス・リース取引について、取得したリース物件の価額に重要性が乏しい場合、通常の賃貸借取引に係る方法に準じて会計処理を行うことができる。

(6) 法人税法上の収益事業に係る課税所得の額に重要性が乏しい場合、税効果会計を適用しないで、繰延税金資産又は繰延税金負債を計上しないことができる。

なお、財産目録の表示に関しても重要性の原則が適用される。

(注3) 拠点区分の方法について

拠点区分は、原則として、予算管理の単位とし、一体として運営される施設、事業所又は事務所をもって1つの拠点区分とする。具体的な区分については、法令上の事業種別、事業内容及び実施する事業の会計管理の実態を勘案して区分を設定するものとする。

(注4) サービス区分の方法について

サービス区分は、その拠点で実施する複数の事業について法令等の要請により会計を区分して把握すべきものとされているものについて区分を設定するものとする。例えば、以下のようなものがある。

(1) 指定居宅サービスの事業の人員、設備及び運営に関する基準その他介護保険事業の運営に関する基準における会計の区分

(2) 障害者の日常生活及び社会生活を総合的に支援するための法律に基づく指定障害福祉サービスの事業等の人員、設備及び運営に関する基準における会計の区分

(3) 子ども・子育て支援法に基づく特定教育・保育施設及び特定地域型保育事業の運営に関する基準における会計の区分

また、その他の事業については、法人の定款に定める事業ごとに区分するものとする。サービス区分を設定する場合には、拠点区分資金収支明細書及び拠点区分事業活動明細書を作成するものとし、またサービス区分を予算管理の単位とすることができるものとする。

(注5) 内部取引の相殺消去について

当該社会福祉法人が有する事業区分間、拠点区分間において生ずる内部取引について、異なる事業区分間の取引を事業区分間取引とし、同一事業区分内の拠点区分間の取引を拠点区分間取引という。同一拠点区分内のサービス区分間の取引をサービス区分間取引という。

事業区分間取引により生じる内部取引高は、資金収支内訳表及び事業活動内訳表において相殺消去するものとする。当該社会福祉法人の事業区分間における内部貸借取引の残高は、貸借対照表内訳表において相殺消去するものとする。

また、拠点区分間取引により生じる内部取引高は、事業区分資金収支内訳表及び事業区分事業活動内訳表において相殺消去するものとする。当該社会福祉法人の拠点区分間における内部

貸借取引の残高は、事業区分貸借対照表内訳表において相殺消去するものとする。

なお、サービス区分間取引により生じる内部取引高は、拠点区分資金収支明細書及び拠点区分事業活動明細書において相殺消去するものとする。

（注６）支払資金について

資金収支計算書の支払資金とは、経常的な支払準備のために保有する現金及び預貯金、短期間のうちに回収されて現金又は預貯金になる未収金、立替金、有価証券等及び短期間のうちに事業活動支出として処理される前払金、仮払金等の流動資産並びに短期間のうちに現金又は預貯金によって決済される未払金、預り金、短期運営資金借入金等及び短期間のうちに事業活動収入として処理される前受金等の流動負債をいう。ただし、支払資金としての流動資産及び流動負債には、１年基準により固定資産又は固定負債から振替えられたもの、引当金並びに棚卸資産（貯蔵品を除く。）を除くものとする。支払資金の残高は、これらの流動資産と流動負債の差額をいう。

（注７）資産及び負債の流動と固定の区分について

未収金、前払金、未払金、前受金等の経常的な取引によって発生した債権債務は、流動資産または流動負債に属するものとする。

ただし、これらの債権のうち、破産債権、更生債権等で１年以内に回収されないことが明らかなものは固定資産に属するものとする。

貸付金、借入金等の経常的な取引以外の取引によって発生した債権債務については、貸借対照表日の翌日から起算して１年以内に入金又は支払の期限が到来するものは流動資産又は流動負債に属するものとし、入金又は支払の期限が１年を超えて到来するものは固定資産又は固定負債に属するものとする。

現金及び預貯金は、原則として流動資産に属するものとするが、特定の目的で保有する預貯金は、固定資産に属するものとする。ただし、当該目的を示す適当な科目で表示するものとする。

（注８）共通支出及び共通費用の配分について

資金収支計算及び事業活動計算を行うに当たって、人件費、水道光熱費、減価償却費等、事業区分又は拠点区分又はサービス区分に共通する支出及び費用については、合理的な基準に基づいて配分することになるが、その配分基準は、支出及び費用の項目ごとに、その発生に最も密接に関連する量的基準（例えば、人数、時間、面積等による基準、又はこれらの２つ以上の要素を合わせた複合基準）を選択して適用する。

一度選択した配分基準は、状況の変化等により当該基準を適用することが不合理であると認められるようになった場合を除き、継続的に適用するものとする。

なお、共通する収入及び収益がある場合には、同様の取扱いをするものとする。

（注９）リース取引に関する会計

1　リース取引に係る会計処理は、原則として以下のとおりとする。

⑴「ファイナンス・リース取引」とは、リース契約に基づくリース期間の中途において当該契約を解除することができないリース取引又はこれに準ずるリース取引で、借手が、当該契約に基づき使用する物件（以下「リース物件」という。）からもたらされる経済的利益を実質的に享受することができ、かつ、当該リース物件の使用に伴って生じるコストを実質的に負担することとなるリース取引をいう。

また、「オペレーティング・リース取引」とは、ファイナンス・リース取引以外のリース取引をいう。

⑵　ファイナンス・リース取引については、原則として、通常の売買取引に係る方法に準じて会計処理を行うものとする。

⑶　ファイナンス・リース取引のリース資産については、原則として、有形固定資産、無形固定資産ごとに、一括してリース資産として表示する。ただし、有形固定資産又は無形固定資産に属する各科目に含めることもできるものとする。

⑷　オペレーティング・リース取引については通常の賃貸借取引に係る方法に準じて会計処理を行うものとする。

⑸　ファイナンス・リース取引におけるリース資産の取得価額及びリース債務の計上額については、原則として、リース料総額から利息相当額を控除するものとする。

2　利息相当額をリース期間中の各期に配分する方法は、原則として、利息法（各期の支払利息相当額をリース債務の未返済元本残高に一定の利率を乗じて算定する方法）によるものとする。

3　リース取引については、以下の項目を財務諸表に注記するものとする。

⑴　ファイナンス・リース取引の場合、リース資産について、その内容（主な資産の種類等）及び減価償却の方法を注記する。

⑵　オペレーティング・リース取引のうち解約不能のものに係る未経過リース料は、貸借対照表日後１年以内のリース期間に係るものと、貸借対照表日後１年を超えるリース期間に係るものとに区分して注記する。

（注 10）国庫補助金等特別積立金の取崩しについて

国庫補助金等特別積立金は、施設及び設備の整備のために国又は地方公共団体等から受領した国庫補助金等に基づいて積み立てられたものであり、当該国庫補助金等の目的は、社会福祉法人の資産取得のための負担を軽減し、社会福祉法人が経営する施設等のサービス提供者のコスト負担を軽減することを通して、利用者の負担を軽減することである。

したがって、国庫補助金等特別積立金は、毎会計年度、国庫補助金等により取得した資産の減価償却費等により事業費用として費用配分される額の国庫補助金等の当該資産の取得原価に対する割合に相当する額を取り崩し、事業活動計算書のサービス活動費用に控除項目として計上しなければならない。

また、国庫補助金等特別積立金の積立ての対象となった基本財産等が廃棄され又は売却された場合には、当該資産に相当する国庫補助金等特別積立金の額を取崩し、事業活動計算書の特別費用に控除項目として計上しなければならない。

（注 11）国庫補助金等特別積立金への積立てについて

会計基準第4章第4第3項に規定する国庫補助金等特別積立金として以下のものを計上する。

(1) 施設及び設備の整備のために国及び地方公共団体等から受領した補助金、助成金及び交付金等を計上するものとする。

(2) 設備資金借入金の返済時期に合わせて執行される補助金等のうち、施設整備時又は設備整備時においてその受領金額が確実に見込まれており、実質的に施設整備事業又は設備整備事業に対する補助金等に相当するものは国庫補助金等特別積立金に計上するものとする。

また、第4章第4第3項に規定する国庫補助金等特別積立金の積立ては、同項に規定する国庫補助金等の収益額を事業活動計算書の特別収益に計上した後、その収益に相当する額を国庫補助金等特別積立金積立額として特別費用に計上して行う。

（注 12）基本金への組入れについて

会計基準第4章第4第2項に規定する基本金は以下のものとする。

(1) 社会福祉法人の設立並びに施設の創設及び増築等のために基本財産等を取得すべきものとして指定された寄附金の額

(2) 前号の資産の取得等に係る借入金の元金償還に充てるものとして指定された寄附金の額

(3) 施設の創設及び増築時等に運転資金に充てるために収受した寄附金の額

また、基本金への組入れは、同項に規定する寄附金を事業活動計算書の特別収益に計上した後、その収益に相当する額を基本金組入額として特別費用に計上して行う。

（注 13）基本金の取崩しについて

社会福祉法人が事業の一部又は全部を廃止し、かつ基本金組み入れの対象となった基本財産又はその他の固定資産が廃棄され、又は売却された場合には、当該事業に関して組み入れられた基本金の一部又は全部の額を取り崩し、その金額を事業活動計算書の繰越活動増減差額の部に計上する。

（注 14）外貨建の資産及び負債の決算時における換算について

外国通貨、外貨建金銭債権債務（外貨預金を含む。）及び外貨建有価証券等については、原則として、決算時の為替相場による円換算額を付すものとする。

決算時における換算によって生じた換算差額は、原則として、当期の為替差損益として処理する。

（注 15）受贈、交換によって取得した資産について

(1) 通常要する価額と比較して著しく低い価額で取得した資産又は贈与された資産の評価は、取得又は贈与の時における当該資産の取得のために通常要する価額をもって行うものとする。

(2) 交換により取得した資産の評価は、交換に対して提供した資産の帳簿価額をもって行うものとする。

（注 16）満期保有目的の債券の評価について

満期保有目的の債券を債券金額より低い価額又は高い価額で取得した場合において、取得価額と債券金額との差額の性格が金利の調整と認められるときは、償却原価法に基づいて算定された価額をもって貸借対照表価額としなければならない。

（注 17）減価償却について

(1) 減価償却の対象

耐用年数が1年以上、かつ、使用又は時の経過により価値が減ずる有形固定資産及び無形固定資産（ただし、取得価額が少額のものは除く。以下「償却資産」という。）に対して毎期一定の方法により償却計算を行わなければならない。

なお、土地など減価が生じない資産（非償却資産）については、減価償却を行うことができないものとする。

(2) 減価償却の方法

減価償却の方法としては、有形固定資産については定額法又は定率法のいずれかの方法

で償却計算を行う。

また、ソフトウエア等の無形固定資産については定額法により償却計算を行うものとする。

なお、償却方法は、拠点区分ごと、資産の種類ごとに選択し、適用することができる。

（注18）固定資産の使用価値の見積もりについて

(1) 使用価値により評価できるのは、対価を伴う事業に供している固定資産に限られるものとする。

(2) 使用価値は、資産又は資産グループを単位とし、継続的使用と使用後の処分によって生ずると見込まれる将来キャッシュ・フローの現在価値をもって算定する。

（注19）引当金について

(1) 将来の特定の費用又は損失であって、その発生が当該会計年度以前の事象に起因し、発生の可能性が高く、かつその金額を合理的に見積もることができる場合には、当該会計年度の負担に属する金額を当該会計年度の費用として引当金に繰り入れ、当該引当金の残高を貸借対照表の負債の部に計上又は資産の部に控除項目として記載する。

(2) 原則として、引当金のうち賞与引当金のように通常１年以内に使用される見込みのものは流動負債に計上し、退職給付引当金のように通常１年を超えて使用される見込みのものは固定負債に計上するものとする。

また、徴収不能引当金は、当該金銭債権から控除するものとする。

(3) 職員に対し賞与を支給することとされている場合、当該会計年度の負担に属する金額を当該会計年度の費用に計上し、負債として認識すべき残高を賞与引当金として計上するものとする。

(4) 職員に対し退職金を支給することが定められている場合には、将来支給する退職金のうち、当該会計年度の負担に属すべき金額を当該会計年度の費用に計上し、負債として認識すべき残高を退職給付引当金として計上するものとする。

（注20）積立金と積立資産の関係について

当期末繰越活動増減差額にその他の積立金取崩額を加算した額に余剰が生じた場合には、その範囲内で将来の特定の目的のために積立金を積み立てることができるものとする。積立金を計上する際は、積立ての目的を示す名称を付し、同額の積立資産を積み立てるものとする。

また、積立金に対応する積立資産を取崩す場合には、当該積立金を同額取崩すものとする。

（注21）重要な会計方針の開示について

重要な会計方針とは、社会福祉法人が財務諸表を作成するに当たって、その財政及び活動の状況を正しく示すために採用した会計処理の原則及び手続並びに財務諸表への表示の方法をいう。

なお、代替的な複数の会計処理方法等が認められていない場合には、会計方針の注記を省略することができる。

（注22）関連当事者との取引の内容について

1　関連当事者とは、次に掲げる者をいう。

(1)　当該社会福祉法人の役員及びその近親者

(2)　前項の該当者が議決権の過半数を有している法人

2　関連当事者との取引については、次に掲げる事項を原則として関連当事者ごとに注記しなければならない。

(1)　当該関連当事者が法人の場合には、その名称、所在地、直近の会計年度末における資産総額及び事業の内容

なお、当該関連当事者が会社の場合には、当該関連当事者の議決権に対する当該社会福祉法人の役員又は近親者の所有割合

(2)　当該関連当事者が個人の場合には、その氏名及び職業

(3)　当該社会福祉法人と関連当事者との関係

(4)　取引の内容

(5)　取引の種類別の取引金額

(6)　取引条件及び取引条件の決定方針

(7)　取引により発生した債権債務に係る主な科目別の期末残高

(8)　取引条件の変更があった場合には、その旨、変更の内容及び当該変更が財務諸表に与えている影響の内容

3　関連当事者との間の取引のうち次に定める取引については、2に規定する注記を要しない。

(1)　一般競争入札による取引並びに預金利息及び配当金の受取りその他取引の性格からみて取引条件が一般の取引と同様であることが明白な取引

(2)　役員に対する報酬、賞与及び退職慰労金の支払い

（注23）重要な後発事象について

後発事象とは、当該会計年度末日後に発生した事象で翌会計年度以後の社会福祉法人の財政及び活動の状況に影響を及ぼすものをいう。

重要な後発事象は社会福祉法人の状況に関する利害関係者の判断に重要な影響を与えるので、財務諸表作成日までに発生したものは財務諸表に注記する必要がある。

重要な後発事象の例としては、次のようなものがある。

(1) 火災、出水等による重大な損害の発生

(2) 施設の開設又は閉鎖、施設の譲渡又は譲受け

(3) 重要な係争事件の発生又は解決

(4) 重要な徴収不能額の発生

なお、後発事象の発生により、当該会計年度の決算における会計上の判断ないし見積りを修正する必要が生じた場合には、当該会計年度の財務諸表に反映させなければならない。

(注24) その他社会福祉法人の資金収支及び純資産増減の状況並びに資産、負債及び純資産の状態を明らかにするために必要な事項について

会計基準第5章第15号の「その他社会福祉法人の資金収支及び純資産増減の状況並びに資産、負債及び純資産の状態を明らかにするために必要な事項」とは、財務諸表に記載すべきものとして会計基準に定められたもののほかに、社会福祉法人の利害関係者が、当該法人の状況を適正に判断するために必要な事項である。

このような事項は、個々の社会福祉法人の経営内容、周囲の環境等によって様々であるが、その例としては、次のようなものがある。

(1) 状況の変化にともなう引当金の計上基準の変更、固定資産の耐用年数、残存価額の変更等会計処理上の見積方法の変更に関する事項

(2) 法令の改正、社会福祉法人の規程の制定及び改廃等、会計処理すべき新たな事実の発生にともない新たに採用した会計処理に関する事項

(3) 勘定科目の内容について特に説明を要する事項

(4) 法令、所轄庁の通知等で特に説明を求められている事項

(注25) 基本財産及びその他の固定資産(有形・無形固定資産)の明細書

基本財産及びその他の固定資産(有形・無形固定資産)の明細書では、基本財産(有形固定資産)及びその他の固定資産(有形固定資産及び無形固定資産)の種類ごとの残高等を記載するものとする。

なお、有形固定資産及び無形固定資産以外に減価償却資産がある場合には、当該資産についても記載するものとする。

※財務諸表の第１号の１～３様式、第２号の１～３様式は、勘定科目の大区分のみを記載するが、必要のないものは省略することができる。ただし追加・修正はできないものとする。財務諸表の第１号の４様式、第２号の４様式は、勘定科目の小区分までを記載し、必要のない勘定科目は省略できるものとする。また、第３号の１～４様式は、勘定科目の中区分までを記載し、必要のない中区分の勘定科目は省略できるものとする。
※会計基準の別紙３、別紙４については、勘定科目の小区分までを記載し、必要のない勘定科目は省略できるものとする。
※勘定科目の中区分についてはやむを得ない場合、小区分については適当な科目を追加できるものとする。なお、小区分を更に区分する必要がある場合には、小区分の下に適当な科目を設けて処理することができるものとする。
※「水道光熱費（支出）」、「燃料費（支出）」、「賃借料（支出）」、「保険料（支出）」については原則、事業費（支出）のみに計上できる。ただし、措置費、保育所運営費の弾力運用が認められないケースでは、事業費（支出）、事務費（支出）の双方に計上するものとする。
※財務諸表の様式又は運用指針Ⅰ別添３に規定されている勘定科目においても、該当する取引が制度上認められていない事業種別では当該勘定科目を使用することができないものとする。

第１号の１様式

資金収支計算書

（自）平成　年　月　日　（至）平成　年　月　日

（単位：円）

勘定科目			予算（A）	決算（B）	差異（A）－（B）	備考
事業活動による収支	収入	介護保険事業収入				
		老人福祉事業収入				
		児童福祉事業収入				
		保育事業収入				
		就労支援事業収入				
		障害福祉サービス等事業収入				
		生活保護事業収入				
		医療事業収入				
		○○事業収入				
		○○収入				
		借入金利息補助金収入				
		経常経費寄附金収入				
		受取利息配当金収入				
		その他の収入				
		流動資産評価益等による資金増加額				
		事業活動収入計（1）				
	支出	人件費支出				
		事業費支出				
		事務費支出				
		就労支援事業支出				
		授産事業支出				
		○○支出				
		利用者負担軽減額				
		支払利息支出				
		その他の支出				
		流動資産評価損等による資金減少額				
		事業活動支出計（2）				
	事業活動資金収支差額（3）＝（1）－（2）					
施設整備等による収支	収入	施設整備等補助金収入				
		施設整備等寄附金収入				
		設備資金借入金収入				
		固定資産売却収入				
		その他の施設整備等による収入				
		施設整備等収入計（4）				
	支出	設備資金借入金元金償還支出				
		固定資産取得支出				
		固定資産除却・廃棄支出				
		ファイナンス・リース債務の返済支出				
		その他の施設整備等による支出				
		施設整備等支出計（5）				
	施設整備等資金収支差額（6）＝（4）－（5）					

資金収支計算書（つづき）

勘定科目			予算（A）	決算（B）	差異（A）－（B）	備考
その他の活動による収支	収入	長期運営資金借入金元金償還寄附金収入 長期運営資金借入金収入 長期貸付金回収収入 投資有価証券売却収入 積立資産取崩収入 その他の活動による収入				
		その他の活動収入計（7）				
	支出	長期運営資金借入金元金償還支出 長期貸付金支出 投資有価証券取得支出 積立資産支出 その他の活動による支出				
		その他の活動支出計（8）				
	その他の活動資金収支差額（9）＝（7）－（8）					
予備費支出（10）			××× △×××	—	×××	
当期資金収支差額合計（11）＝（3）＋（6）＋（9）－（10）						

前期末支払資金残高（12）				
当期末支払資金残高（11）＋（12）				

（注）予備費支出△×××円は○○支出に充当使用した額である。

第1号の2様式

資金収支内訳表

（自）平成　年　月　日（至）平成　年　月　日

（単位：円）

勘定科目			社会福祉事業	公益事業	収益事業	合計	内部取引消去	法人合計
事業活動による収支	収入	介護保険事業収入 老人福祉事業収入 児童福祉事業収入 保育事業収入 就労支援事業収入 障害福祉サービス等事業収入 生活保護事業収入 医療事業収入 ○○事業収入 ○○収入 借入金利息補助金収入 経常経費寄附金収入 受取利息配当金収入 その他の収入 流動資産評価益等による資金増加額						
		事業活動収入計（1）						
	支出	人件費支出 事業費支出 事務費支出 就労支援事業支出 授産事業支出 ○○支出 利用者負担軽減額 支払利息支出 その他の支出 流動資産評価損等による資金減少額						
		事業活動支出計（2）						
	事業活動資金収支差額（3）＝（1）－（2）							
施設整備等による収支	収入	施設整備等補助金収入 施設整備等寄附金収入 設備資金借入金収入 固定資産売却収入 その他の施設整備等による収入						
		施設整備等収入計（4）						
	支出	設備資金借入金元金償還支出 固定資産取得支出 固定資産除却・廃棄支出 ファイナンス・リース債務の返済支出 その他の施設整備等による支出						
		施設整備等支出計（5）						
	施設整備等資金収支差額（6）＝（4）－（5）							

資金収支内訳表（つづき）

勘定科目			社会福祉事業	公益事業	収益事業	合計	内部取引消去	法人合計
その他の活動による収支	収入	長期運営資金借入金元金償還寄附金収入 長期運営資金借入金収入 長期貸付金回収収入 投資有価証券売却収入 積立資産取崩収入 事業区分間長期借入金収入 事業区分間長期貸付金回収収入 事業区分間繰入金収入 その他の活動による収入						
		その他の活動収入計（7）						
	支出	長期運営資金借入金元金償還支出 長期貸付金支出 投資有価証券取得支出 積立資産支出 事業区分間長期貸付金支出 事業区分間長期借入金返済支出 事業区分間繰入金支出 その他の活動による支出						
		その他の活動支出計（8）						
	その他の活動資金収支差額（9）＝（7）－（8）							
当期資金収支差額合計（10）＝（3）＋（6）＋（9）								

勘定科目	社会福祉事業	公益事業	収益事業	合計	内部取引消去	法人合計
前期末支払資金残高（11）						
当期末支払資金残高（10）＋（11）						

第5章

第１号の３様式

〇〇事業区分　資金収支内訳表

（自）平成　年　月　日（至）平成　年　月　日

（単位：円）

勘定科目			〇〇拠点	△△拠点	××拠点	合計	内部取引消去	事業区分合計
事業活動による収支	収入	介護保険事業収入						
		老人福祉事業収入						
		児童福祉事業収入						
		保育事業収入						
		就労支援事業収入						
		障害福祉サービス等事業収入						
		生活保護事業収入						
		医療事業収入						
		〇〇事業収入						
		〇〇収入						
		借入金利息補助金収入						
		経常経費寄附金収入						
		受取利息配当金収入						
		その他の収入						
		流動資産評価益等による資金増加額						
		事業活動収入計（1）						
	支出	人件費支出						
		事業費支出						
		事務費支出						
		就労支援事業支出						
		授産事業支出						
		〇〇支出						
		利用者負担軽減額						
		支払利息支出						
		その他の支出						
		流動資産評価損等による資金減少額						
		事業活動支出計（2）						
	事業活動資金収支差額（3）＝（1）－（2）							
施設整備等による収支	収入	施設整備等補助金収入						
		施設整備等寄附金収入						
		設備資金借入金収入						
		固定資産売却収入						
		その他の施設整備等による収入						
		施設整備等収入計（4）						
	支出	設備資金借入金元金償還支出						
		固定資産取得支出						
		固定資産除却・廃棄支出						
		ファイナンス・リース債務の返済支出						
		その他の施設整備等による支出						
		施設整備等支出計（5）						
	施設整備等資金収支差額（6）＝（4）－（5）							

○○事業区分　資金収支内訳表（つづき）

勘定科目			○○拠点	△△拠点	××拠点	合計	内部取引消去	事業区分合計
その他の活動による収支	収入	長期運営資金借入金元金償還寄附金収入 長期運営資金借入金収入 長期貸付金回収収入 投資有価証券売却収入 積立資産取崩収入 事業区分間長期借入金収入 拠点区分間長期借入金収入 事業区分間長期貸付金回収収入 拠点区分間長期貸付金回収収入 事業区分間繰入金収入 拠点区分間繰入金収入 その他の活動による収入						
		その他の活動収入計（7）						
	支出	長期運営資金借入金元金償還支出 長期貸付金支出 投資有価証券取得支出 積立資産支出 事業区分間長期貸付金支出 拠点区分間長期貸付金支出 事業区分間長期借入金返済支出 拠点区分間長期借入金返済支出 事業区分間繰入金支出 拠点区分間繰入金支出 その他の活動による支出						
		その他の活動支出計（8）						
	その他の活動資金収支差額（9）＝（7）－（8）							
当期資金収支差額合計（10）＝（3）＋（6）＋（9）								

前期末支払資金残高（11）						
当期末支払資金残高（10）＋（11）						

第5章

第1号の4様式

○○拠点区分　資金収支計算書

（自）平成　年　月　日（至）平成　年　月　日

（単位：円）

勘定科目			予算（A）	決算（B）	差異（A）-（B）	備考
事業活動による収支	収入	介護保険事業収入				
		施設介護料収入				
		介護報酬収入				
		利用者負担金収入（公費）				
		利用者負担金収入（一般）				
		居宅介護料収入				
		（介護報酬収入）				
		介護報酬収入				
		介護予防報酬収入				
		（利用者負担金収入）				
		介護負担金収入（公費）				
		介護負担金収入（一般）				
		介護予防負担金収入（公費）				
		介護予防負担金収入（一般）				
		地域密着型介護料収入				
		（介護報酬収入）				
		介護報酬収入				
		介護予防報酬収入				
		（利用者負担金収入）				
		介護負担金収入（公費）				
		介護負担金収入（一般）				
		介護予防負担金収入（公費）				
		介護予防負担金収入（一般）				
		居宅介護支援介護料収入				
		居宅介護支援介護料収入				
		介護予防支援介護料収入				
		介護予防・日常生活支援総合事業収入				
		事業費収入				
		事業負担金収入（公費）				
		事業負担金収入（一般）				
		利用者等利用料収入				
		施設サービス利用料収入				
		居宅介護サービス利用料収入				
		地域密着型介護サービス利用料収入				
		食費収入（公費）				
		食費収入（一般）				
		居住費収入（公費）				
		居住費収入（一般）				
		介護予防・日常生活支援総合事業利用料収入				
		その他の利用料収入				
		その他の事業収入				
		補助金事業収入				
		市町村特別事業収入				
		受託事業収入				
		その他の事業収入				
		（保険等査定減）				

○○拠点区分　資金収支計算書（つづき）

勘定科目			予算（A）	決算（B）	差異（A）－（B）	備考
事業活動による収支	収入	老人福祉事業収入				
		措置事業収入				
		事務費収入				
		事業費収入				
		その他の利用料収入				
		その他の事業収入				
		運営事業収入				
		管理費収入				
		その他の利用料収入				
		補助金事業収入				
		その他の事業収入				
		その他の事業収入				
		管理費収入				
		その他の利用料収入				
		その他の事業収入				
		児童福祉事業収入				
		措置費収入				
		事務費収入				
		事業費収入				
		私的契約利用料収入				
		その他の事業収入				
		補助金事業収入				
		受託事業収入				
		その他の事業収入				
		保育事業収入				
		施設型給付費収入				
		施設型給付費収入				
		利用者負担金収入				
		特例施設型給付費収入				
		特例施設型給付費収入				
		利用者負担金収入				
		地域型保育給付費収入				
		地域型保育給付費収入				
		利用者負担金収入				
		特例地域型保育給付費収入				
		特例地域型保育給付費収入				
		利用者負担金収入				
		委託費収入				
		利用者等利用料収入				
		利用者等利用料収入（公費）				
		利用者等利用料収入（一般）				
		その他の利用料収入				
		私的契約利用料収入				
		その他の事業収入				
		補助金事業収入				
		受託事業収入				
		その他の事業収入				
		就労支援事業収入				
		○○事業収入				
		障害福祉サービス等事業収入				
		自立支援給付費収入				

第5章

○○拠点区分　資金収支計算書（つづき）

		勘定科目	予算（A）	決算（B）	差異（A）－（B）	備考
事業活動による収支	収入	介護給付費収入				
		特例介護給付費収入				
		訓練等給付費収入				
		特例訓練等給付費収入				
		地域相談支援給付費収入				
		特例地域相談支援給付費収入				
		計画相談支援給付費収入				
		特例計画相談支援給付費収入				
		障害児施設給付費収入				
		障害児通所給付費収入				
		特例障害児通所給付費収入				
		障害児入所給付費収入				
		障害児相談支援給付費収入				
		特例障害児相談支援給付費収入				
		利用者負担金収入				
		補足給付費収入				
		特定障害者特別給付費収入				
		特例特定障害者特別給付費収入				
		特定入所障害児食費等給付費収入				
		特定費用収入				
		その他の事業収入				
		補助金事業収入				
		受託事業収入				
		その他の事業収入				
		（保険等査定減）				
		生活保護事業収入				
		措置費収入				
		事務費収入				
		事業費収入				
		授産事業収入				
		○○事業収入				
		利用者負担金収入				
		その他の事業収入				
		補助金事業収入				
		受託事業収入				
		その他の事業収入				
		医療事業収入				
		入院診療収入				
		室料差額収入				
		外来診療収入				
		保健予防活動収入				
		受託検査・施設利用収入				
		訪問看護療養費収入				
		訪問看護利用料収入				
		訪問看護基本利用料収入				
		訪問看護その他の利用料収入				
		その他の医療事業収入				
		補助金事業収入				
		受託事業収入				
		その他の医療事業収入				
		（保険等査定減）				

○○拠点区分　資金収支計算書（つづき）

勘定科目			予算（A）	決算（B）	差異（A）－（B）	備考
事業活動による収支	収入	○○事業収入				
		○○事業収入				
		その他の事業収入				
		補助金事業収入				
		受託事業収入				
		その他の事業収入				
		○○収入				
		○○収入				
		借入金利息補助金収入				
		経常経費寄附金収入				
		受取利息配当金収入				
		その他の収入				
		受入研修費収入				
		利用者等外給食費収入				
		雑収入				
		流動資産評価益等による資金増加額				
		有価証券売却益				
		有価証券評価益				
		為替差益				
		事業活動収入計（1）				
	支出	人件費支出				
		役員報酬支出				
		職員給料支出				
		職員賞与支出				
		非常勤職員給与支出				
		派遣職員費支出				
		退職給付支出				
		法定福利費支出				
		事業費支出				
		給食費支出				
		介護用品費支出				
		医薬品費支出				
		診療・療養等材料費支出				
		保健衛生費支出				
		医療費支出				
		被服費支出				
		教養娯楽費支出				
		日用品費支出				
		保育材料費支出				
		本人支給金支出				
		水道光熱費支出				
		燃料費支出				
		消耗器具備品費支出				
		保険料支出				
		賃借料支出				
		教育指導費支出				
		就職支度費支出				
		葬祭費支出				
		車輌費支出				
		管理費返還支出				

第5章

○○拠点区分　資金収支計算書（つづき）

勘定科目			予算（A）	決算（B）	差異（A）－（B）	備考
事業活動による収支	支出	○○費支出				
		雑支出				
		事務費支出				
		福利厚生費支出				
		職員被服費支出				
		旅費交通費支出				
		研修研究費支出				
		事務消耗品費支出				
		印刷製本費支出				
		水道光熱費支出				
		燃料費支出				
		修繕費支出				
		通信運搬費支出				
		会議費支出				
		広報費支出				
		業務委託費支出				
		手数料支出				
		保険料支出				
		賃借料支出				
		土地・建物賃借料支出				
		租税公課支出				
		保守料支出				
		渉外費支出				
		諸会費支出				
		○○費支出				
		雑支出				
		就労支援事業支出				
		就労支援事業販売原価支出				
		就労支援事業製造原価支出				
		就労支援事業仕入支出				
		就労支援事業販管費支出				
		授産事業支出				
		○○事業支出				
		○○支出				
		利用者負担軽減額				
		支払利息支出				
		その他の支出				
		利用者等外給食費支出				
		雑支出				
		流動資産評価損等による資金減少額				
		有価証券売却損				
		資産評価損				
		有価証券評価損				
		○○評価損				
		為替差損				
		徴収不能額				
		事業活動支出計（2）				
	事業活動資金収支差額（3）＝（1）－（2）					

〇〇拠点区分　資金収支計算書（つづき）

勘定科目			予算（A）	決算（B）	差異（A）－（B）	備考
施設整備等による収支	収入	施設整備等補助金収入				
		施設整備等補助金収入				
		設備資金借入金元金償還補助金収入				
		施設整備等寄附金収入				
		施設整備等寄附金収入				
		設備資金借入金元金償還寄附金収入				
		設備資金借入金収入				
		固定資産売却収入				
		車輌運搬具売却収入				
		器具及び備品売却収入				
		〇〇売却収入				
		その他の施設整備等による収入				
		〇〇収入				
		施設整備等収入計（4）				
	支出	設備資金借入金元金償還支出				
		固定資産取得支出				
		土地取得支出				
		建物取得支出				
		車輌運搬具取得支出				
		器具及び備品取得支出				
		〇〇取得支出				
		固定資産除却・廃棄支出				
		ファイナンス・リース債務の返済支出				
		その他の施設整備等による支出				
		〇〇支出				
		施設整備等支出計（5）				
	施設整備等資金収支差額（6）＝（4）－（5）					
その他の活動による収支	収入	長期運営資金借入金元金償還寄附金収入				
		長期運営資金借入金収入				
		長期貸付金回収収入				
		投資有価証券売却収入				
		積立資産取崩収入				
		退職給付引当資産取崩収入				
		長期預り金積立資産取崩収入				
		〇〇積立資産取崩収入				
		事業区分間長期借入金収入				
		拠点区分間長期借入金収入				
		事業区分間長期貸付金回収収入				
		拠点区分間長期貸付金回収収入				
		事業区分間繰入金収入				
		拠点区分間繰入金収入				
		その他の活動による収入				
		〇〇収入				
		その他の活動収入計（7）				
	支出	長期運営資金借入金元金償還支出				
		長期貸付金支出				
		投資有価証券取得支出				
		積立資産支出				
		退職給付引当資産支出				

第5章

○○拠点区分　資金収支計算書（つづき）

勘定科目			予算（A）	決算（B）	差異（A）－（B）	備考
その他の活動による収支	支出	長期預り金積立資産支出 ○○積立資産支出 事業区分間長期貸付金支出 拠点区分間長期貸付金支出 事業区分間長期借入金返済支出 拠点区分間長期借入金返済支出 事業区分間繰入金支出 拠点区分間繰入金支出 その他の活動による支出 ○○支出				
		その他の活動支出計（8）				
	その他の活動資金収支差額（9）＝（7）－（8）					
予備費支出（10）			××× △×××	—	×××	
当期資金収支差額合計（11）＝（3）＋（6）＋（9）－（10）						

前期末支払資金残高（12）				
当期末支払資金残高（11）＋（12）				

（注）予備費支出△×××円は○○支出に充当使用した額である。

第２号の１様式

事業活動計算書

（自）平成　年　月　日　（至）平成　年　月　日

（単位：円）

勘定科目			当年度決算（A）	前年度決算（B）	増減（A）－（B）
サービス活動増減の部	収益	介護保険事業収益			
		老人福祉事業収益			
		児童福祉事業収益			
		保育事業収益			
		就労支援事業収益			
		障害福祉サービス等事業収益			
		生活保護事業収益			
		医療事業収益			
		○○事業収益			
		○○収益			
		経常経費寄附金収益			
		その他の収益			
		サービス活動収益計（1）			
	費用	人件費			
		事業費			
		事務費			
		就労支援事業費用			
		授産事業費用			
		○○費用			
		利用者負担軽減額			
		減価償却費			
		国庫補助金等特別積立金取崩額	△×××	△×××	
		徴収不能額			
		徴収不能引当金繰入			
		その他の費用			
		サービス活動費用計（2）			
	サービス活動増減差額（3）＝（1）－（2）				
サービス活動外増減の部	収益	借入金利息補助金収益			
		受取利息配当金収益			
		有価証券評価益			
		有価証券売却益			
		投資有価証券評価益			
		投資有価証券売却益			
		その他のサービス活動外収益			
		サービス活動外収益計（4）			

第５章

事業活動計算書（つづき）

<table>
<tr><th colspan="3">勘定科目</th><th>当年度決算（A）</th><th>前年度決算（B）</th><th>増減（A）－（B）</th></tr>
<tr><td rowspan="3">サービス活動外増減の部</td><td rowspan="2">費用</td><td>支払利息
有価証券評価損
有価証券売却損
投資有価証券評価損
投資有価証券売却損
その他のサービス活動外費用</td><td></td><td></td><td></td></tr>
<tr><td>サービス活動外費用計（5）</td><td></td><td></td><td></td></tr>
<tr><td colspan="2">サービス活動外増減差額（6）＝（4）－（5）</td><td></td><td></td><td></td></tr>
<tr><td colspan="3">経常増減差額（7）＝（3）＋（6）</td><td></td><td></td><td></td></tr>
<tr><td rowspan="5">特別増減の部</td><td rowspan="2">収益</td><td>施設整備等補助金収益
施設整備等寄附金収益
長期運営資金借入金元金償還寄附金収益
固定資産受贈額
固定資産売却益
その他の特別収益</td><td></td><td></td><td></td></tr>
<tr><td>特別収益計（8）</td><td></td><td></td><td></td></tr>
<tr><td rowspan="2">費用</td><td>基本金組入額
資産評価損
固定資産売却損・処分損
国庫補助金等特別積立金取崩額（除却等）
国庫補助金等特別積立金積立額
災害損失
その他の特別損失</td><td>

△×××</td><td>

△×××</td><td></td></tr>
<tr><td>特別費用計（9）</td><td></td><td></td><td></td></tr>
<tr><td colspan="2">特別増減差額（10）＝（8）－（9）</td><td></td><td></td><td></td></tr>
<tr><td colspan="3">当期活動増減差額（11）＝（7）＋（10）</td><td></td><td></td><td></td></tr>
<tr><td rowspan="6">繰越活動増減差額の部</td><td colspan="2">前期繰越活動増減差額（12）</td><td></td><td></td><td></td></tr>
<tr><td colspan="2">当期末繰越活動増減差額（13）＝（11）＋（12）</td><td></td><td></td><td></td></tr>
<tr><td colspan="2">基本金取崩額（14）</td><td></td><td></td><td></td></tr>
<tr><td colspan="2">その他の積立金取崩額（15）</td><td></td><td></td><td></td></tr>
<tr><td colspan="2">その他の積立金積立額（16）</td><td></td><td></td><td></td></tr>
<tr><td colspan="2">次期繰越活動増減差額
（17）＝（13）＋（14）＋（15）－（16）</td><td></td><td></td><td></td></tr>
</table>

第2号の2様式

事業活動内訳表

（自）平成　年　月　日（至）平成　年　月　日

（単位：円）

部	区分	勘定科目	社会福祉事業	公益事業	収益事業	合計	内部取引消去	法人合計
サービス活動増減の部	収益	介護保険事業収益						
		老人福祉事業収益						
		児童福祉事業収益						
		保育事業収益						
		就労支援事業収益						
		障害福祉サービス等事業収益						
		生活保護事業収益						
		医療事業収益						
		○○事業収益						
		○○収益						
		経常経費寄附金収益						
		その他の収益						
		サービス活動収益計（1）						
	費用	人件費						
		事業費						
		事務費						
		就労支援事業費用						
		授産事業費用						
		○○費用						
		利用者負担軽減額						
		減価償却費						
		国庫補助金等特別積立金取崩額	△×××	△×××	△×××	△×××		△×××
		徴収不能額						
		徴収不能引当金繰入						
		その他の費用						
		サービス活動費用計（2）						
	サービス活動増減差額（3）=（1）−（2）							
サービス活動外増減の部	収益	借入金利息補助金収益						
		受取利息配当金収益						
		有価証券評価益						
		有価証券売却益						
		投資有価証券評価益						
		投資有価証券売却益						
		その他のサービス活動外収益						
		サービス活動外収益計（4）						
	費用	支払利息						
		有価証券評価損						
		有価証券売却損						
		投資有価証券評価損						
		投資有価証券売却損						
		その他のサービス活動外費用						
		サービス活動外費用計（5）						
	サービス活動外増減差額（6）=（4）−（5）							
経常増減差額（7）=（3）+（6）								

事業活動内訳表（つづき）

勘定科目			社会福祉事業	公益事業	収益事業	合計	内部取引消去	法人合計
特別増減の部	収益	施設整備等補助金収益						
		施設整備等寄附金収益						
		長期運営資金借入金元金償還寄附金収益						
		固定資産受贈額						
		固定資産売却益						
		事業区分間繰入金収益						
		事業区分間固定資産移管収益						
		その他の特別収益						
		特別収益計（8）						
	費用	基本金組入額						
		資産評価損						
		固定資産売却損・処分損						
		国庫補助金等特別積立金取崩額（除却等）	△×××	△×××	△×××	△×××		△×××
		国庫補助金等特別積立金積立額						
		災害損失						
		事業区分間繰入金費用						
		事業区分間固定資産移管費用						
		その他の特別損失						
		特別費用計（9）						
	特別増減差額（10）=（8）－（9）							
当期活動増減差額（11）=（7）+（10）								
繰越活動増減差額の部	前期繰越活動増減差額（12）							
	当期末繰越活動増減差額（13）=（11）+（12）							
	基本金取崩額（14）							
	その他の積立金取崩額（15）							
	その他の積立金積立額（16）							
	次期繰越活動増減差額 （17）=（13）+（14）+（15）－（16）							

第２号の３様式

○○事業区分　事業活動内訳表

（自）平成　年　月　日　（至）平成　年　月　日

（単位：円）

		勘定科目	○○拠点	△△拠点	××拠点	合計	内部取引消去	事業区分合計
サービス活動増減の部	収益	介護保険事業収益						
		老人福祉事業収益						
		児童福祉事業収益						
		保育事業収益						
		就労支援事業収益						
		障害福祉サービス等事業収益						
		生活保護事業収益						
		医療事業収益						
		○○事業収益						
		○○収益						
		経常経費寄附金収益						
		その他の収益						
		サービス活動収益計（1）						
	費用	人件費						
		事業費						
		事務費						
		就労支援事業費用						
		授産事業費用						
		○○費用						
		利用者負担軽減額						
		減価償却費						
		国庫補助金等特別積立金取崩額	△×××	△×××	△×××	△×××		△×××
		徴収不能額						
		徴収不能引当金繰入						
		その他の費用						
		サービス活動費用計（2）						
	サービス活動増減差額（3）＝（1）－（2）							
サービス活動外増減の部	収益	借入金利息補助金収益						
		受取利息配当金収益						
		有価証券評価益						
		有価証券売却益						
		投資有価証券評価益						
		投資有価証券売却益						
		その他のサービス活動外収益						
		サービス活動外収益計（4）						
	費用	支払利息						
		有価証券評価損						
		有価証券売却損						
		投資有価証券評価損						
		投資有価証券売却損						
		その他のサービス活動外費用						
		サービス活動外費用計（5）						
	サービス活動外増減差額（6）＝（4）－（5）							
経常増減差額（7）＝（3）＋（6）								

○○事業区分　事業活動内訳表（つづき）

勘定科目			○○拠点	△△拠点	××拠点	合計	内部取引消去	事業区分合計
特別増減の部	収益	施設整備等補助金収益						
		施設整備等寄附金収益						
		長期運営資金借入金元金償還寄附金収益						
		固定資産受贈額						
		固定資産売却益						
		事業区分間繰入金収益						
		拠点区分間繰入金収益						
		事業区分間固定資産移管収益						
		拠点区分間固定資産移管収益						
		その他の特別収益						
		特別収益計（8）						
	費用	基本金組入額						
		資産評価損						
		固定資産売却損・処分損						
		国庫補助金等特別積立金取崩額（除却等）	△×××	△×××	△×××	△×××		△×××
		国庫補助金等特別積立金積立額						
		災害損失						
		事業区分間繰入金費用						
		拠点区分間繰入金費用						
		事業区分間固定資産移管費用						
		拠点区分間固定資産移管費用						
		その他の特別損失						
		特別費用計（9）						
	特別増減差額（10）=（8）−（9）							
当期活動増減差額（11）=（7）+（10）								
繰越活動増減差額の部	前期繰越活動増減差額（12）							
	当期末繰越活動増減差額（13）=（11）+（12）							
	基本金取崩額（14）							
	その他の積立金取崩額（15）							
	その他の積立金積立額（16）							
	次期繰越活動増減差額（17）=（13）+（14）+（15）−（16）							

第2号の4様式

〇〇拠点区分　事業活動計算書

（自）平成　年　月　日　（至）平成　年　月　日

（単位：円）

勘定科目			当年度決算（A）	前年度決算（B）	増減（A）－（B）
サービス活動増減の部	収益	介護保険事業収益			
		施設介護料収益			
		介護報酬収益			
		利用者負担金収益（公費）			
		利用者負担金収益（一般）			
		居宅介護料収益			
		（介護報酬収益）			
		介護報酬収益			
		介護予防報酬収益			
		（利用者負担金収益）			
		介護負担金収益（公費）			
		介護負担金収益（一般）			
		介護予防負担金収益（公費）			
		介護予防負担金収益（一般）			
		地域密着型介護料収益			
		（介護報酬収益）			
		介護報酬収益			
		介護予防報酬収益			
		（利用者負担金収益）			
		介護負担金収益（公費）			
		介護負担金収益（一般）			
		介護予防負担金収益（公費）			
		介護予防負担金収益（一般）			
		居宅介護支援介護料収益			
		居宅介護支援介護料収益			
		介護予防支援介護料収益			
		介護予防・日常生活支援総合事業収益			
		事業費収益			
		事業負担金収益（公費）			
		事業負担金収益（一般）			
		利用者等利用料収益			
		施設サービス利用料収益			
		居宅介護サービス利用料収益			
		地域密着型介護サービス利用料収益			
		食費収益（公費）			
		食費収益（一般）			
		居住費収益（公費）			
		居住費収益（一般）			
		介護予防・日常生活支援総合事業利用料収益			

○○拠点区分　事業活動計算書（つづき）

勘定科目			当年度決算（A）	前年度決算（B）	増減（A）－（B）
サービス活動増減の部	収益	その他の利用料収益			
		その他の事業収益			
		補助金事業収益			
		市町村特別事業収益			
		受託事業収益			
		その他の事業収益			
		（保険等査定減）			
		老人福祉事業収益			
		措置事業収益			
		事務費収益			
		事業費収益			
		その他の利用料収益			
		その他の事業収益			
		運営事業収益			
		管理費収益			
		その他の利用料収益			
		補助金事業収益			
		その他の事業収益			
		その他の事業収益			
		管理費収益			
		その他の利用料収益			
		その他の事業収益			
		児童福祉事業収益			
		措置費収益			
		事務費収益			
		事業費収益			
		私的契約利用料収益			
		その他の事業収益			
		補助金事業収益			
		受託事業収益			
		その他の事業収益			
		保育事業収益			
		施設型給付費収益			
		施設型給付費収益			
		利用者負担金収益			
		特例施設型給付費収益			
		特例施設型給付費収益			
		利用者負担金収益			
		地域型保育給付費収益			
		地域型保育給付費収益			
		利用者負担金収益			
		特例地域型保育給付費収益			
		特例地域型保育給付費収益			

○○拠点区分　事業活動計算書（つづき）

勘定科目			当年度決算（A）	前年度決算（B）	増減（A）−（B）
サービス活動増減の部	収益	利用者負担金収益			
		委託費収益			
		利用者等利用料収益			
		利用者等利用料収益（公費）			
		利用者等利用料収益（一般）			
		その他の利用料収益			
		私的契約利用料収益			
		その他の事業収益			
		補助金事業収益			
		受託事業収益			
		その他の事業収益			
		就労支援事業収益			
		○○事業収益			
		障害福祉サービス等事業収益			
		自立支援給付費収益			
		介護給付費収益			
		特例介護給付費収益			
		訓練等給付費収益			
		特例訓練等給付費収益			
		地域相談支援給付費収益			
		特例地域相談支援給付費収益			
		計画相談支援給付費収益			
		特例計画相談支援給付費収益			
		障害児施設給付費収益			
		障害児通所給付費収益			
		特例障害児通所給付費収益			
		障害児入所給付費収益			
		障害児相談支援給付費収益			
		特例障害児相談支援給付費収益			
		利用者負担金収益			
		補足給付費収益			
		特定障害者特別給付費収益			
		特例特定障害者特別給付費収益			
		特定入所障害児食費等給付費収益			
		特定費用収益			
		その他の事業収益			
		補助金事業収益			
		受託事業収益			
		その他の事業収益			
		（保険等査定減）			
		生活保護事業収益			
		措置費収益			
		事務費収益			

第5章

○○拠点区分　事業活動計算書（つづき）

勘定科目			当年度決算（A）	前年度決算（B）	増減（A）－（B）
サービス活動増減の部	収益	事業費収益			
		授産事業収益			
		○○事業収益			
		利用者負担金収益			
		その他の事業収益			
		補助金事業収益			
		受託事業収益			
		その他の事業収益			
		医療事業収益			
		入院診療収益			
		室料差額収益			
		外来診療収益			
		保健予防活動収益			
		受託検査・施設利用収益			
		訪問看護療養費収益			
		訪問看護利用料収益			
		訪問看護基本利用料収益			
		訪問看護その他の利用料収益			
		その他の医療事業収益			
		補助金事業収益			
		受託事業収益			
		その他の医業収益			
		（保険等査定減）			
		○○事業収益			
		○○事業収益			
		その他の事業収益			
		補助金事業収益			
		受託事業収益			
		その他の事業収益			
		○○収益			
		○○収益			
		経常経費寄附金収益			
		その他の収益			
		サービス活動収益計（1）			
	費用	人件費			
		役員報酬			
		職員給料			
		職員賞与			
		賞与引当金繰入			
		非常勤職員給与			
		派遣職員費			
		退職給付費用			
		法定福利費			

○○拠点区分　事業活動計算書（つづき）

勘定科目			当年度決算（A）	前年度決算（B）	増減（A）－（B）
サービス活動増減の部	費用	事業費			
		給食費			
		介護用品費			
		医薬品費			
		診療・療養等材料費			
		保健衛生費			
		医療費			
		被服費			
		教養娯楽費			
		日用品費			
		保育材料費			
		本人支給金			
		水道光熱費			
		燃料費			
		消耗器具備品費			
		保険料			
		賃借料			
		教育指導費			
		就職支度費			
		葬祭費			
		車輌費			
		○○費			
		雑費			
		事務費			
		福利厚生費			
		職員被服費			
		旅費交通費			
		研修研究費			
		事務消耗品費			
		印刷製本費			
		水道光熱費			
		燃料費			
		修繕費			
		通信運搬費			
		会議費			
		広報費			
		業務委託費			
		手数料			
		保険料			
		賃借料			
		土地・建物賃借料			
		租税公課			
		保守料			
		渉外費			

第5章

○○拠点区分　事業活動計算書（つづき）

		勘定科目	当年度決算（A）	前年度決算（B）	増減（A）－（B）
サービス活動増減の部	費用	諸会費			
		○○費			
		雑費			
		就労支援事業費用			
		就労支援事業販売原価			
		期首製品（商品）棚卸高			
		当期就労支援事業製造原価			
		当期就労支援事業仕入高			
		期末製品（商品）棚卸高			
		就労支援事業販管費			
		授産事業費用			
		○○事業費			
		○○費用			
		利用者負担軽減額			
		減価償却費			
		国庫補助金等特別積立金取崩額	△×××	△×××	
		徴収不能額			
		徴収不能引当金繰入			
		その他の費用			
		サービス活動費用計（2）			
	サービス活動増減差額（3）＝（1）－（2）				
サービス活動外増減の部	収益	借入金利息補助金収益			
		受取利息配当金収益			
		有価証券評価益			
		有価証券売却益			
		投資有価証券評価益			
		投資有価証券売却益			
		その他のサービス活動外収益			
		受入研修費収益			
		利用者等外給食収益			
		為替差益			
		雑収益			
		サービス活動外収益計（4）			
	費用	支払利息			
		有価証券評価損			
		有価証券売却損			
		投資有価証券評価損			
		投資有価証券売却損			
		その他のサービス活動外費用			
		利用者等外給食費			
		為替差損			
		雑損失			
		サービス活動外費用計（5）			
	サービス活動外増減差額（6）＝（4）－（5）				

○○拠点区分　事業活動計算書（つづき）

勘定科目			当年度決算（A）	前年度決算（B）	増減（A）－（B）
経常増減差額（7）＝（3）＋（6）					
特別増減の部	収益	施設整備等補助金収益 　施設整備等補助金収益 　設備資金借入金元金償還補助金収益 施設整備等寄附金収益 　施設整備等寄附金収益 　設備資金借入金元金償還寄附金収益 長期運営資金借入金元金償還寄附金収益 固定資産受贈額 　○○受贈額 固定資産売却益 　車輌運搬具売却益 　器具及び備品売却益 　○○売却益 事業区分間繰入金収益 拠点区分間繰入金収益 事業区分間固定資産移管収益 拠点区分間固定資産移管収益 その他の特別収益 　徴収不能引当金戻入益			
		特別収益計（8）			
	費用	基本金組入額 資産評価損 固定資産売却損・処分損 　建物売却損・処分損 　車輌運搬具売却損・処分損 　器具及び備品売却損・処分損 　その他の固定資産売却損・処分損 国庫補助金等特別積立金取崩額（除却等） 国庫補助金等特別積立金積立額 災害損失 事業区分間繰入金費用 拠点区分間繰入金費用 事業区分間固定資産移管費用 拠点区分間固定資産移管費用 その他の特別損失	 △××× 	 △××× 	
		特別費用計（9）			
	特別増減差額（10）＝（8）－（9）				
当期活動増減差額（11）＝（7）＋（10）					

第5章

○○拠点区分　事業活動計算書（つづき）

勘定科目		当年度決算（A）	前年度決算（B）	増減（A）－（B）
繰越活動増減差額の部	前期繰越活動増減差額（12）			
	当期末繰越活動増減差額（13）＝（11）＋（12）			
	基本金取崩額（14）			
	その他の積立金取崩額（15）			
	○○積立金取崩額			
	その他の積立金積立額（16）			
	○○積立金積立額			
	次期繰越活動増減差額 （17）＝（13）＋（14）＋（15）－（16）			

第3号の1様式

貸借対照表

平成　年　月　日現在

（単位：円）

資産の部			
	当年度末	前年度末	増減
流動資産			
現金預金			
有価証券			
事業未収金			
未収金			
未収補助金			
未収収益			
受取手形			
貯蔵品			
医薬品			
診療・療養費等材料			
給食用材料			
商品・製品			
仕掛品			
原材料			
立替金			
前払金			
前払費用			
1年以内回収予定長期貸付金			
短期貸付金			
仮払金			
その他の流動資産			
徴収不能引当金			
固定資産			
基本財産			
土地			
建物			
定期預金			
投資有価証券			
その他の固定資産			
土地			
建物			
構築物			
機械及び装置			
車輌運搬具			
器具及び備品			
建設仮勘定			
有形リース資産			
権利			
ソフトウェア			
無形リース資産			
投資有価証券			
長期貸付金			
退職給付引当資産			
長期預り金積立資産			
○○積立資産			
差入保証金			
長期前払費用			
その他の固定資産			
資産の部合計			

負債の部			
	当年度末	前年度末	増減
流動負債			
短期運営資金借入金			
事業未払金			
その他の未払金			
支払手形			
役員等短期借入金			
1年以内返済予定設備資金借入金			
1年以内返済予定長期運営資金借入金			
1年以内返済予定リース債務			
1年以内返済予定役員等長期借入金			
1年以内支払予定長期未払金			
未払費用			
預り金			
職員預り金			
前受金			
前受収益			
仮受金			
賞与引当金			
その他の流動負債			
固定負債			
設備資金借入金			
長期運営資金借入金			
リース債務			
役員等長期借入金			
退職給付引当金			
長期未払金			
長期預り金			
その他の固定負債			
負債の部合計			
純資産の部			
基本金			
国庫補助金等特別積立金			
その他の積立金			
○○積立金			
次期繰越活動増減差額			
（うち当期活動増減差額）			
純資産の部合計			
負債及び純資産の部合計			

第３号の２様式

貸借対照表内訳表

平成　年　月　日現在

（単位：円）

勘定科目	社会福祉事業	公益事業	収益事業	合計	内部取引消去	法人合計
流動資産						
現金預金 有価証券 事業未収金 未収金 未収補助金 未収収益 受取手形 貯蔵品 医薬品 診療・療養費等材料 給食用材料 商品・製品 仕掛品 原材料 立替金 前払金 前払費用 １年以内回収予定長期貸付金 １年以内回収予定事業区分間 長期貸付金 短期貸付金 事業区分間貸付金 仮払金 その他の流動資産 徴収不能引当金						
固定資産						
基本財産						
土地 建物 定期預金 投資有価証券						
その他の固定資産						
土地 建物 構築物 機械及び装置 車輌運搬具 器具及び備品 建設仮勘定 有形リース資産 権利 ソフトウェア 無形リース資産 投資有価証券 長期貸付金 事業区分間長期貸付金 退職給付引当資産						

貸借対照表内訳表（つづき）

勘定科目	社会福祉事業	公益事業	収益事業	合計	内部取引消去	法人合計
長期預り金積立資産 ○○積立資産 差入保証金 長期前払費用 その他の固定資産						
資産の部合計						
流動負債						
短期運営資金借入金 事業未払金 その他の未払金 支払手形 役員等短期借入金 1年以内返済予定設備資金借入金 1年以内返済予定長期運営資金借入金 1年以内返済予定リース債務 1年以内返済予定役員等長期借入金 1年以内返済予定事業区分間長期借入金 1年以内支払予定長期未払金 未払費用 預り金 職員預り金 前受金 前受収益 事業区分間借入金 仮受金 賞与引当金 その他の流動負債						
固定負債						
設備資金借入金 長期運営資金借入金 リース債務 役員等長期借入金 事業区分間長期借入金 退職給付引当金 長期未払金 長期預り金 その他の固定負債						
負債の部合計						
基本金 国庫補助金等特別積立金 その他の積立金 ○○積立金 次期繰越活動増減差額 （うち当期活動増減差額）						
純資産の部合計						
負債及び純資産の部合計						

第3号の3様式

○○事業区分　貸借対照表内訳表
平成　年　月　日現在

（単位：円）

勘定科目	○○拠点	△△拠点	××拠点	合計	内部取引消去	事業区分計
流動資産						
現金預金 有価証券 事業未収金 未収金 未収補助金 未収収益 受取手形 貯蔵品 医薬品 診療・療養費等材料 給食用材料 商品・製品 仕掛品 原材料 立替金 前払金 前払費用 1年以内回収予定長期貸付金 1年以内回収予定事業区分間長期貸付金 1年以内回収予定拠点区分間長期貸付金 短期貸付金 事業区分間貸付金 拠点区分間貸付金 仮払金 その他の流動資産 徴収不能引当金						
固定資産						
基本財産						
土地 建物 定期預金 投資有価証券						
その他の固定資産						
土地 建物 構築物 機械及び装置 車輌運搬具 器具及び備品 建設仮勘定 有形リース資産 権利 ソフトウェア 無形リース資産 投資有価証券 長期貸付金 事業区分間長期貸付金 拠点区分間長期貸付金 退職給付引当資産						

○○事業区分　貸借対照表内訳表（つづき）

勘定科目	○○拠点	△△拠点	××拠点	合計	内部取引消去	事業区分計
長期預り金積立資産 ○○積立資産 差入保証金 長期前払費用 その他の固定資産						
資産の部合計						
流動負債						
短期運営資金借入金 事業未払金 その他の未払金 支払手形 役員等短期借入金 1年以内返済予定設備資金借入金 1年以内返済予定長期運営資金借入金 1年以内返済予定リース債務 1年以内返済予定役員等長期借入金 1年以内返済予定事業区分間長期借入金 1年以内返済予定拠点区分間長期借入金 1年以内支払予定長期未払金 未払費用 預り金 職員預り金 前受金 前受収益 事業区分間借入金 拠点区分間借入金 仮受金 賞与引当金 その他の流動負債						
固定負債						
設備資金借入金 長期運営資金借入金 リース債務 役員等長期借入金 事業区分間長期借入金 拠点区分間長期借入金 退職給付引当金 長期未払金 長期預り金 その他の固定負債						
負債の部合計						
基本金 国庫補助金等特別積立金 その他の積立金 ○○積立金 次期繰越活動増減差額 （うち当期活動増減差額）						
純資産の部合計						
負債及び純資産の部合計						

第5章

財務諸表に対する注記（法人全体用）

1．継続事業の前提に関する注記

・・・・・・・・

2．重要な会計方針

（1）有価証券の評価基準及び評価方法

・満期保有目的の債券等―償却原価法（定額法）

・上記以外の有価証券で時価のあるもの―決算日の市場価格に基づく時価法

（2）固定資産の減価償却の方法

・建物並びに器具及び備品―定額法

・リース資産

所有権移転ファイナンス・リース取引に係るリース資産

自己所有の固定資産に適用する減価償却方法と同一の方法によっている。

所有権移転外ファイナンス・リース取引に係るリース資産

リース期間を耐用年数とし、残存価額を零とする定額法によっている。

（3）引当金の計上基準

・退職給付引当金―・・・

・賞与引当金　　―・・・

3．重要な会計方針の変更

・・・・・・・・

4．法人で採用する退職給付制度

・・・・・・・・

5．法人が作成する財務諸表等と拠点区分、サービス区分

当法人の作成する財務諸表は以下のとおりになっている。

（1）法人全体の財務諸表（第1号の1様式、第2号の1様式、第3号の1様式）

（2）事業区分別内訳表（第1号の2様式、第2号の2様式、第3号の2様式）

（3）社会福祉事業における拠点区分別内訳表（第1号の3様式、第2号の3様式、第3号の3様式）

（4）収益事業における拠点区分別内訳表（第1号の3様式、第2号の3様式、第3号の3様式）

当法人では、収益事業を実施していないため作成していない。

（5）各拠点区分におけるサービス区分の内容

ア　A里拠点（社会福祉事業）

「介護老人福祉施設A里」

「短期入所生活介護○○」

「居宅介護支援○○」

「本部」

イ　B園拠点（社会福祉事業）

「保育所B園」

ウ　Cの家拠点（社会福祉事業）

「児童養護施設Cの家」

「子育て短期支援事業○○」

エ　D苑拠点（公益事業）

「有料老人ホームD苑」

6．基本財産の増減の内容及び金額

基本財産の増減の内容及び金額は以下のとおりである。

（単位：円）

基本財産の種類	前期末残高	当期増加額	当期減少額	当期末残高
土地				
建物				
定期預金				
投資有価証券				
合計				

7．会計基準第3章第4(4)及び(6)の規定による基本金又は国庫補助金等特別積立金の取崩し

○○施設を○○へ譲渡したことに伴い、基本金＊＊＊円及び国庫補助金等特別積立金＊＊＊円を取り崩した。

第5章

8．担保に供している資産

担保に供されている資産は以下のとおりである。

土地（基本財産）	○○○円
建物（基本財産）	○○○円
計	○○○円

担保している債務の種類および金額は以下のとおりである。

設備資金借入金（1年以内返済予定額を含む）	○○○円
計	○○○円

9．固定資産の取得価額、減価償却累計額及び当期末残高
（貸借対照表上、間接法で表示している場合は記載不要。）

固定資産の取得価額、減価償却累計額及び当期末残高は、以下のとおりである。

（単位：円）

	取得価額	減価償却累計額	当期末残高
建物（基本財産）			
建物			
構築物			
・・・・・			
合計			

10．債権額、徴収不能引当金の当期末残高、債権の当期末残高
（貸借対照表上、間接法で表示している場合は記載不要。）

債権額、徴収不能引当金の当期末残高、債権の当期末残高は以下のとおりである。

（単位：円）

	債権額	徴収不能引当金の当期末残高	債権の当期末残高
合　計			

11. 満期保有目的の債券の内訳並びに帳簿価額、時価及び評価損益

満期保有目的の債券の内訳並びに帳簿価額、時価及び評価損益は以下のとおりである。

（単位：円）

種類及び銘柄	帳簿価額	時価	評価損益
第○回利付国債			
第△回利付国債			
第☆回★★社 期限前償還条件付社債			
合　計			

12. 関連当事者との取引の内容

関連当事者との取引の内容は次のとおりである。

（単位：円）

種類	法人等の名称	住所	資産総額	事業の内容又は職業	議決権の所有割合	関係内容		取引の内容	取引金額	科目	期末残高
						役員の兼務等	事業上の関係				

取引条件及び取引条件の決定方針等

・・・・・・・・・

13. 重要な偶発債務

・・・・・・・・・

14. 重要な後発事象

・・・・・・・・・

15. その他社会福祉法人の資金収支及び純資産増減の状況並びに資産、負債及び純資産の状態を明らかにするために必要な事項

・・・・・・・・・

第３号の４様式

○○拠点区分　貸借対照表

平成　年　月　日現在

（単位：円）

資産の部	当年度末	前年度末	増減
流動資産			
現金預金			
有価証券			
事業未収金			
未収金			
未収補助金			
未収収益			
受取手形			
貯蔵品			
医薬品			
診療・療養費等材料			
給食用材料			
商品・製品			
仕掛品			
原材料			
立替金			
前払金			
前払費用			
１年以内回収予定長期貸付金			
１年以内回収予定事業区分間長期貸付金			
１年以内回収予定拠点区分間長期貸付金			
短期貸付金			
事業区分間貸付金			
拠点区分間貸付金			
仮払金			
その他の流動資産			
徴収不能引当金			
固定資産			
基本財産			
土地			
建物			
定期預金			
投資有価証券			
その他の固定資産			
土地			
建物			
構築物			
機械及び装置			
車輌運搬具			
器具及び備品			
建設仮勘定			
有形リース資産			
権利			
ソフトウェア			
無形リース資産			
投資有価証券			
長期貸付金			
事業区分間長期貸付金			
拠点区分間長期貸付金			
退職給付引当資産			
長期預り金積立資産			
○○積立資産			
差入保証金			
長期前払費用			
その他の固定資産			
資産の部合計			

負債の部	当年度末	前年度末	増減
流動負債			
短期運営資金借入金			
事業未払金			
その他の未払金			
支払手形			
役員等短期借入金			
１年以内返済予定設備資金借入金			
１年以内返済予定長期運営資金借入金			
１年以内返済予定リース債務			
１年以内返済予定役員等長期借入金			
１年以内返済予定事業区分間長期借入金			
１年以内返済予定拠点区分間長期借入金			
１年以内支払予定長期未払金			
未払費用			
預り金			
職員預り金			
前受金			
前受収益			
事業区分間借入金			
拠点区分間借入金			
仮受金			
賞与引当金			
その他の流動負債			
固定負債			
設備資金借入金			
長期運営資金借入金			
リース債務			
役員等長期借入金			
事業区分間長期借入金			
拠点区分間長期借入金			
退職給付引当金			
長期未払金			
長期預り金			
その他の固定負債			
負債の部合計			
純資産の部			
基本金			
国庫補助金等特別積立金			
その他の積立金			
○○積立金			
次期繰越活動増減差額			
（うち当期活動増減差額）			
純資産の部合計			
負債及び純資産の部合計			

財務諸表に対する注記（A里拠点区分用）

1．重要な会計方針

（1）有価証券の評価基準及び評価方法

・満期保有目的の債券等―償却原価法（定額法）

・上記以外の有価証券で時価のあるもの―決算日の市場価格に基づく時価法

（2）固定資産の減価償却の方法

・建物並びに器具及び備品―定額法

・リース資産

所有権移転ファイナンス・リース取引に係るリース資産

自己所有の固定資産に適用する減価償却方法と同一の方法によっている。

所有権移転外ファイナンス・リース取引に係るリース資産

リース期間を耐用年数とし、残存価額を零とする定額法によっている。

（3）引当金の計上基準

・退職給付引当金―・・・

・賞与引当金　　―・・・

2．重要な会計方針の変更

・・・・・・・・

3．採用する退職給付制度

・・・・・・・・

4．拠点が作成する財務諸表等とサービス区分

当拠点区分において作成する財務諸表等は以下のとおりになっている。

（1）A里拠点財務諸表（第1号の4様式、第2号の4様式、第3号の4様式）

（2）拠点区分事業活動明細書（会計基準別紙4）

ア　介護老人福祉施設A里

イ　短期入所生活介護○○

ウ　居宅介護支援○○

エ　本部

（3）拠点区分資金収支明細書（会計基準別紙3）は省略している。

5．基本財産の増減の内容及び金額

基本財産の増減の内容及び金額は以下のとおりである。

（単位：円）

基本財産の種類	前期末残高	当期増加額	当期減少額	当期末残高
土地				
建物				
定期預金				
投資有価証券				
合計				

6．会計基準第3章第4(4)及び(6)の規定による基本金又は国庫補助金等特別積立金の取崩し

○○施設を○○へ譲渡したことに伴い、基本金＊＊＊円及び国庫補助金等特別積立金＊＊＊円を取り崩した。

7．担保に供している資産

担保に供されている資産は以下のとおりである。

土地（基本財産）	○○○円
建物（基本財産）	○○○円
計	○○○円

担保している債務の種類および金額は以下のとおりである。

設備資金借入金（1年以内返済予定額を含む）	○○○円
設備資金借入金（1年以内返済予定額を含む）（C拠点）	○○○円
計	○○○円

※C拠点では「7．担保に供している資産」は「該当なし」と記載。

8．固定資産の取得価額、減価償却累計額及び当期末残高

（貸借対照表上、間接法で表示している場合は記載不要。）

固定資産の取得価額、減価償却累計額及び当期末残高は、以下のとおりである。

（単位：円）

	取得価額	減価償却累計額	当期末残高
建物（基本財産）			
建物			
構築物			
・・・・・			
・・・・・			
・・・・・			
合計			

9．債権額、徴収不能引当金の当期末残高、債権の当期末残高（貸借対照表上、間接法で表示している場合は記載不要。）

債権額、徴収不能引当金の当期末残高、債権の当期末残高は以下のとおりである。

（単位：円）

	債権額	徴収不能引当金の当期末残高	債権の当期末残高
合　計			

10．満期保有目的の債券の内訳並びに帳簿価額、時価及び評価損益

満期保有目的の債券の内訳並びに帳簿価額、時価及び評価損益は以下のとおりである。

（単位：円）

種類及び銘柄	帳簿価額	時価	評価損益
第○回利付国債			
第△回利付国債			
第☆回★★社 期限前償還条件付社債			
合　計			

11．重要な後発事象

該当なし

12．その他社会福祉法人の資金収支及び純資産増減の状況並びに資産、負債及び純資産の状態を明らかにするために必要な事項

該当なし

別紙1

基本財産及びその他の固定資産（有形・無形固定資産）の明細書

（自）平成　年　月　日　（至）平成　年　月　日

社会福祉法人名＿＿＿＿＿＿＿＿＿＿

拠点区分＿＿＿＿＿＿＿＿＿＿

（単位：円）

資産の種類及び名称	期首帳簿価額（A）		当期増加額（B）		当期減価償却額（C）		当期減少額（D）		期末帳簿価額（E＝A＋B−C−D）		減価償却累計額（F）		期末取得原価（G＝E＋F）		摘要
		うち国庫補助金等の額		うち国庫補助金等の額		うち国庫補助金等の額		うち国庫補助金等の額		うち国庫補助金等の額		うち国庫補助金等の額		うち国庫補助金等の額	
基本財産（有形固定資産）															
土地															
建物															
基本財産合計															
その他の固定資産（有形固定資産）															
土地															
建物															
車輌運搬具															
○○○															
その他の固定資産（有形固定資産）計															
その他の固定資産（無形固定資産）															
○○○															
○○○															
その他の固定資産（無形固定資産）計															
その他の固定資産計															
基本財産及びその他の固定資産計															
将来入金予定の償還補助金の額															
差　引															

（注）1. 「うち国庫補助金等の額」については、設備資金元金償還補助金がある場合には、償還補助総額を記載した上で、国庫補助金取崩計算を行うものとする。
ただし、「将来入金予定の償還補助金の額」欄では、「期首帳簿価額」の「うち国庫補助金等の額」はマイナス表示し、実際に補助金を受けた場合に「当期増加額」の「うち国庫補助金等の額」をプラス表示することにより、「差引」欄の「期末帳簿価額」の「うち国庫補助金等の額」が貸借対照表上の国庫補助金等特別積立金残高と一致することが確認できる。

別紙２

引当金明細書

（自）平成　年　月　日（至）平成　年　月　日

社会福祉法人名

拠点区分

（単位：円）

科目	期首残高	当期増加額	当期減少額		期末残高	摘要
			目的使用	その他		
退職給付引当金	＊＊＊	＊＊＊ （＊＊＊）	＊＊＊	＊＊＊ （＊＊＊）	＊＊＊	
計						

（注）

1. 引当金明細書には、引当金の種類ごとに、期首残高、当期増加額、当期減少額及び期末残高の明細を記載する。
2. 目的使用以外の要因による減少額については、その内容及び金額を注記する。
3. 都道府県共済会または法人独自の退職給付制度において、職員の転職または拠点間の異動により、退職給付の支払を伴わない退職給付引当金の増加または減少が発生した場合は、当期増加額又は当期減少額（その他）の欄に括弧書きでその金額を内数として記載するものとする。

別紙3

○○拠点区分　資金収支明細書

（自）平成　年　月　日　（至）平成　年　月　日

社会福祉法人名＿＿＿＿＿＿＿＿＿＿＿＿＿＿＿＿

（単位：円）

勘定科目			サービス区分			合計	内部取引消去	拠点区分合計
			○○事業	△△事業	××事業			
事業活動による収支	収入	介護保険事業収入						
		施設介護料収入						
		介護報酬収入						
		利用者負担金収入（公費）						
		利用者負担金収入（一般）						
		居宅介護料収入						
		（介護報酬収入）						
		介護報酬収入						
		介護予防報酬収入						
		（利用者負担金収入）						
		介護負担金収入（公費）						
		介護負担金収入（一般）						
		介護予防負担金収入（公費）						
		介護予防負担金収入（一般）						
		地域密着型介護料収入						
		（介護報酬収入）						
		介護報酬収入						
		介護予防報酬収入						
		（利用者負担金収入）						
		介護負担金収入（公費）						
		介護負担金収入（一般）						
		介護予防負担金収入（公費）						
		介護予防負担金収入（一般）						
		居宅介護支援介護料収入						
		居宅介護支援介護料収入						
		介護予防支援介護料収入						
		介護予防・日常生活支援総合事業収入						
		事業費収入						
		事業負担金収入（公費）						
		事業負担金収入（一般）						
		利用者等利用料収入						
		施設サービス利用料収入						
		居宅介護サービス利用料収入						
		地域密着型介護サービス利用料収入						
		食費収入（公費）						
		食費収入（一般）						
		居住費収入（公費）						
		居住費収入（一般）						
		介護予防・日常生活支援総合事業利用料収入						
		その他の利用料収入						
		その他の事業収入						
		補助金事業収入						
		市町村特別事業収入						
		受託事業収入						
		その他の事業収入						
		（保険等査定減）						

○○拠点区分　資金収支明細書（つづき）

勘定科目			サービス区分			合計	内部取引消去	拠点区分合計
			○○事業	△△事業	××事業			
事業活動による収支	収入	老人福祉事業収入						
		措置事業収入						
		事務費収入						
		事業費収入						
		その他の利用料収入						
		その他の事業収入						
		運営事業収入						
		管理費収入						
		その他の利用料収入						
		補助金事業収入						
		その他の事業収入						
		その他の事業収入						
		管理費収入						
		その他の利用料収入						
		その他の事業収入						
		児童福祉事業収入						
		措置費収入						
		事務費収入						
		事業費収入						
		私的契約利用料収入						
		その他の事業収入						
		補助金事業収入						
		受託事業収入						
		その他の事業収入						
		保育事業収入						
		施設型給付費収入						
		施設型給付費収入						
		利用者負担金収入						
		特例施設型給付費収入						
		特例施設型給付費収入						
		利用者負担金収入						
		地域型保育給付費収入						
		地域型保育給付費収入						
		利用者負担金収入						
		特例地域型保育給付費収入						
		特例地域型保育給付費収入						
		利用者負担金収入						
		委託費収入						
		利用者等利用料収入						
		利用者等利用料収入（公費）						
		利用者等利用料収入（一般）						
		その他の利用料収入						
		私的契約利用料収入						
		その他の事業収入						
		補助金事業収入						
		受託事業収入						
		その他の事業収入						
		就労支援事業収入						
		○○事業収入						
		障害福祉サービス等事業収入						

第5章

○○拠点区分　資金収支明細書（つづき）

勘定科目			サービス区分			合計	内部取引消去	拠点区分合計
			○○事業	△△事業	××事業			
事業活動による収支	収入	自立支援給付費収入						
		介護給付費収入						
		特例介護給付費収入						
		訓練等給付費収入						
		特例訓練等給付費収入						
		サービス利用計画作成費収入						
		障害児施設給付費収入						
		利用者負担金収入						
		補足給付費収入						
		特定障害者特別給付費収入						
		特例特定障害者特別給付費収入						
		特定入所障害児食費等給付費収入						
		特定費用収入						
		その他の事業収入						
		補助金事業収入						
		受託事業収入						
		その他の事業収入						
		（保険等査定減）						
		生活保護事業収入						
		措置費収入						
		事務費収入						
		事業費収入						
		授産事業収入						
		○○事業収入						
		利用者負担金収入						
		その他の事業収入						
		補助金事業収入						
		受託事業収入						
		その他の事業収入						
		医療事業収入						
		入院診療収入						
		室料差額収入						
		外来診療収入						
		保健予防活動収入						
		受託検査・施設利用収入						
		訪問看護療養費収入						
		訪問看護利用料収入						
		訪問看護基本利用料収入						
		訪問看護その他の利用料収入						
		その他の医療事業収入						
		補助金事業収入						
		受託事業収入						
		その他の医療事業収入						
		（保険等査定減）						
		○○事業収入						
		○○事業収入						
		その他の事業収入						
		補助金事業収入						
		受託事業収入						
		その他の事業収入						

○○拠点区分　資金収支明細書（つづき）

勘定科目			サービス区分			合計	内部取引消去	拠点区分合計
			○○事業	△△事業	××事業			
事業活動による収支	収入	○○収入						
		○○収入						
		借入金利息補助金収入						
		経常経費寄附金収入						
		受取利息配当金収入						
		その他の収入						
		受入研修費収入						
		利用者等外給食費収入						
		雑収入						
		流動資産評価益等による資金増加額						
		有価証券売却益						
		有価証券評価益						
		為替差益						
		事業活動収入計（1）						
	支出	人件費支出						
		役員報酬支出						
		職員給料支出						
		職員賞与支出						
		非常勤職員給与支出						
		派遣職員費支出						
		退職給付支出						
		法定福利費支出						
		事業費支出						
		給食費支出						
		介護用品費支出						
		医薬品費支出						
		診療・療養等材料費支出						
		保健衛生費支出						
		医療費支出						
		被服費支出						
		教養娯楽費支出						
		日用品費支出						
		保育材料費支出						
		本人支給金支出						
		水道光熱費支出						
		燃料費支出						
		消耗器具備品費支出						
		保険料支出						
		賃借料支出						
		教育指導費支出						
		就職支度費支出						
		葬祭費支出						
		車輌費支出						
		管理費返還支出						
		○○費支出						
		雑支出						
		事務費支出						
		福利厚生費支出						
		職員被服費支出						
		旅費交通費支出						

○○拠点区分　資金収支明細書（つづき）

勘定科目			サービス区分			合計	内部取引消去	拠点区分合計
			○○事業	△△事業	××事業			
事業活動による収支	支出	研修研究費支出						
		事務消耗品費支出						
		印刷製本費支出						
		水道光熱費支出						
		燃料費支出						
		修繕費支出						
		通信運搬費支出						
		会議費支出						
		広報費支出						
		業務委託費支出						
		手数料支出						
		保険料支出						
		賃借料支出						
		土地・建物賃借料支出						
		租税公課支出						
		保守料支出						
		渉外費支出						
		諸会費支出						
		○○費支出						
		雑支出						
		就労支援事業支出						
		就労支援事業販売原価支出						
		就労支援事業販管費支出						
		授産事業支出						
		○○事業支出						
		○○支出						
		利用者負担軽減額						
		支払利息支出						
		その他の支出						
		利用者等外給食費支出						
		雑支出						
		流動資産評価損等による資金減少額						
		有価証券売却損						
		資産評価損						
		有価証券評価損						
		○○評価損						
		為替差損						
		徴収不能額						
		事業活動支出計（2）						
	事業活動資金収支差額（3）=（1）−（2）							
施設整備等による収支	収入	施設整備等補助金収入						
		施設整備等補助金収入						
		設備資金借入金元金償還補助金収入						
		施設整備等寄附金収入						
		施設整備等寄附金収入						
		設備資金借入金元金償還寄附金収入						
		設備資金借入金収入						
		固定資産売却収入						
		車輌運搬具売却収入						

○○拠点区分　資金収支明細書（つづき）

勘定科目			サービス区分			合計	内部取引消去	拠点区分合計
			○○事業	△△事業	××事業			
施設整備等による収支	収入	器具及び備品売却収入						
		○○売却収入						
		その他の施設整備等による収入						
		○○収入						
		施設整備等収入計（4）						
	支出	設備資金借入金元金償還支出						
		固定資産取得支出						
		土地取得支出						
		建物取得支出						
		車輌運搬具取得支出						
		器具及び備品取得支出						
		○○取得支出						
		固定資産除却・廃棄支出						
		ファイナンス・リース債務の返済支出						
		その他の施設整備等による支出						
		○○支出						
		施設整備等支出計（5）						
	施設整備等資金収支差額（6）=（4）−（5）							
その他の活動による収支	収入	長期運営資金借入金元金償還寄附金収入						
		長期運営資金借入金収入						
		長期貸付金回収収入						
		投資有価証券売却収入						
		積立資産取崩収入						
		退職給付引当資産取崩収入						
		長期預り金積立資産取崩収入						
		○○積立資産取崩収入						
		事業区分間長期借入金収入						
		拠点区分間長期借入金収入						
		事業区分間長期貸付金回収収入						
		拠点区分間長期貸付金回収収入						
		事業区分間繰入金収入						
		拠点区分間繰入金収入						
		サービス区分間繰入金収入						
		その他の活動による収入						
		○○収入						
		その他の活動収入計（7）						
	支出	長期運営資金借入金元金償還支出						
		長期貸付金支出						
		投資有価証券取得支出						
		積立資産支出						
		退職給付引当資産支出						
		長期預り金積立資産支出						
		○○積立資産支出						
		事業区分間長期貸付金支出						
		拠点区分間長期貸付金支出						
		事業区分間長期借入金返済支出						
		拠点区分間長期借入金返済支出						

○○拠点区分　資金収支明細書（つづき）

<table>
<tr><th colspan="3" rowspan="2">勘定科目</th><th colspan="3">サービス区分</th><th rowspan="2">合計</th><th rowspan="2">内部取引消去</th><th rowspan="2">拠点区分合計</th></tr>
<tr><th>○○事業</th><th>△△事業</th><th>××事業</th></tr>
<tr><td rowspan="3">その他の活動による収支</td><td rowspan="2">支出</td><td>事業区分間繰入金支出
拠点区分間繰入金支出
サービス区分間繰入金支出
その他の活動による支出
○○支出</td><td></td><td></td><td></td><td></td><td></td><td></td></tr>
<tr><td>その他の活動支出計（8）</td><td></td><td></td><td></td><td></td><td></td><td></td></tr>
<tr><td colspan="2">その他の活動資金収支差額（9）=（7）−（8）</td><td></td><td></td><td></td><td></td><td></td><td></td></tr>
<tr><td colspan="3">当期資金収支差額合計（10）=（3）+（6）+（9）</td><td></td><td></td><td></td><td></td><td></td><td></td></tr>
</table>

前期末支払資金残高（11）						
当期末支払資金残高（10）+（11）						

別紙4

○○拠点区分　事業活動明細書

（自）平成　年　月　日（至）平成　年　月　日

社会福祉法人名

（単位：円）

勘定科目			サービス区分			合計	内部取引消去	拠点区分合計
			○○事業	△△事業	××事業			
サービス活動増減の部	収益	介護保険事業収益						
		施設介護料収益						
		介護報酬収益						
		利用者負担金収益（公費）						
		利用者負担金収益（一般）						
		居宅介護料収益						
		（介護報酬収益）						
		介護報酬収益						
		介護予防報酬収益						
		（利用者負担金収益）						
		介護負担金収益（公費）						
		介護負担金収益（一般）						
		介護予防負担金収益（公費）						
		介護予防負担金収益（一般）						
		地域密着型介護料収益						
		（介護報酬収益）						
		介護報酬収益						
		介護予防報酬収益						
		（利用者負担金収益）						
		介護負担金収益（公費）						
		介護負担金収益（一般）						
		介護予防負担金収益（公費）						
		介護予防負担金収益（一般）						
		居宅介護支援介護料収益						
		居宅介護支援介護料収益						
		介護予防支援介護料収益						
		介護予防・日常生活支援総合事業収益						
		事業費収益						
		事業負担金収益（公費）						
		事業負担金収益（一般）						
		利用者等利用料収益						
		施設サービス利用料収益						
		居宅介護サービス利用料収益						
		地域密着型介護サービス利用料収益						
		食費収益（公費）						
		食費収益（一般）						
		居住費収益（公費）						
		居住費収益（一般）						
		介護予防・日常生活支援総合事業利用料収益						
		その他の利用料収益						
		その他の事業収益						
		補助金事業収益						
		市町村特別事業収益						
		受託事業収益						
		その他の事業収益						
		（保険等査定減）						
		老人福祉事業収益						

○○拠点区分　事業活動明細書（つづき）

		勘定科目	サービス区分			合計	内部取引消去	拠点区分合計
			○○事業	△△事業	××事業			
サービス活動増減の部	収益	措置事業収益						
		事務費収益						
		事業費収益						
		その他の利用料収益						
		その他の事業収益						
		運営事業収益						
		管理費収益						
		その他の利用料収益						
		補助金事業収益						
		その他の事業収益						
		その他の事業収益						
		管理費収益						
		その他の利用料収益						
		その他の事業収益						
		児童福祉事業収益						
		措置費収益						
		事務費収益						
		事業費収益						
		私的契約利用料収益						
		その他の事業収益						
		補助金事業収益						
		受託事業収益						
		その他の事業収益						
		保育事業収益						
		施設型給付費収益						
		施設型給付費収益						
		利用者負担金収益						
		特例施設型給付費収益						
		特例施設型給付費収益						
		利用者負担金収益						
		地域型保育給付費収益						
		地域型保育給付費収益						
		利用者負担金収益						
		特例地域型保育給付費収益						
		特例地域型保育給付費収益						
		利用者負担金収益						
		委託費収益						
		利用者等利用料収益						
		利用者等利用料収益（公費）						
		利用者等利用料収益（一般）						
		その他の利用料収益						
		私的契約利用料収益						
		その他の事業収益						
		補助金事業収益						
		受託事業収益						
		その他の事業収益						
		就労支援事業収益						
		○○事業収益						
		障害福祉サービス等事業収益						
		自立支援給付費収益						
		介護給付費収益						

○○拠点区分　事業活動明細書（つづき）

勘定科目			サービス区分			合計	内部取引消去	拠点区分合計
			○○事業	△△事業	××事業			
サービス活動増減の部	収益	特例介護給付費収益						
		訓練等給付費収益						
		特例訓練等給付費収益						
		サービス利用計画作成費収益						
		障害児施設給付費収益						
		利用者負担金収益						
		補足給付費収益						
		特定障害者特別給付費収益						
		特例特定障害者特別給付費収益						
		特定入所障害児食費等給付費収益						
		特定費用収益						
		その他の事業収益						
		補助金事業収益						
		受託事業収益						
		その他の事業収益						
		（保険等査定減）						
		生活保護事業収益						
		措置費収益						
		事務費収益						
		事業費収益						
		授産事業収益						
		○○事業収益						
		利用者負担金収益						
		その他の事業収益						
		補助金事業収益						
		受託事業収益						
		その他の事業収益						
		医療事業収益						
		入院診療収益						
		室料差額収益						
		外来診療収益						
		保健予防活動収益						
		受託検査・施設利用収益						
		訪問看護療養費収益						
		訪問看護利用料収益						
		訪問看護基本利用料収益						
		訪問看護その他の利用料収益						
		その他の医療事業収益						
		補助金事業収益						
		受託事業収益						
		その他の医業収益						
		（保険等査定減）						
		○○事業収益						
		○○事業収益						
		その他の事業収益						
		補助金事業収益						
		受託事業収益						
		その他の事業収益						
		○○収益						
		○○収益						
		経常経費寄附金収益						

○○拠点区分　事業活動明細書（つづき）

勘定科目			サービス区分			合計	内部取引消去	拠点区分合計
			○○事業	△△事業	××事業			
サービス活動増減の部	収益	その他の収益						
		サービス活動収益計（1）						
	費用	人件費						
		役員報酬						
		職員給料						
		職員賞与						
		賞与引当金繰入						
		非常勤職員給与						
		派遣職員費						
		退職給付費用						
		法定福利費						
		事業費						
		給食費						
		介護用品費						
		医薬品費						
		診療・療養等材料費						
		保健衛生費						
		医療費						
		被服費						
		教養娯楽費						
		日用品費						
		保育材料費						
		本人支給金						
		水道光熱費						
		燃料費						
		消耗器具備品費						
		保険料						
		賃借料						
		教育指導費						
		就職支度費						
		葬祭費						
		車輌費						
		○○費						
		雑費						
		事務費						
		福利厚生費						
		職員被服費						
		旅費交通費						
		研修研究費						
		事務消耗品費						
		印刷製本費						
		水道光熱費						
		燃料費						
		修繕費						
		通信運搬費						
		会議費						
		広報費						
		業務委託費						
		手数料						
		保険料						
		賃借料						

○○拠点区分　事業活動明細書（つづき）

		勘定科目	サービス区分			合計	内部取引消去	拠点区分合計
			○○事業	△△事業	××事業			
サービス活動増減の部	費用	土地・建物賃借料						
		租税公課						
		保守料						
		渉外費						
		諸会費						
		○○費						
		雑費						
		就労支援事業費用						
		就労支援事業販売原価						
		期首製品（商品）棚卸高						
		当期就労支援事業製造原価						
		当期就労支援事業仕入高						
		期末製品（商品）棚卸高						
		就労支援事業販管費						
		授産事業費用						
		○○事業費						
		○○費用						
		利用者負担軽減額						
		減価償却費						
		国庫補助金等特別積立金取崩額	△×××	△×××	△×××	△×××		△×××
		徴収不能額						
		徴収不能引当金繰入						
		その他の費用						
		サービス活動費用計（2）						
	サービス活動増減差額（3）=（1）−（2）							
サービス活動外増減の部	収益	借入金利息補助金収益						
		受取利息配当金収益						
		有価証券評価益						
		有価証券売却益						
		投資有価証券評価益						
		投資有価証券売却益						
		その他のサービス活動外収益						
		受入研修費収益						
		利用者等外給食収益						
		為替差益						
		雑収益						
		サービス活動外収益計（4）						
	費用	支払利息						
		有価証券評価損						
		有価証券売却損						
		投資有価証券評価損						
		投資有価証券売却損						
		その他のサービス活動外費用						
		利用者等外給食費						
		為替差損						
		雑損失						
		サービス活動外費用計（5）						
	サービス活動外増減差額（6）=（4）−（5）							
経常増減差額（7）=（3）+（6）								

第5章

別紙５

財　　産　　目　　録

平成　年　月　日現在

（単位：円）

資　産　・　負　債　の　内　訳		金　額
Ⅰ　資産の部		
１　流動資産		
現金預金		
現金	現金手許有高	
普通預金	○○銀行　○○支店	
事業未収金	○月分介護料	
…………	…………	
流動資産合計		
２　固定資産		
（1）　基本財産		
土地	所在地番○○　地目○○	
建物	所在○○　家屋番号○○　種類○○	
定期預金	○○銀行　○○支店	
基本財産合計		
（2）　その他の固定資産		
車輌運搬具	車輌No.＊＊＊	
○○積立資産	○○銀行　○○支店	
…………	…………	
その他の固定資産合計		
固定資産合計		
資産合計		
Ⅱ　負債の部		
１　流動負債		
短期運営資金借入金	○○銀行　○○支店	
事業未払金	○月分水道光熱費	
職員預り金	○月分源泉所得税	
…………	…………	
流動負債合計		
２　固定負債		
設備資金借入金	独立行政法人福祉医療機構	
…………	…………	
固定負債合計		
負債合計		
差　引　純　資　産		

2）社会福祉法人会計基準の運用上の取扱い等について（抜粋）

雇児総発0727第3号
社援基発0727第1号
障障発0727第2号
老総発0727第1号
平成23年7月27日

一部改正
雇児総発0329第2号
社援基発0329第3号
障障発0329第1号
老総発0329第1号
平成25年3月29日

一部改正
雇児総発0925第1号
社援基発0925第1号
障障発0925第1号
老総発0925第1号
平成27年9月25日

　都道府県
各 指定都市　民生主管部（局）長　殿
　中 核 市

厚生労働省雇用均等・児童家庭局総務課長
厚生労働省社会・援護局福祉基盤課長
厚生労働省社会・援護局障害保健福祉部障害福祉課長
厚生労働省老健局総務課長

社会福祉法人会計基準の運用上の取扱い等について

社会福祉法人の会計処理の基準については、「社会福祉法人会計基準の制定について」（平成23年7月27日雇児発0727第1号、社援発0727第1号、老発0727第1号厚生労働省雇用均等・児童家庭局長、社会・援護局長、老健局長連名通知）により示されているところであるが、「社会福祉法人会計基準適用上の留意事項（運用指針）」及び「社会福祉法人会計基準への移行時の取扱い」について、別紙1及び別紙2のとおり定めたので、貴管内関係機関及び各社会福祉法人に対し周知の上、社会福祉法人会計基準の円滑な実施が図られるようご配意願いたい。

別紙1

「社会福祉法人会計基準適用上の留意事項（運用指針）」

—目次—

1　管理組織の確立
2　予算と経理
3　決算
4　拠点区分及び事業区分について
5　サービス区分について
6　本部会計の区分について
7　作成を省略できる財務諸表の様式
8　借入金の扱い
9　寄附金の扱い
10　各種補助金の扱い
11　事業区分間、拠点区分間及びサービス区分間の資金移動
12　事業区分間、拠点区分間及びサービス区分間の貸付金（借入金）残高
13　共通支出及び費用の配分方法
14　基本金について
15　国庫補助金等特別積立金について
16　棚卸資産の会計処理等について
17　減価償却について
18　引当金について
19　積立金と積立資産について
20　新たに導入した会計手法とその簡便法について
21　財務諸表の勘定科目及び注記について
22　関連当事者との取引について
23　附属明細書について
24　固定資産管理台帳について

＊本運用指針で使用する略称は、次のとおりとする。

・会計基準　　　：社会福祉法人会計基準

・会計基準注解：社会福祉法人会計基準注解

1　管理組織の確立

（1）法人における予算の執行及び資金等の管理に関しては、あらかじめ運営管理責任者を定める等法人の管理運営に十分配慮した体制を確保すること。

また、内部牽制に配意した業務分担、自己点検を行う等、適正な会計事務処理に努めること。

（2）会計責任者については理事長が任命することとし、会計責任者は取引の遂行、資産の管理及び帳簿その他の証憑書類の保存等会計処理に関する事務を行い、又は理事長の任命する出納職員にこれらの事務を行わせるものとする。

（3）施設利用者から預かる金銭等は、法人に係る会計とは別途管理することとするが、この場合においても内部牽制に配意する等、個人ごとに適正な出納管理を行うこと。

なお、ケアハウス・有料老人ホーム等で将来のサービス提供に係る対価の前受分として利用者から預かる金銭は法人に係る会計に含めて処理するものとする。

（4）法人は、上記事項を考慮し、会計基準に基づく適正な会計処理のために必要な事項について経理規程を定めるものとする。

2　予算と経理

（1）法人は、事業計画をもとに資金収支予算書を作成するものとし、資金収支予算書は各拠点区分ごとに収入支出予算を編成することとする。

また、資金収支予算書の勘定科目は、資金収支計算書勘定科目に準拠することとする。

（2）法人は、全ての収入及び支出について予算を編成し、予算に基づいて事業活動を行うこととする。

なお、年度途中で予算との乖離等が見込まれる場合は、必要な収入及び支出について補正予算を編成するものとする。ただし、乖離額等が法人の運営に支障がなく、軽微な範囲にとどまる場合は、この限りではない。

（3）会計帳簿は、原則として、各拠点区分ごとに仕訳日記帳及び総勘定元帳を作成し、備え置くものとする。

3　決算

決算に際しては、資金収支計算書、事業活動計算書、貸借対照表及び附属明細書並びに財産目録を作成し、毎会計年度終了後２か月以内に理事会（評議員会を設置している法人においては評議員会を含む。）の承認を受けなければならない。このうち、資金収支計算書（資金収支内訳表、事業区分資金収支内訳表及び拠点区分資金収支計算書を含む。）、事業活動計算書（事業活動内訳表、事業区分事業活動内訳表及び拠点区分事業活動計算書を含む。）及び貸借対照表（貸借対照表内訳表、事業区分貸借対照表内訳表及び拠点区分貸借対照表を含む。）については、社会福祉法施行規則第9条に基づき、毎会計年度終了後3か月以内に法人の現況報告に添付する書類として所轄庁に提出しなければならない。

4　拠点区分及び事業区分について

（1）拠点区分について

拠点区分は、一体として運営される施設、事業所又は事務所をもって1つの拠点区分とする。

公益事業（社会福祉事業と一体的に実施されているものを除く）若しくは収益事業を実施している場合、これらは別の拠点区分とするものとする。

（2）拠点区分の原則的な方法

ア　施設の取扱い

次の施設の会計は、それぞれの施設ごと（同一種類の施設を複数経営する場合は、それぞれの施設ごと）に独立した拠点区分とするものとする。

（ア）生活保護法第38条第1項に定める保護施設
（イ）身体障害者福祉法第5条第1項に定める社会参加支援施設
（ウ）老人福祉法第20条の4に定める養護老人ホーム
（エ）老人福祉法第20条の5に定める特別養護老人ホーム
（オ）老人福祉法第20条の6に定める軽費老人ホーム
（カ）老人福祉法第29条第1項に定める有料老人ホーム
（キ）売春防止法第36条に定める婦人保護施設
（ク）児童福祉法第7条第1項に定める児童福祉施設
（ケ）母子及び寡婦福祉法第39条第1項に定める母子福祉施設
（コ）障害者の日常生活及び社会生活を総合的に支援するための法律第5条第11項に定める障害者支援施設
（サ）介護保険法第8条第25項に定める介護老人保健施設
（シ）医療法第1条の5に定める病院及び診療所（入所施設に附属する医務室を除く）

なお、当該施設で一体的に実施されている（ア）から（シ）まで以外の社会福祉事業又は公益事業については、イの規定にかかわらず、当該施設の拠点区分に含めて会計を処理することができる。

イ　事業所又は事務所の取扱い

上記（ア）から（シ）まで以外の社会福祉事業及び公益事業については、原則として、事業所又は事務所を単位に拠点とする。なお、同一の事業所又は事務所において複数の事業を行う場合は、同一拠点区分として会計を処理することができる。

ウ　障害福祉サービスの取扱い

障害福祉サービスについて、障害者の日常生活及び社会生活を総合的に支援するための法律に基づく指定障害福祉サービスの事業等の人員、設備及び運営に関する基準（平成18年厚生労働省令第171号）（以下「指定基準」という。）に規定する一の指定障害福祉サービス事業所若しくは多機能型事業所として取り扱われる複数の事業所又は障害者の日常生活及び社会生活を総合的に支援するための法律に基づく指定障害者支援施設等の人員、設備及び運営に関する基準（平成18年厚生労働省令第172号）（以下「指定施設基準」という。）に規定する一の指定障害者支援施設等（指定施設基準に規定する指定障害者支援施設等をいう。）として取り扱われる複数の施設においては、同一拠点区分として会計を処理することができる。

また、これらの事業所又は施設でない場合があっても、会計が一元的に管理されている複数の事業所又は施設においては、同一拠点区分とすることができる。

エ　その他

新たに施設を建設するときは拠点区分を設けることができる。

（3）事業区分について

各拠点区分について、その実施する事業が社会福祉事業、公益事業及び収益事業のいずれであるかにより、属する事業区分を決定するものとする。

なお、事業区分資金収支内訳表、事業区分事業活動内訳表及び事業区分貸借対照表内訳表は、当該事業区分に属するそれぞれの拠点区分の拠点区分資金収支計算書、拠点区分事業活動計算書及び拠点区分貸借対照表を合計し、内部取引を相殺消去して作成するものとする。

5　サービス区分について

（1）サービス区分の意味

サービス区分については、拠点区分において実施する複数の事業について、法令等の要請によりそれぞれの事業ごとの事業活動状況又は資金収支状況の把握が必要な場合に設定する。

（2）サービス区分の方法

ア　原則的な方法

介護保険サービス、障害福祉サービス、特定教育・保育施設及び特定地域型保育事業については、会計基準注解（注4）に規定する指定サービス基準等において当該事業の会計とその他の事業の会計を区分すべきことが定められている事業をサービス区分とする。

他の事業については、法人の定款に定める事業ごとに区分するものとする。

なお、特定の補助金等の使途を明確にするため、更に細分化することもできる。

イ　簡便的な方法

次のような場合は、同一のサービス区分として差し支えない。

(ア) 介護保険関係

以下の介護サービスと一体的に行われている介護予防サービスなど、両者のコストをその発生の態様から区分することが困難である場合には、勘定科目として介護予防サービスなどの収入額のみを把握できれば同一のサービス区分として差し支えない。

・指定訪問介護、指定介護予防訪問介護と第1号訪問事業
・指定通所介護、指定介護予防通所介護と第1号通所事業
・指定介護予防支援と第1号介護予防ケアマネジメント事業
・指定認知症対応型通所介護と指定介護予防認知症対応型通所介護
・指定短期入所生活介護と指定介護予防短期入所生活介護
・指定小規模多機能型居宅介護と指定介護予防小規模多機能型居宅介護
・指定認知症対応型共同生活介護と指定介護予防認知症対応型共同生活介護
・指定訪問入浴介護と指定介護予防訪問入浴介護
・指定特定施設入居者生活介護と指定介護予防特定施設入居者生活介護
・福祉用具貸与と介護予防福祉用具貸与
・福祉用具販売と介護予防福祉用具販売
・指定介護老人福祉施設といわゆる空きベッド活用方式により当該施設で実施する指定短期入所生活介護事業

(イ) 保育関係

子ども・子育て支援法（平成24年法律第65号）第27条第1項に規定する特定教育・保育施設及び同法第29条第1項に規定する特定地域型保育事業（以下「保育所等」という。）を経営する事業と保育所等で実施される地域子ども・子育て支援事業については、同一のサービス区分として差し支えない。

なお、保育所等で実施される地域子ども・子育て支援事業、その他特定の補助金等により行われる事業については、当該補助金等の適正な執行を確保する観点から、同一のサービス区分とした場合においても合理的な基準に基づいて各事業費の算出を行うものとし、一度選択した基準は、原則継続的に使用するものとする。

また、各事業費の算出に当たっての基準、内訳は、所轄庁や補助を行う自治体の求めに応じて提出できるよう書類により整理しておくものとする。

(3) サービス区分ごとの拠点区分資金収支明細書及び事業活動明細書の作成について

拠点区分資金収支明細書はサービス区分を設け、事業活動による収支、施設整備等による収支及びその他の活動による収支について作成するものとし、その様式は会計基準別

紙3のとおりとする。拠点区分事業活動明細書はサービス区分を設け、サービス活動増減の部及びサービス活動外増減の部について作成するものとし、その様式は会計基準別紙4のとおりとする。

介護保険サービス及び障害福祉サービスを実施する拠点については、それぞれの事業ごとの事業活動状況を把握するため、拠点区分事業活動明細書（会計基準別紙4）を作成するものとし、拠点区分資金収支明細書（会計基準別紙3）の作成は省略することができる。

子どものための教育・保育給付費、措置費による事業を実施する拠点は、それぞれの事業ごとの資金収支状況を把握する必要があるため、拠点区分資金収支明細書（会計基準別紙3）を作成するものとし、拠点区分事業活動明細書（会計基準別紙4）の作成は省略することができる。

また、上記以外の事業を実施する拠点については、当該拠点で実施する事業の内容に応じて、拠点区分資金収支明細書及び拠点区分事業活動明細書のうちいずれか一方の明細書を作成するものとし、残る他方の明細書の作成は省略することができる。

上記に従い、拠点区分資金収支明細書（会計基準別紙3）又は拠点区分事業活動明細書（会計基準別紙4）を省略する場合には、財務諸表の注記（拠点区分用）「4. 拠点が作成する財務諸表等とサービス区分」にその旨を記載するものとする。

なお、会計基準第6章第2(2)に規定する「その他重要な事項に係る明細書」については、運用指針23を参照するものとする。

6　本部会計の区分について

本部会計については、法人の自主的な決定により、拠点区分又はサービス区分とすることができる。

なお、介護保険サービス、障害福祉サービス、子どものための教育・保育給付費並びに措置費による事業の資金使途制限に関する通知において、これらの事業から本部会計への貸付金を年度内に返済する旨の規定があるにも拘わらず、年度内返済が行われていない場合は、サービス区分間貸付金（借入金）残高明細書（別紙⑩）を作成するものとする。

法人本部に係る経費については、理事会、評議員会の運営に係る経費、法人役員の報酬等その他の拠点区分又はサービス区分に属さないものであって、法人本部の帰属とすることが妥当なものとする。

7　作成を省略できる財務諸表の様式

（1）事業区分が社会福祉事業のみの法人の場合

拠点区分を設定した結果すべての拠点が社会福祉事業に該当する法人は、第1号の2様式、第2号の2様式及び第3号の2様式の作成を省略できる。この場合、財務諸表の注記（法人全体用）「5. 法人が作成する財務諸表等と拠点区分、サービス区分」にその旨を記載するものとする。

（2）拠点区分が1つの法人の場合

拠点区分が1つの法人は、第1号の2様式、第1号の3様式、第2号の2様式、第2号の3様式、第3号の2様式及び第3号の3様式の作成を省略できる。この場合、財務諸表の注記（法人全体用）「5. 法人が作成する財務諸表等と拠点区分、サービス区分」にその旨を記載するものとする。

（3）拠点区分が1つの事業区分の場合

拠点区分が1つの事業区分は、第1号の3様式、第2号の3様式及び第3号の3様式の作成を省略できる。この場合、財務諸表の注記（法人全体用）「5. 法人が作成する財務諸表等と拠点区分、サービス区分」にその旨を記載するものとする。

（4）サービス区分が1つの拠点区分の場合

サービス区分が1つの拠点区分は、拠点区分資金収支明細書（会計基準別紙3）及び拠点区分事業活動明細書（会計基準別紙4）の作成を省略できる。この場合、財務諸表の注記（拠点区分用）「4. 拠点が作成する財務諸表等とサービス区分」にその旨を記載するものとする。

8　借入金の扱い

借入金の借り入れ及び償還にかかる会計処理は、借入目的に応じて、各拠点区分で処理することとする。

なお、資金を借り入れた場合については、借入金明細書（別紙①）を作成し、借入先、借入額及び償還額等を記載することとする。その際、独立行政法人福祉医療機構と協調融資（独立行政法人福祉医療機構の福祉貸付が行う施設整備のための資金に対する融資と併せて行う同一の財産を担保とする当該施設整備のための資金に対する融資をいう。）に関する契約を結んだ民間金融機関に対して基本財産を担保に供する場合は、借入金明細書の借入先欄の金融機関名の後に（協調融資）と記載するものとする。

また、法人が将来受け取る債権を担保として供する場合には、財務諸表の注記及び借入金明細書の担保資産欄にその旨を記載するものとする。

9　寄附金の扱い

（1）金銭の寄附は、寄附目的により拠点区分の帰属を決定し、当該拠点区分の資金収支計算書の経常経費寄附金収入又は施設整備等寄附金収入として計上し、併せて事業活動計算書の経常経費寄附金収益又は施設整備等寄附金収益として計上するものとする。

（2）寄附物品については、取得時の時価により、経常経費に対する寄附物品であれば経常経費寄附金収入及び経常経費寄附金収益として計上する。土地などの支払資金の増減に影響しない寄附物品については、事業活動計算書の固定資産受贈額として計上するものとし、資金収支計算書には計上しないものとする。

ただし、当該物品が飲食物等で即日消費されるもの又は社会通念上受取寄附金として扱うことが不適当なものはこの限りではない。

なお、寄附金及び寄附物品を収受した場合においては、寄附者から寄附申込書を受けることとし、寄附金収益明細書（別紙②）を作成し、寄附者、寄附目的、寄附金額等を記載することとする。

（3）共同募金会からの受配者指定寄附金のうち、施設整備及び設備整備に係る配分金（資産の取得等に係る借入金の償還に充てるものを含む。）は、施設整備等寄附金収入として計上し、併せて施設整備等寄附金収益として計上する。このうち基本金として組入れすべきものは、基本金に組入れるものとする。

また、受配者指定寄附金のうち経常的経費に係る配分金は、経常経費寄附金収入として計上し、併せて経常経費寄附金収益として計上する。

一方、受配者指定寄附金以外の配分金のうち、経常的経費に係る配分金は、補助金事業収入及び補助金事業収益に計上する。

また、受配者指定寄附金以外の配分金のうち、施設整備及び設備整備に係る配分金は、施設整備等補助金収入及び施設整備等補助金収益に計上し、国庫補助金等特別積立金を積立てることとする。

10　各種補助金の扱い

施設整備等に係る補助金、借入金元金償還補助金、借入金利息補助金及び経常経費補助金等の各種補助金については、補助の目的に応じて帰属する拠点区分を決定し、当該区分で受け入れることとする（別紙③「補助金収事業等益明細書」参照）。

11　事業区分間、拠点区分間及びサービス区分間の資金移動

社会福祉事業、公益事業及び収益事業における事業区分間及び拠点区分間の繰入金収入及び繰入金支出を記載するものとする（別紙④「事業区分間及び拠点区分間繰入金明細書」参

第5章

照)。

また、拠点区分資金収支明細書(会計基準別紙3)を作成した拠点においては、サービス区分間の繰入金収入及び繰入金支出を記載するものとする(別紙⑨「サービス区分間繰入金明細書」参照)。

12　事業区分間、拠点区分間及びサービス区分間の貸付金(借入金)残高

社会福祉事業、公益事業及び収益事業における事業区分間及び拠点区分間の貸付金(借入金)の残高を記載するものとする(別紙⑤「事業区分間及び拠点区分間貸付金(借入金)残高明細書」参照)。

また、拠点区分資金収支明細書(会計基準別紙3)を作成した拠点区分においては、サービス区分間の貸付金(借入金)の残高を記載するものとする(別紙⑩「サービス区分間貸付金(借入金)残高明細書」参照)。

13　共通支出及び費用の配分方法

(1)配分方法について

共通支出及び費用の具体的な科目及び配分方法は別添1のとおりとするが、これによりがたい場合は、実態に即した合理的な配分方法によることとして差し支えない。

また、科目が別添1に示すものにない場合は、適宜、類似の科目の考え方を基に配分して差し支えない。

なお、どのような配分方法を用いたか分かるように記録しておくことが必要である。

(2)事務費と事業費の科目の取扱について

「水道光熱費(支出)」、「燃料費(支出)」、「賃借料(支出)」、「保険料(支出)」については原則、事業費(支出)のみに計上できる。ただし、措置費、保育所運営費の弾力運用が認められないケースでは、事業費(支出)、事務費(支出)双方に計上するものとする。

14　基本金について

(1)基本金

会計基準第4章第4第2項及び会計基準注解(注12)に規定する基本金として計上する額とは、次に掲げる額をいう。

ア　会計基準注解(注12)(1)に規定する基本金について

会計基準注解(注12)(1)に規定する社会福祉法人の設立並びに施設の創設及び増築等のために基本財産等を取得すべきものとして指定された寄附金の額とは、土地、施設の創設、増築、増改築における増築分、拡張における面積増加分及び施設の創設及び

増設等時における初度設備整備、非常通報装置設備整備、屋内消火栓設備整備等の基本財産等の取得に係る寄附金の額とする。

さらに、地方公共団体から無償又は低廉な価額により譲渡された土地、建物の評価額（又は評価差額）は、寄附金とせずに、国庫補助金等に含めて取り扱うものとする。

なお、設備の更新、改築等に当たっての寄附金は基本金に含めないものとする。

イ　会計基準注解（注 12）（2）に規定する基本金について

会計基準注解（注 12）（2）に規定する資産の取得等に係る借入金の元金償還に充てるものとして指定された寄附金の額とは、施設の創設及び増築等のために基本財産等を取得するにあたって、借入金が生じた場合において、その借入金の返済を目的として収受した寄附金の総額をいう。

ウ　会計基準注解（注 12）（3）に規定する基本金について

会計基準注解（注 12）（3）に規定する施設の創設及び増築時等に運転資金に充てるために収受した寄附金の額とは、平成 12 年 12 月 1 日障企第 59 号、社援企第 35 号、老計第 52 号、児企第 33 号厚生省大臣官房障害保健福祉部企画課長、厚生省社会・援護局企画課長、厚生省老人保健福祉局計画課長、厚生省児童家庭局企画課連名通知「社会福祉法人の認可について」別添社会福祉法人審査要領第 2(3)に規定する、当該法人の年間事業費の 12 分の 1 以上に相当する寄附金の額及び増築等の際に運転資金に充てるために収受した寄附金の額をいう。

（2）基本金の組入れ

会計基準第 4 章第 4 第 2 項及び会計基準注解（注 12）に規定する基本金への組み入れについては、複数の施設に対して一括して寄附金を受け入れた場合には、最も合理的な基準に基づいて各拠点区分に配分することとする。

なお、基本金の組み入れは会計年度末に一括して合計額を計上することができるものとする。

（3）基本金の取崩し

会計基準注解（注 13）に規定する基本金の取崩しについても各拠点区分において取崩しの処理を行うこととする。

なお、基本金を取り崩す場合には、基本財産の取崩しと同様、事前に所轄庁に協議し、内容の審査を受けなければならない。

（4）基本金明細書の作成

基本金の組入れ及び取崩しに当たっては、基本金明細書（別紙⑥）を作成し、それらの内容を記載することとする。

15　国庫補助金等特別積立金について

（1）国庫補助金等

会計基準第4章第4第3項及び会計基準注解（注11）に規定する国庫補助金等とは、「社会福祉施設等施設整備費の国庫負担（補助）について」（平成17年10月5日付厚生労働省発社援第1005003号）に定める施設整備事業に対する補助金など、主として固定資産の取得に充てられることを目的として、国及び地方公共団体等から受領した補助金、助成金及び交付金等をいう。

また、国庫補助金等には、自転車競技法第24条第6号などに基づいたいわゆる民間公益補助事業による助成金等を含むものとする。

なお、施設整備及び設備整備の目的で共同募金会から受ける受配者指定寄附金以外の配分金も国庫補助金等に含むものとする。

また、設備資金借入金の返済時期に合わせて執行される補助金等のうち、施設整備時又は設備整備時においてその受領金額が確実に見込まれており、実質的に施設整備事業又は設備整備事業に対する補助金等に相当するものは国庫補助金等とする。

（2）国庫補助金等特別積立金の積立て

ア　国庫補助金等特別積立金の積立て

会計基準第4章第4第3項及び会計基準注解（注11）に規定する国庫補助金等特別積立金については、国又は地方公共団体等から受け入れた補助金、助成金及び交付金等の額を各拠点区分で積み立てることとし、合築等により受け入れる拠点区分が判明しない場合、又は複数の施設に対して補助金を受け入れた場合には、最も合理的な基準に基づいて各拠点区分に配分することとする。

設備資金借入金の返済時期に合わせて執行される補助金等のうち、施設整備時又は設備整備時においてその受領金額が確実に見込まれており、実質的に施設整備事業又は設備整備事業に対する補助金等に相当するものとして国庫補助金等とされたものは、実際に償還補助があったときに当該金額を国庫補助金等特別積立金に積立てるものとする。

また、当該国庫補助金等が計画通りに入金されなかった場合については、差額部分を当初の予定額に加減算して、再度配分計算を行うものとする。ただし、当該金額が僅少な場合は、再計算を省略することができるものとする。さらに、設備資金借入金の償還補助が打ち切られた場合の国庫補助金等については、差額部分を当初の予定額に加減算して、再度配分計算をし、経過期間分の修正を行うものとする。当該修正額は原則として特別増減の部に記載するものとするが、重要性が乏しい場合はサービス活動外増減の部に記載できるものとする。

イ　国庫補助金等特別積立金の取崩し

会計基準注解（注10）に規定する国庫補助金等特別積立金の減価償却等による取り崩し及び国庫補助金等特別積立金の対象となった基本財産等が廃棄又は売却された場合の取り崩しの場合についても各拠点区分で処理することとする。

また、国庫補助金等はその効果を発現する期間にわたって、支出対象経費（主として減価償却費をいう）の期間費用計上に対応して国庫補助金等特別積立金取崩額をサービス活動費用の控除項目として計上する。

なお、非償却資産である土地に対する国庫補助金等は、原則として取崩しという事態は生じず、将来にわたっても純資産に計上する。

さらに、設備資金借入金の返済時期に合わせて執行される補助金のうち、施設整備時又は設備整備時においてその受領金額が確実に見込まれており、実質的に施設整備事業又は設備整備事業に対する補助金等に相当するものとして積み立てられた国庫補助金等特別積立金の取崩額の計算に当たっては、償還補助総額を基礎として支出対象経費（主として減価償却費をいう）の期間費用計上に対応して国庫補助金等特別積立金取崩額をサービス活動費用の控除項目として計上する。

ウ　国庫補助金等特別積立金明細書の作成

国庫補助金等特別積立金の積み立て及び取り崩しに当たっては、国庫補助金等特別積立金明細書（別紙⑦）を作成し、それらの内容を記載することとする。

16　棚卸資産の会計処理等について

棚卸資産については、原則として、資金収支計算書上は購入時等に支出として処理するが、事業活動計算書上は当該棚卸資産を販売等した時に費用として処理するものとする。

17　減価償却について

（1）減価償却の対象と単位

減価償却は耐用年数が1年以上、かつ、原則として1個若しくは1組の金額が10万円以上の有形固定資産及び無形固定資産を対象とする。減価償却計算の単位は、原則として各資産ごととする。

（2）残存価額

ア　平成19年3月31日以前に取得した有形固定資産

有形固定資産について償却計算を実施するための残存価額は取得価額の10%とする。耐用年数到来時においても使用し続けている有形固定資産については、さらに、備忘価額（1円）まで償却を行うことができるものとする。

イ　平成19年4月1日以降に取得した有形固定資産

有形固定資産について償却計算を実施するための残存価額はゼロとし、償却累計額が当該資産の取得価額から備忘価額（1円）を控除した金額に達するまで償却するものとする。

ウ　無形固定資産

無形固定資産については、当初より残存価額をゼロとして減価償却を行うものとする。

（3）耐用年数

耐用年数は、原則として「減価償却資産の耐用年数等に関する省令」（昭和40年大蔵省令第15号）によるものとする。

（4）償却率等

減価償却の計算は、原則として、「減価償却資産の耐用年数等に関する省令」の定めによるものとし、適用する償却率等は別添2（減価償却資産の償却率、改定償却率及び保証率表）のとおりとする。

（5）減価償却計算期間の単位

減価償却費の計算は、原則として1年を単位として行うものとする。ただし、年度の中途で取得又は売却・廃棄した減価償却資産については、月を単位（月数は暦に従って計算し、1か月に満たない端数を生じた時はこれを1か月とする）として計算を行うものとする。

（6）減価償却費の配分の基準

ア　複数の拠点区分又はサービス区分に共通して発生する減価償却費のうち、国庫補助金等により取得した償却資産に関する減価償却費は、国庫補助金等の補助目的に沿った拠点区分又はサービス区分に配分する。

イ　ア以外の複数の拠点区分又はサービス区分に共通して発生する減価償却費については、利用の程度に応じた面積、人数等の合理的基準に基づいて毎期継続的に各拠点区分又はサービス区分に配分する。

18　引当金について

（1）徴収不能引当金について

ア　徴収不能引当金の計上は、原則として、毎会計年度末において徴収することが不可能な債権を個別に判断し、当該債権を徴収不能引当金に計上する（会計基準別紙2参照）。

イ　ア以外の債権（以下「一般債権」という。）については、過去の徴収不能額の発生割合に応じた金額を徴収不能引当金として計上する。

（2）賞与引当金について

賞与引当金の計上は、法人と職員との雇用関係に基づき、毎月の給料の他に賞与を支給する場合において、翌期に支給する職員の賞与のうち、支給対象期間が当期に帰属する支給見込額を賞与引当金として計上する。

（3）退職給付引当金について

20(2)を参照のこと。

（4）引当金の計上について

引当金については、当分の間、原則として上記の引当金に限るものとする。

19　積立金と積立資産について

（1）積立資産の積立て

会計基準注解（注20）において積立金を計上する際は同額の積立資産を積み立てることとしているが、資金管理上の理由等から積立資産の積立てが必要とされる場合には、その名称・理由を明確化した上で積立金を積み立てずに積立資産を計上できるものとする（別紙⑧「積立金・積立資産明細書」参照）。

（2）積立資産の積立ての時期

積立金と積立資産の積立ては、増減差額の発生した年度の財務諸表に反映させるのであるが、専用の預金口座で管理する場合は、遅くとも決算理事会終了後2か月を越えないうちに行うものとする。

（3）就労支援事業に関する積立金

就労支援事業については、指定基準において「就労支援事業収入から就労支援事業に必要な経費を控除した額に相当する金額を工賃として支払わなければならない」としていることから、原則として剰余金は発生しないものである。

しかしながら、将来にわたり安定的に工賃を支給し、又は安定的かつ円滑に就労支援事業を継続するため、また、次のような特定の目的の支出に備えるため、理事会の議決に基づき就労支援事業別事業活動明細書の就労支援事業活動増減差額から一定の金額を次の積立金として計上することができるものとする。

また、積立金を計上する場合には、同額の積立資産を計上することによりその存在を明らかにしなければならない。

なお、次の積立金は、当該年度の利用者賃金及び利用者工賃の支払額が、前年度の利用者賃金及び利用者工賃の支払実績額を下回らない場合に限り、計上できるものとする。

ア　工賃変動積立金

毎会計年度、一定の工賃水準を利用者に保障するため、将来の一定の工賃水準を下回る工賃の補填に備え、次に掲げる各事業年度における積立額及び積立額の上限額の範囲内において、「工賃変動積立金」を計上できるものとする。

・各事業年度における積立額：過去３年間の平均工賃の10％以内

・積立額の上限額：過去３年間の平均工賃の50％以内

なお、保障すべき一定の工賃水準とは、過去３年間の最低工賃（天災等により工賃が大幅に減少した年度を除く。）とし、これを下回った年度については、理事会の議決に基づき工賃変動積立金及び工賃変動積立資産を取り崩して工賃を補填し、補填された工賃を利用者に支給するものとする。

イ　設備等整備積立金

就労支援事業を安定的かつ円滑に継続するため、就労支援事業に要する設備等の更新、又は新たな業種への展開を行うための設備等の導入のための資金需要に対応するため、次に掲げる各事業年度における積立額及び積立額の上限額の範囲内において、設備等整備積立金を計上できるものとする。

・各事業年度における積立額：就労支援事業収入の10％以内

・積立額の上限額：就労支援事業資産の取得価額の75％以内

なお、設備等整備積立金の積み立てにあっては、施設の大規模改修への国庫補助、高齢・障害者雇用支援機構の助成金に留意することとし、設備等整備積立金により就労支援事業に要する設備等の更新、又は新たな業種への展開を行うための設備等を導入した場合には、対応する積立金及び積立資産を取り崩すものとする。

ウ　積立金の流用及び繰替使用

積立金は、上述のとおり、一定の工賃水準の保障、就労支援事業の安定的かつ円滑な継続という特定の目的のために、一定の条件の下に認められるものであることから、その他の目的のための支出への流用（積立金の流用とは、積立金の取り崩しではなく、積立金に対応して設定した積立資産の取崩しをいう。）は認められない。

しかしながら、就労支援事業に伴う自立支援給付費収入の受取時期が、請求及びその審査等に一定の時間を要し、事業の実施月から見て２か月以上遅延する場合が想定されることから、このような場合に限り、上述の積立金に対応する資金の一部を一時繰替使用することができるものとする。

ただし、繰替えて使用した資金は、自立支援給付費収入により必ず補填することとし、積立金の目的の達成に支障を来さないように留意すること。

（4）授産事業に関する積立金

授産施設は、最低基準において「授産施設の利用者には、事業収入の額から、事業に必要な経費の額を控除した額に相当する額の工賃を支払わなければならない。」と規定していることから、原則として剰余金は発生しないものである。

しかしながら、会計基準第４章第４(4)に規定する「その他の積立金」により、人件費積立金、修繕積立金、備品等購入積立金、工賃平均積立金等の積立金として処理を行うことは可能である。

なお、積立金を計上する場合には、同額の積立資産を計上することによりその存在を明らかにしなければならない。

20　新たに導入した会計手法とその簡便法について

(1) リース会計

ア　リース会計処理について

企業会計においてはリース取引の会計処理はリース会計基準に従って行われる。社会福祉法人においてもリース取引の会計処理はこれに準じて行うこととなる。

土地、建物等の不動産のリース取引（契約上、賃貸借となっているものも含む。）についても、ファイナンス・リース取引に該当するか、オペレーティング・リース取引に該当するかを判定する。ただし、土地については、所有権の移転条項又は割安購入選択権の条項がある場合等を除き、オペレーティング・リース取引に該当するものと推定することとなる。

なお、リース契約１件当たりのリース料総額（維持管理費用相当額又は通常の保守等の役務提供相当額のリース料総額に占める割合が重要な場合には、その合理的見積額を除くことができる。）が300万円以下のリース取引等少額のリース資産や、リース期間が1年以内のリース取引についてはオペレーティング・リース取引の会計処理に準じて資産計上又は会計基準注解（注９）に記載されている注記を省略することができる等の簡便的な取扱いができるものとする。

イ　利息相当額の各期への配分について

リース資産総額に重要性が乏しいと認められる場合は、次のいずれかの方法を適用することができる。

① 会計基準注解（注９）の定めによらず、リース料総額から利息相当額の合理的な見積額を控除しない方法によることができる。この場合、リース資産及びリース債務は、リース料総額で計上され、支払利息は計上されず、減価償却費のみが計上される。

② 会計基準注解（注９）の定めによらず、利息相当額の総額をリース期間中の各期に配分する方法として、定額法を採用することができる。

なお、リース資産総額に重要性が乏しいと認められる場合とは、未経過リース料の期末残高（会計基準注解（注2）で通常の賃貸借取引に係る方法に準じて会計処理を行うこととしたものや、会計基準注解（注9）に従い利息相当額を利息法により各期に配分しているリース資産に係るものを除く。）が、当該期末残高、有形固定資産及び無形固定資産の期末残高の法人全体の合計額に占める割合が10%未満である場合とする。

（2）退職給付会計

ア　期末要支給額による算定について

退職給付会計の適用に当たり、退職給付の対象となる職員数が300人未満の社会福祉法人のほか、職員数が300人以上であっても、年齢や勤務期間に偏りがあるなどにより数理計算結果に一定の高い水準の信頼性が得られない社会福祉法人や原則的な方法により算定した場合の額と期末要支給額との差異に重要性が乏しいと考えられる社会福祉法人においては、退職一時金に係る債務について期末要支給額により算定することができるものとする。

イ　独立行政法人福祉医療機構の実施する社会福祉施設職員等退職手当共済制度の会計処理

独立行政法人福祉医療機構の実施する社会福祉施設職員等退職手当共済制度及び確定拠出年金制度のように拠出以後に追加的な負担が生じない外部拠出型の制度については、当該制度に基づく要拠出額である掛金額をもって費用処理する。

ウ　都道府県等の実施する退職共済制度の会計処理

都道府県等の実施する退職共済制度において、退職一時金制度等の確定給付型を採用している場合は、約定の額を退職給付引当金に計上する。ただし被共済職員個人の拠出金がある場合は、約定の給付額から被共済職員個人が既に拠出した掛金累計額を差し引いた額を退職給付引当金に計上する。

なお、簡便法として、期末退職金要支給額（約定の給付額から被共済職員個人が既に拠出した掛金累計額を差し引いた額）を退職給付引当金とし同額の退職給付引当資産を計上する方法や、社会福祉法人の負担する掛金額を退職給付引当資産とし同額の退職給付引当金を計上する方法を用いることができるものとする。

（3）資産価値の下落

会計基準第4章第3第6項に規定する資産の価値が著しく下落したとは、時価が帳簿価額から概ね50%を超えて下落している場合をいうものとする。

（4）内部取引の相殺消去

会計基準注解（注5）に規定する内部取引の相殺消去には、ある事業区分、拠点区分又はサービス区分から他の事業区分、拠点区分又はサービス区分への財貨又はサービスの提供を外部との取引と同様に収益（収入）・費用（支出）として処理した取引も含むものとする。

例えば、就労支援事業のある拠点区分において製造した物品を他の拠点区分で給食として消費した場合には、就労支援事業収益（収入）と給食費（支出）を、内部取引消去欄で相殺消去する取扱いをするものとする。

（5）法人税、住民税及び事業税

ア　事業活動計算書への記載

法人税、住民税及び事業税を納税する法人は、事業活動計算書等の特別増減差額と当期活動増減差額の間に以下の欄を追加するものとする。

勘定科目		当年度決算（A）	前年度決算（B）	増減（A）－（B）
特別増減の部	特別増減差額（10）＝（8）－（9）			
税引前当期活動増減差額（11）＝（7）＋（10）				
法人税、住民税及び事業税（12）				
法人税等調整額（13）				
当期活動増減差額（14）＝（11）－（12）－（13）				

なお、重要性の原則により税効果会計を適用しない法人は、「法人税等調整額」欄の追加は不要となる。「繰越活動増減差額の部」の各項目に右記した番号は順次繰り下げるものとする。

イ　貸借対照表への記載

確定した法人税、住民税及び事業税のうちの未払額については、流動負債の部に「未払法人税等」の科目を設けて記載するものとする。

また、税効果会計を適用する場合に生じる繰延税金資産及び繰延税金負債は、その発生原因に関連した資産・負債の分類又は将来における税効果の実現する時期が貸借対照表日の翌日から起算して1年以内か否かにより、当該科目名をもって流動資産又は固定資産及び流動負債又は固定負債に区分にして記載するものとする。

21　財務諸表の勘定科目及び注記について

（1）財務諸表の勘定科目

勘定科目は別添3に定めるとおりとする。

財務諸表の第1号の1～3様式、第2号の1～3様式は、勘定科目の大区分のみを記載するが、必要のない勘定科目は省略することができる。ただし、追加・修正はできないものとする。財務諸表の第1号の4様式、第2号の4様式は、勘定科目の小区分までを記載し、必要のない勘定科目は省略できるものとする。

また、第3号の1～4様式は、勘定科目の中区分までを記載し、必要のない中区分の勘定科目は省略できるものとする。

会計基準の別紙3及び別紙4については、勘定科目の小区分までを記載し、必要のない勘定科目は省略できるものとする。

勘定科目の中区分についてはやむを得ない場合、小区分については適当な勘定科目を追加できるものとする。

なお、小区分を更に区分する必要がある場合には、小区分の下に適当な科目を設けて処理することができるものとする。

また、財務諸表の様式又は運用指針別添3に規定されている勘定科目においても、該当する取引が制度上認められていない事業種別では当該勘定科目を使用することができないものとする。

(2) 財務諸表の注記

財務諸表の注記は、法人全体で記載するもの及び拠点区分で記載するものの2種類とする。法人全体で記載するものは会計基準の第5章に定める(1)から(15)までの全項目で、第3号の3様式の後に記載する。拠点区分で記載するものは会計基準の第5章に定める項目のうち(1)、(12)及び(13)以外の項目で、第3号の4様式の後に記載するものとする。ただし、拠点が1つの法人の場合、拠点区分で記載する財務諸表の注記を省略することができるものとする。

なお、法人全体又は拠点区分で該当する内容がない項目についても、(1)、(3)、(9)及び(10)を除いては、項目名の記載は省略できない。この場合は当該項目に「該当なし」などと記載するものとする。

22 関連当事者との取引について

会計基準注解の(注22)における関連当事者との取引の内容について財務諸表に注記を付す場合の関連当事者の範囲及び重要性の基準は、以下のとおりである。

(1) 関連当事者の範囲

当該社会福祉法人の役員及びその近親者とは、以下に該当するものとする。

ア 役員及びその近親者(3親等内の親族及びこの者と特別の関係にある者。なお、「親族及びこの者と特別の関係にあるもの」とは例えば以下を指すこととする。)

① 当該役員とまだ婚姻の届け出をしていないが、事実上婚姻と同様の事情にある者

② 当該役員から受ける金銭その他の財産によって生計を維持している者

③ ①又は②の親族で、これらの者と生計を一にしている者

イ 役員及びその近親者が議決権の過半数を有している法人

社会福祉法人の役員のうち、対象とする役員は有給常勤役員に限定するものとする。

（2）関連当事者との取引に係る開示対象範囲

上記（1）ア及びイに掲げる者との取引については、事業活動計算書項目及び貸借対照表項目いずれに係る取引についても、年間1,000万円を超える取引については全て開示対象とするものとする。

23　附属明細書について

会計基準第6章に規定する「その他重要な事項に係る明細書」とは以下のものをいう。ただし、該当する事由がない場合は、当該附属明細書の作成は省略できるものとする。

（1）法人全体で作成する明細書（別紙①～⑦）

以下の明細書は、法人全体で作成するものとし、明細書の中で拠点区分ごとの内訳を示すものとする。

（別紙①）借入金明細書
（別紙②）寄附金収益明細書
（別紙③）補助金事業等収益明細書
（別紙④）事業区分間及び拠点区分間繰入金明細書
（別紙⑤）事業区分間及び拠点区分間貸付金（借入金）残高明細書
（別紙⑥）基本金明細書
（別紙⑦）国庫補助金等特別積立金明細書

（2）拠点区分で作成する明細書（別紙⑧～⑲）

ア　拠点区分で作成する明細書（別紙⑧～⑲）

以下の附属明細書は拠点区分ごとに作成するものとし、法人全体で作成する必要はないものとする。

（別紙⑧）積立金・積立資産明細書
（別紙⑨）サービス区分間繰入金明細書
（別紙⑩）サービス区分間貸付金（借入金）残高明細書
（別紙⑪）就労支援事業別事業活動明細書
（別紙⑫）就労支援事業別事業活動明細書（多機能型事業所等用）
（別紙⑬）就労支援事業製造原価明細書
（別紙⑭）就労支援事業製造原価明細書（多機能型事業所等用）
（別紙⑮）就労支援事業販管費明細書
（別紙⑯）就労支援事業販管費明細書（多機能型事業所等用）
（別紙⑰）就労支援事業明細書
（別紙⑱）就労支援事業明細書（多機能型事業所等用）

（別紙⑲）授産事業費用明細書

イ　就労支援事業に関する明細書（別紙⑪～⑱）の取扱い

就労支援事業に関する明細書の取扱いは以下のとおりとする。

（ア）対象範囲

就労支援事業の範囲は以下のとおりとする。

①　障害者の日常生活及び社会生活を総合的に支援するための法律第5条第13項に規定する就労移行支援

②　同法施行規則第6条第10項第1号に規定する就労継続支援A型

③　同法施行規則第6条第10項第2号に規定する就労継続支援B型

また、同法第5条第6項に基づく生活介護等において、生産活動を実施する場合については、就労支援事業に関する明細書を作成できるものとする。

（イ）就労支援事業別事業活動明細書（別紙⑪又は⑫）について

就労支援事業別事業活動明細書上の「就労支援事業販売原価」の計算については、以下のとおりである。

①　就労支援事業所で製造した製品を販売する場合

（就労支援事業販売原価）

＝（期首製品（商品）棚卸高）＋（当期就労支援事業製造原価）－（期末製品（商品）棚卸高）

②　就労支援事業所以外で製造した商品を仕入れて販売する場合

（就労支援事業販売原価）

＝（期首製品（商品）棚卸高）＋（当期就労支援事業仕入高）－（期末製品（商品）棚卸高）

（ウ）就労支援事業製造原価明細書及び就労支援事業販管費明細書（別紙⑬～⑯）について

就労支援事業別事業活動明細書の「当期就労支援事業製造原価」及び「就労支援事業販管費」に関して、「就労支援事業製造原価明細書」（別紙⑬又は⑭）、「就労支援事業販管費明細書」（別紙⑮又は⑯）を作成するものとするが、その取扱いは以下のとおりである。

①「製造業務に携わる利用者の賃金及び工賃」については、就労支援事業製造原価明細書に計上される。

また、製造業務に携わる就労支援事業に従事する職業指導員等（以下「就労支援事業指導員等」という。）の給与及び退職給付費用については、就労支援事業製造原価明細書に計上することができる。

② 「販売業務に携わる利用者の賃金及び工賃」及び「製品の販売のために支出された費用」については、就労支援事業販管費明細書に計上される。

また、販売業務に携わる就労支援事業指導員等の給与及び退職給付費用については、就労支援事業販管費明細書に計上することができる。

③ 「就労支援事業製造原価明細書」及び「就労支援事業販管費明細書」について、多種少額の生産活動を行う等の理由により、作業種別ごとに区分することが困難な場合は、作業種別ごとの区分を省略することができる。

なお、この場合において、別紙⑪又は⑫の「就労支援事業別事業活動明細書」を作成の際には、作業種別毎の区分は不要とする。

(エ) 就労支援事業明細書(別紙⑰又は⑱)について

サービス区分ごとに定める就労支援事業について、各就労支援事業の年間売上高が5,000万円以下であって、多種少額の生産活動を行う等の理由により、製造業務と販売業務に係る費用を区分することが困難な場合は、「就労支援事業製造原価明細書(別紙⑬又は⑭)」及び「就労支援事業販管費明細書(別紙⑮又は⑯)」の作成に替えて、「就労支援事業明細書(別紙⑰又は⑱)」を作成すれば足りることとする。

この「就労支援事業明細書」上の「材料費」の計算については、

(材料費)=(期首材料棚卸高)+(当期材料仕入高)-(期末材料棚卸高)とする。

なお、この場合において、資金収支計算書上は「就労支援事業製造原価支出」を「就労支援事業支出」と読み替え、「就労支援事業販管費支出」を削除して作成するものとし、事業活動計算書上は「当期就労支援事業製造原価」を「就労支援事業費」と読み替え、「就労支援事業販管費」を削除して作成するものとする。また、別紙⑪又は⑫の「就労支援事業別事業活動明細書」を作成の際には、同明細書上の「当期就労支援事業製造原価」を「就労支援事業費」と読み替え、「就労支援事業販管費」を削除して作成するものとする。

また、作業種別ごとに区分することが困難な場合は、作業種別ごとの区分を省略することもできる。

ウ 授産事業に関する明細書(別紙⑲)の取扱い

授産施設で行う授産事業に関する明細書の取扱いは以下のとおりとする。

(ア) 対象範囲

授産事業の範囲は以下のとおりとする。

① 生活保護法(昭和25年法律第144号)第38条第5項に規定する授産施設

② 社会福祉法(昭和26年法律第45号)第2条第2項第7号に規定する授産施設

第5章

（イ）授産事業費用明細書について

授産事業における費用の状況把握を適正に行うため、各法人においては「授産事業費用明細書」（別紙⑲）を作成し、授産事業に関する管理を適切に行うものとする。

24　固定資産管理台帳について

基本財産（有形固定資産）及びその他の固定資産（有形固定資産及び無形固定資産）は個々の資産の管理を行うため、固定資産管理台帳を作成するものとする。

別添1

具体的な科目及び配分方法

種　類	想定される勘定科目	配　分　方　法
人件費（支出）	・職員給料（支出） ・職員賞与（支出） ・賞与引当金繰入 ・非常勤職員給与（支出） ・退職給付費用（退職給付支出） ・法定福利費（支出）	勤務時間割合により区分。 （困難な場合は次の方法により配分） ・職種別人員配置割合 ・看護・介護職員人員配置割合 ・届出人員割合 ・延利用者数割合
事業費（支出）	・介護用品費（支出） ・医薬品費（支出） ・診療・療養等材料費（支出） ・消耗器具備品費（支出）	各事業の消費金額により区分。 （困難な場合は次の方法により配分） ・延利用者数割合 ・各事業別収入割合
	・給食費（支出）	実際食数割合により区分。 （困難な場合は次の方法により配分） ・延利用者数割合 ・各事業別収入割合
事務費（支出）	・福利厚生費（支出） ・職員被服費（支出）	給与費割合により区分。 （困難な場合は延利用者数割合により配分）
	・旅費交通費（支出） ・通信運搬費（支出） ・諸会費（支出） ・雑費（雑支出） ・渉外費（支出）	・延利用者数割合 ・職種別人員配置割合 ・給与費割合
	・事務消耗品費（支出） ・広報費（支出）	各事業の消費金額により区分。 （困難な場合は延利用者数割合により配分）
	・会議費（支出）	会議内容により事業個別費として区分。 （困難な場合は延利用者数割合により配分）
	・水道光熱費（支出）	メーター等による測定割合により区分。 （困難な場合は建物床面積割合により配分）
	・修繕費（支出）	建物修繕は、当該修繕部分により区分、建物修繕以外は事業個別費として配分 （困難な場合は建物床面積割合で配分）
	・賃借料（支出） ・土地建物賃借料（支出）	賃貸物件特にリース物件については、その物件の使用割合により区分。 （困難な場合は建物床面積割合により配分）
	・保険料（支出）	・建物床面積割合により配分 ・自動車関係は送迎利用者数割合又は使用高割合で、損害保険料等は延利用者数割合により配分
	・租税公課（支出）	・建物床面積割合により配分 ・自動車関係は送迎利用者数割合又は使用高割合で配分

第5章

種　類	想定される勘定科目	配　分　方　法
	・保守料（支出）	保守契約対象物件の設置場所等に基づき事業個別費として区分。 （困難な場合は延利用者数割合により配分）
	・業務委託費（支出）（寝具） （給食） （その他）	各事業の消費金額により区分。 （困難な場合は、延利用者数割合により配分） ・延利用者数割合 ・実際食数割合 ・建物床面積割合 ・延利用者数割合
	・研修研究費（支出）	研修内容等、目的、出席者等の実態に応じて、事業個別費として区分。 （困難な場合は、延利用者数割合により配分）
減価償却費	・建物、構築物等に係る減価償却費	建物床面積割合により区分。 （困難な場合は、延利用者数割合により配分）
	・車輌運搬具、機械及び装置等に係る減価償却費	使用高割合により区分。 （困難な場合は、延利用者数割合により配分）
	・その他の有形固定資産、無形固定資産に係る減価償却費	延利用者数割合により配分
徴収不能額	・徴収不能額	各事業の個別発生金額により区分。 （困難な場合は、各事業別収入割合により配分）
徴収不能引当金繰入	・徴収不能引当金繰入	事業ごとの債権金額に引当率を乗じた金額に基づき区分。 （困難な場合は、延利用者数割合により配分）
支払利息（支出）	・支払利息（支出）	事業借入目的の借入金に対する期末残高割合により区分。 （困難な場合は、次の方法により配分） ・借入金が主として土地建物の取得の場合は建物床面積割合 ・それ以外は、延利用者数割合

減価償却資産の償却率、改訂償却率及び保証率表

耐用年数	平成 24 年４月１日以後に取得			平成 19 年４月１日以後取得	平成 19 年４月１日から平成 24 年３月 31 日までの間に取得			耐用年数	平成 19 年３月 31 日以前取得	
	定率法			定額法償却率	定率法				旧定額法償却率	旧定率法償却率
	償却率	改定償却率	保証率		償却率	改訂償却率	保証率			
2	1.000	—	—	0.500	1.000	—	—	2	0.500	0.684
3	0.667	1.000	0.11089	0.334	0.833	1.000	0.02789	3	0.333	0.536
4	0.500	1.000	0.12499	0.250	0.625	1.000	0.05274	4	0.250	0.438
5	0.400	0.500	0.10800	0.200	0.500	1.000	0.06249	5	0.200	0.369
6	0.333	0.334	0.09911	0.167	0.417	0.500	0.05776	6	0.166	0.319
7	0.286	0.334	0.08680	0.143	0.357	0.500	0.05496	7	0.142	0.280
8	0.250	0.334	0.07909	0.125	0.313	0.334	0.05111	8	0.125	0.250
9	0.222	0.250	0.07126	0.112	0.278	0.334	0.04731	9	0.111	0.226
10	0.200	0.250	0.06552	0.100	0.250	0.334	0.04448	10	0.100	0.206
11	0.182	0.200	0.05992	0.091	0.227	0.250	0.04123	11	0.090	0.189
12	0.167	0.200	0.05566	0.084	0.208	0.250	0.03870	12	0.083	0.175
13	0.154	0.167	0.05180	0.077	0.192	0.200	0.03633	13	0.076	0.162
14	0.143	0.167	0.04854	0.072	0.179	0.200	0.03389	14	0.071	0.152
15	0.133	0.143	0.04565	0.067	0.167	0.200	0.03217	15	0.066	0.142
16	0.125	0.143	0.04294	0.063	0.156	0.167	0.03063	16	0.062	0.134
17	0.118	0.125	0.04038	0.059	0.147	0.167	0.02905	17	0.058	0.127
18	0.111	0.112	0.03884	0.056	0.139	0.143	0.02757	18	0.055	0.120
19	0.105	0.112	0.03693	0.053	0.132	0.143	0.02616	19	0.052	0.114
20	0.100	0.112	0.03486	0.050	0.125	0.143	0.02517	20	0.050	0.109
21	0.095	0.100	0.03335	0.048	0.119	0.125	0.02408	21	0.048	0.104
22	0.091	0.100	0.03182	0.046	0.114	0.125	0.02296	22	0.046	0.099
23	0.087	0.091	0.03052	0.044	0.109	0.112	0.02226	23	0.044	0.095
24	0.083	0.084	0.02969	0.042	0.104	0.112	0.02157	24	0.042	0.092
25	0.080	0.084	0.02841	0.040	0.100	0.112	0.02058	25	0.040	0.088
26	0.077	0.084	0.02716	0.039	0.096	0.100	0.01989	26	0.039	0.085
27	0.074	0.077	0.02624	0.038	0.093	0.100	0.01902	27	0.037	0.082
28	0.071	0.072	0.02568	0.036	0.089	0.091	0.01866	28	0.036	0.079
29	0.069	0.072	0.02463	0.035	0.086	0.091	0.01803	29	0.035	0.076
30	0.067	0.072	0.02366	0.034	0.083	0.084	0.01766	30	0.034	0.074
31	0.065	0.067	0.02286	0.033	0.081	0.084	0.01688	31	0.033	0.072
32	0.063	0.067	0.02216	0.032	0.078	0.084	0.01655	32	0.032	0.069
33	0.061	0.063	0.02161	0.031	0.076	0.077	0.01585	33	0.031	0.067
34	0.059	0.063	0.02097	0.030	0.074	0.077	0.01532	34	0.030	0.066
35	0.057	0.059	0.02051	0.029	0.071	0.072	0.01532	35	0.029	0.064
36	0.056	0.059	0.01974	0.028	0.069	0.072	0.01494	36	0.028	0.062
37	0.054	0.056	0.01950	0.028	0.068	0.072	0.01425	37	0.027	0.060
38	0.053	0.056	0.01882	0.027	0.066	0.067	0.01393	38	0.027	0.059
39	0.051	0.053	0.01860	0.026	0.064	0.067	0.01370	39	0.026	0.057
40	0.050	0.053	0.01791	0.025	0.063	0.067	0.01317	40	0.025	0.056
41	0.049	0.050	0.01741	0.025	0.061	0.063	0.01306	41	0.025	0.055
42	0.048	0.050	0.01694	0.024	0.060	0.063	0.01261	42	0.024	0.053
43	0.047	0.048	0.01664	0.024	0.058	0.059	0.01248	43	0.024	0.052
44	0.045	0.046	0.01664	0.023	0.057	0.059	0.01210	44	0.023	0.051
45	0.044	0.046	0.01634	0.023	0.056	0.059	0.01175	45	0.023	0.050
46	0.043	0.044	0.01601	0.022	0.054	0.056	0.01175	46	0.022	0.049
47	0.043	0.044	0.01532	0.022	0.053	0.056	0.01153	47	0.022	0.048
48	0.042	0.044	0.01499	0.021	0.052	0.053	0.01126	48	0.021	0.047
49	0.041	0.042	0.01475	0.021	0.051	0.053	0.01102	49	0.021	0.046
50	0.040	0.042	0.01440	0.020	0.050	0.053	0.01072	50	0.020	0.045

（注 1） 耐用年数 50 年以降の計数については、「減価償却資産の耐用年数等に関する省令」（昭和 40 年大蔵省令第 15 号）別表第七、第八、第九及び第十を用いること。

（注 2） 本表における用語の定義は次の通りであること。
「保証率」＝「償却保証額」の計算において減価償却資産の取得価額に乗ずる率をいう。
「改訂償却率」＝各事業年度の「調整前償却額」が「償却保証額」に満たない場合に、その最初に満たないこととなる事業年度以降の償却費がその後毎年同一となるように適用される償却率
「調整前償却額」＝減価償却資産の期首帳簿価額（取得価額から既にした償却費の累計額を控除した後の金額。以下同じ）に「定率法の償却率」を乗じて計算した金額（＝各事業年度の償却額）をいう。
「償却保証額」＝減価償却資産の取得価額×「保証率」
「改訂取得価額」＝各事業年度の「調整前償却額」が「償却保証額」に満たない場合に、その最初に満たないこととなる事業年度の期首帳簿価額をいう。

（調整前償却額）≧（償却保証額）の場合：
（定率法減価償却費）＝（期首帳簿価額）×（定率法の償却率）

（調整前償却額）＜（償却保証額）の場合：
（定率法減価償却費）＝（改訂取得価額）×（改訂償却率）

勘定科目説明

別紙３

※財務諸表の第１号の1～3様式、第２号の1～3様式は、勘定科目の大区分のみを記載するが、必要のないものは省略することができる。ただし追加・修正はできないものとする。財務諸表の第１号の４様式、第２号の４様式は、勘定科目の小区分までを記載し、必要のない勘定科目は省略できるものとする。また、第３号の1～4様式は、勘定科目の中区分までを記載し、必要のない中区分の勘定科目は省略できるものとする。
※会計基準の別紙3、別紙４については、勘定科目の小区分までを記載し、必要のない勘定科目は省略できるものとする。
※勘定科目の中区分についてはやむを得ない場合、小区分については適当な科目を追加できるものとする。なお、小区分を更に区分する必要がある場合には、小区分の下に適当な科目を設けて処理することができるものとする。
※「水道光熱費（支出）」、「燃料費（支出）」、「賃借料（支出）」、「保険料（支出）」については原則、事業費（支出）のみに計上できる。ただし、措置費、保育所運営費の弾力運用が認められないケースでは、事業費（支出）、事務費（支出）の双方に計上するものとする。
※財務諸表の様式又は運用指針Ｉ別添３に規定されている勘定科目においても、該当する取引が制度上認められていない事業種別では当該勘定科目を使用することができないものとする。

1．資金収支計算書勘定科目の説明

①収入の部

＜事業活動による収入＞

大区分	中区分	小区分	説明
介護保険事業収入	施設介護料収入	介護報酬収入	介護保険の施設介護料で介護報酬収入をいう。 （介護保険法の給付等に関する省令・告示に規定する介護福祉施設サービス費、介護保健施設サービス費、療養病床を有する病院における介護療養施設サービス費、療養病床を有する診療所における介護療養施設サービス費、老人性認知症疾患療養病棟を有する病院における介護療養施設サービス費、旧措置入所者介護福祉施設サービス費、ユニット型介護福祉施設サービス費、ユニット型旧措置入所者介護福祉施設サービス費、ユニット型介護保健施設サービス費、初期加算、退所時等相談援助加算、退所時指導等加算、緊急時施設療養費等）
		利用者負担金収入（公費）	介護保険の施設介護料で利用者負担収入（公費）をいう。 （介護保険法の給付等に関する省令・告示に規定する介護福祉施設サービス費、介護保健施設サービス費、療養病床を有する病院における介護療養施設サービス費、療養病床を有する診療所における介護療養施設サービス費、老人性認知症疾患療養病棟を有する病院における介護療養施設サービス費、旧措置入所者介護福祉施設サービス費、ユニット型介護福祉施設サービス費、ユニット型旧措置入所者介護福祉施設サービス費、ユニット型介護保健施設サービス費、初期加算、退所時等相談援助加算、退所時指導等加算、緊急時施設療養費等の利用者負担額のうち、公費分）
		利用者負担金収入（一般）	介護保険の施設介護料で利用者負担収入（一般）をいう。 （介護保険法の給付等に関する省令・告示に規定する介護福祉施設サービス費、介護保健施設サービス費、療養病床を有する病院における介護療養施設サービス費、療養病床を有する診療所における介護療養施設サービス費、老人性認知症疾患療養病棟を有する病院における介護療養施設サービス費、旧措置入所者介護福祉施設サービス費、ユニット型介護福祉施設サービス費、ユニット型旧措置入所者介護福祉施設サービス費、ユニット型介護保健施設サービス費、初期加算、退所時等相談援助加算、退所時指導等加算、緊急時施設療養費等の利用者負担額のうち、一般分）

第5章

大区分	中区分	小区分	説明
	居宅介護料収入		
	（介護報酬収入）	介護報酬収入	介護保険の居宅介護料で介護報酬収入をいう。 （介護保険法の給付等に関する省令・告示に規定する訪問介護費、訪問入浴介護費、通所介護費、短期入所生活介護費、訪問看護療養費等）
		介護予防報酬収入	介護保険の居宅介護料で介護予防報酬収入をいう。 （介護保険法の給付等に関する省令・告示に規定する介護予防訪問介護費、介護予防訪問入浴費、介護予防通所介護費、介護予防短期入所生活介護費、介護予防訪問看護療養費等）
	（利用者負担金収入）	介護負担金収入（公費）	介護保険の居宅介護料で介護負担金収入（公費）をいう。 （介護保険法の給付等に関する省令・告示に規定する訪問介護費、訪問入浴介護費、通所介護費、短期入所生活介護費、訪問看護療養費等の利用者負担額のうち、公費分）
		介護負担金収入（一般）	介護保険の居宅介護料で介護負担金収入（一般）をいう。 （介護保険法の給付等に関する省令・告示に規定する訪問介護費、訪問入浴介護費、通所介護費、短期入所生活介護費、訪問看護療養費等の利用者負担額のうち、一般分）
		介護予防負担金収入（公費）	介護保険の居宅介護料で介護予防負担金収入（公費）をいう。 （介護保険法の給付等に関する省令・告示に規定する介護予防訪問介護費、介護予防訪問入浴費、介護予防通所介護費、介護予防短期入所生活介護費、介護予防訪問看護療養費等の利用者負担額のうち、公費分）
		介護予防負担金収入（一般）	介護保険の居宅介護料で介護予防負担金収入（一般）をいう。 （介護保険法の給付等に関する省令・告示に規定する介護予防訪問介護費、介護予防訪問入浴費、介護予防通所介護費、介護予防短期入所生活介護費、介護予防訪問看護療養費等の利用者負担額のうち、一般分）
	地域密着型介護料収入		
	（介護報酬収入）	介護報酬収入	介護保険の地域密着型介護料で介護報酬収入をいう。 （介護保険法の給付等に関する省令・告示に規定する定期巡回・随時対応型訪問介護看護費、夜間対応型訪問介護費、認知症対応型通所介護費、小規模多機能型居宅介護費、認知症対応型共同生活介護費、複合型サービス費（看護小規模多機能型居宅介護費）、地域密着型特定施設入居者生活介護費、地域密着型介護老人福祉施設入所者生活介護費）
		介護予防報酬収入	介護保険の地域密着型介護料で介護予防報酬収入をいう。 （介護保険法の給付等に関する省令・告示に規定する介護予防認知症対応型通所介護費、介護予防小規模多機能型居宅介護費、介護予防認知症対応型共同生活介護費）
	（利用者負担金収入）	介護負担金収入（公費）	介護保険の居宅介護料で介護負担金収入（公費）をいう。 （介護保険法の給付等に関する省令・告示に規定する定期巡回・随時対応型訪問介護看護費、夜間対応型訪問介護費、認知症対応型通所介護費、小規模多機能型居宅介護費、認知症対応型共同生活介護費、複合型サービス費（看護小規模多機能型居宅介護費）、地域密着型特定施設入居者生活介護費、地域密着型介護老人福祉施設入所者生活介護費の利用者負担額のうち、公費分）

大区分	中区分	小区分	説明
		介護負担金収入（一般）	介護保険の居宅介護料で介護負担金収入（一般）をいう。 （介護保険法の給付等に関する省令・告示に規定する定期巡回・随時対応型訪問介護看護費、夜間対応型訪問介護費、認知症対応型通所介護費、小規模多機能型居宅介護費、認知症対応型共同生活介護費、複合型サービス費（看護小規模多機能型居宅介護費）、地域密着型特定施設入居者生活介護費、地域密着型介護老人福祉施設入所者生活介護費の利用者負担額のうち、一般分）
		介護予防負担金収入（公費）	介護保険の居宅介護料で介護予防負担金収入（公費）をいう。 （介護保険法の給付等に関する省令・告示に規定する介護予防認知症対応型通所介護費、介護予防小規模多機能型居宅介護費、介護予防認知症対応型共同生活介護費の利用者負担額のうち、公費分）
		介護予防負担金収入（一般）	介護保険の居宅介護料で介護予防負担金収入（一般）をいう。 （介護保険法の給付等に関する省令・告示に規定する介護予防認知症対応型通所介護費、介護予防小規模多機能型居宅介護費、介護予防認知症対応型共同生活介護費の利用者負担額のうち、一般分）
	居宅介護支援介護料収入	居宅介護支援介護料収入	介護保険の居宅介護支援介護料で居宅介護支援介護料収入をいう。 （介護保険法の給付等に関する省令・告示に規定する居宅介護支援費）
		介護予防支援介護料収入	介護保険の居宅介護支援介護料で居宅予防介護支援介護料収入をいう。 （介護保険法の給付等に関する省令・告示に規定する介護予防支援費）
	介護予防・日常生活支援総合事業収入	事業費収入	介護保険の介護予防・日常生活支援総合事業費で事業費収入をいう。 （介護予防・日常生活支援総合事業に関する省令・告示等に規定する第1号訪問事業、第1号通所事業、第1号生活支援事業、第1号介護予防支援事業、一般介護予防事業に係る事業費収入）
		事業負担金収入（公費）	介護保険の介護予防・日常生活支援総合事業費で事業負担金収入（公費）をいう。 （介護予防・日常生活支援総合事業に関する省令・告示等に規定する第1号訪問事業、第1号通所事業、第1号生活支援事業、第1号介護予防支援事業、一般介護予防事業の利用者負担額のうち、公費分）
		事業負担金収入（一般）	介護保険の介護予防・日常生活支援総合事業費で事業負担金収入（一般）をいう。 （介護予防・日常生活支援総合事業に関する省令・告示等に規定する第1号訪問事業、第1号通所事業、第1号生活支援事業、第1号介護予防支援事業、一般介護予防事業の利用者負担額のうち、一般分）
	利用者等利用料収入	施設サービス利用料収入	介護保険の利用者等利用料収入で施設サービス利用料収入をいう。 （介護保険法の給付等に関する省令・告示において支払いを受けることができることとされている理美容料、日常生活サービス料等）
		居宅介護サービス利用料収入	介護保険の利用者等利用料収入で居宅介護サービス利用料収入をいう。 （介護保険法の給付等に関する省令・告示において支払いを受けることができることとされている送迎費、おむつ料、日常生活サービス料等）

第5章

大区分	中区分	小区分	説明
		地域密着型介護サービス利用料収入	介護保険の利用者等利用料収入で地域密着型介護サービス利用料収入をいう。 （介護保険法の給付等に関する省令・告示において支払いを受けることができることとされているサービス料等）
		食費収入（公費）	介護保険の利用者等利用料収入で、食費収入（公費）をいう。 （食費に係る特定入所者介護サービス費、生活保護の公費請求分等）
		食費収入（一般）	介護保険の利用者等利用料収入で、食費収入（一般）をいう。 （指定介護老人福祉施設、介護老人保健施設等の入所者又は入居者（以下「入所者等」という。）並びに指定通所介護事業所、指定短期入所生活介護事業所及び指定認知症対応型共同生活介護事業所等の利用者が支払う食費（ケアハウスの生活費として処理されるものを除く）、食費に係る特定入所者介護サービス費、利用者が選定した特別な食事料）
		居住費収入（公費）	介護保険の利用者等利用料収入で、居住費収入（公費）をいう。 （居住費に係る特定入所者介護サービス費、生活保護の公費請求分等）
		居住費収入（一般）	介護保険の利用者等利用料収入で、居住費収入（一般）をいう。 （指定介護老人福祉施設、介護老人保健施設等の入所者等が支払う居住費、指定短期入所生活介護事業所の利用者が支払う滞在費、指定特定施設入居者生活介護事業所等の利用者が支払う家賃又は宿泊費（ケアハウスの管理費として処理されるものを除く）、居住費に係る特定施設入所者介護サービス費、利用者が選定した特別な室料）
		介護予防・日常生活支援総合事業利用料収入	介護予防・日常生活支援総合事業の利用者等利用料収入で、介護予防・日常生活支援総合事業の実費負担等に係る収入をいう。
		その他の利用料収入	介護保険の利用者等利用料収入で、その他の利用料収入をいう。 （前記のいずれにも属さない利用者等からの利用料）
	その他の事業収入	補助金事業収入	介護保険に関連する事業に対して、地方公共団体等から交付される補助金事業に係る収入をいう（共同募金からの配分金（受配者指定寄附金を除く）及び助成金を含む。）。補助金事業に係る利用者からの収入も含む。
		市町村特別事業収入	介護保険のその他の事業で、市町村特別事業収入をいう。 （介護保険法第62条に規定する市町村特別給付による収入）
		受託事業収入	介護保険に関連する、地方公共団体から委託された事業に係る収入をいう。受託事業に係る利用者からの収入も含む。 （介護保険法に基づく又は関連する、地方公共団体から委託された事業に係る収入）
		その他の事業収入	上記に属さないその他の事業収入をいう。利用者からの収入も含む。 （文書料など前記に属さない介護保険事業収入）
	（保険等査定減）		社会保険診療報酬支払基金等の審査機関による審査減額をいう。
老人福祉事業収入	措置事業収入	事務費収入	老人福祉の措置事業で、事務費収入をいう。 （老人福祉法に規定する措置費支弁額中の人件費及び管理費に係る収入をいう。）

大区分	中区分	小区分	説明
		事業費収入	老人福祉の措置事業で、事業費収入をいう。 （老人福祉法に規定する措置費支弁額中の入所者の処遇に必要な一般生活費等に係る収入をいう。）
		その他の利用料収入	老人福祉の措置事業で、その他の利用料収入をいう。 （前記のいずれの利用料にも属さない利用者等からの利用料をいう。）
		その他の事業収入	老人福祉の措置事業で、その他の事業収入をいう。 （前記のいずれの収入にも属さない事業収入をいう。）
	運営事業収入	管理費収入	老人福祉の運営事業で、管理費収入をいう。 （老人福祉法に規定する軽費老人ホームにおける居住に要する費用の収入をいう。）
		その他の利用料収入	老人福祉の運営事業で、その他の利用料収入をいう。 （老人福祉法に規定する軽費老人ホームにおける管理費収入を除く利用者等からの利用料（徴収額を含む。）をいう。）
		補助金事業収入	老人福祉の運営事業で、補助金事業収入をいう。 （老人福祉法に規定する軽費老人ホーム事業に対して交付される地方公共団体等からの補助金等の事業収入をいう。）
		その他の事業収入	老人福祉の運営事業で、その他の事業収入をいう。 （前記のいずれの収入にも属さない事業収入をいう。）
	その他の事業収入	管理費収入	老人福祉のその他の事業で、管理費収入をいう。 （老人福祉法に規定するその他の事業で、居住に要する費用の収入をいう。）
		その他の利用料収入	老人福祉のその他の事業で、その他の利用料収入をいう。 （老人福祉法に規定するその他の事業で、管理費収入を除く利用者等からの利用料（徴収額を含む。）をいう。）
		その他の事業収入	老人福祉のその他の事業で、その他の事業収入をいう。 （老人福祉法に規定するその他の事業で、前記のいずれの収入にも属さない事業収入をいう。）
児童福祉事業収入	措置費収入	事務費収入	措置費支弁額中の人件費及び管理費に係る収入をいう。
		事業費収入	措置費支弁額中の入所者の処遇に必要な一般生活費等に係る収入をいう。
	私的契約利用料収入		措置施設等における私的契約に基づく利用料収入をいう。
	その他の事業収入	補助金事業収入	措置受託に関連する地方公共団体等から交付される補助金事業に係る収入をいう（共同募金からの配分金（受配者指定寄附金を除く）及び助成金を含む。）。補助金事業に係る利用者からの収入も含む。
		受託事業収入	措置受託に関連する、地方公共団体から委託された事業に係る収入をいう。受託事業に係る利用者からの収入も含む。

第5章

大区分	中区分	小区分	説明
		その他の事業収入	上記に属さないその他の事業収入をいう。利用者からの収入も含む。
保育事業収入	施設型給付費収入	施設型給付費収入	施設型給付費の代理受領分をいう。
		利用者負担金収入	施設型給付費における利用者等からの利用者負担金（保育料）収入をいう。
	特例施設型給付費収入	特例施設型給付費収入	特例施設型給付費の代理受領分をいう。
		利用者負担金収入	特例施設型給付費における利用者等からの利用者負担金（保育料）収入をいう。
	地域型保育給付費収入	地域型保育給付費収入	地域型保育給付費の代理受領分をいう。
		利用者負担金収入	地域型保育給付費における利用者等からの利用者負担金（保育料）収入をいう。
	特例地域型保育給付費収入	特例地域型保育給付費収入	特例地域型保育給付費の代理受領分をいう。
		利用者負担金収入	特例地域型保育給付費における利用者等からの利用者負担金（保育料）収入をいう。
	委託費収入		子ども・子育て支援法附則6条に規定する委託費収入（私立認可保育所における保育の実施等に関する運営費収入）をいう。
	利用者等利用料収入	利用者等利用料収入（公費）	実費徴収額（保護者が支払うべき日用品、文房具等の購入に要する費用又は行事への参加に要する費用等）にかかる補足給付収入をいう。
		利用者等利用料収入（一般）	実費徴収額（保護者が支払うべき日用品、文房具等の購入に要する費用又は行事への参加に要する費用等）のうち補足給付収入以外の収入をいう。
		その他の利用料収入	特定負担額（教育・保育の質の向上を図る上で特に必要であると認められる対価）など上記に属さない利用者からの収入をいう。
	私的契約利用料収入		保育所等における私的契約に基づく利用料収入をいう。
	その他の事業収入	補助金事業収入	保育所等に関連する事業に対して、地方公共団体等から交付される補助金事業に係る収入をいう（共同募金からの配分金（受配者指定寄附金を除く）及び助成金を含む。）。補助金事業に係る利用者からの収入も含む。
		受託事業収入	保育所等に関連する、地方公共団体から委託された事業に係る収入をいう。受託事業に係る利用者からの収入も含む。
		その他の事業収入	上記に属さないその他の事業収入をいう。利用者からの収入も含む。

大区分	中区分	小区分	説明
就労支援事業収入	○○事業収入		就労支援事業の内容（製造製品の売上、仕入れ商品の売上、受託加工の別等）を示す名称を付した科目で記載する。
障害福祉サービス等事業収入	自立支援給付費収入	介護給付費収入	介護給付費の代理受領分をいう。
		特例介護給付費収入	特例介護給付費の受領分をいう。
		訓練等給付費収入	訓練等給付費の代理受領分をいう。
		特例訓練等給付費収入	特例訓練費等給付費の受領分をいう。
		地域相談支援給付費収入	地域相談支援給付費の代理受領分をいう。
		特例地域相談支援給付費収入	特例地域相談支援給付費の受領分をいう。
		計画相談支援給付費収入	計画相談支援給付費の代理受領分をいう。
		特例計画相談支援給付費収入	特例計画相談支援給付費の受領分をいう。
	障害児施設給付費収入	障害児通所給付費収入	障害児通所給付費の代理受領分をいう。
		特例障害児通所給付費収入	特例障害児通所給付費の代理受領分をいう。
		障害児入所給付費収入	障害児入所給付費の代理受領分をいう。
		障害児相談支援給付費収入	障害児相談支援給付費の代理受領分をいう。
		特例障害児相談支援給付費収入	特例障害児相談支援給付費の受領分をいう。
	利用者負担金収入		利用者本人（障害児においては、その保護者）の負担による収入をいう。
	補足給付費収入	特定障害者特別給付費収入	特定障害者特別給付費の代理受領分をいう。
		特例特定障害者特別給付費収入	特例特定障害者特別給付費の代理受領分をいう。

第5章

大区分	中区分	小区分	説明
		特定入所障害児食費等給付費収入	特定入所障害児食費等給付費の代理受領分をいう。
	特定費用収入		利用者から支払いを受けることができることとされている日用品費等をいう。
	その他の事業収入	補助金事業収入	障害者自立支援法又はこれに関連する事業に対して、地方公共団体等から交付される補助金事業（地域生活支援事業を含む。）に係る収入をいう（共同募金からの配分金（受配者指定寄附金を除く）及び助成金を含む。）。補助金事業に係る利用者からの収入も含む。
		受託事業収入	障害者自立支援法又はこれに関連する、地方公共団体から委託された事業（地域生活支援事業を含む。）に係る収入をいう。受託事業に係る利用者からの収入も含む。
		その他の事業収入	上記に属さないその他の事業収入をいう。利用者からの収入も含む。
	（保険等査定減）		社会保険診療報酬支払基金等の審査機関による審査減額をいう。
生活保護事業収入	措置費収入	事務費収入	措置費支弁額中の人件費及び管理費に係る収入をいう。
		事業費収入	入所者の処遇に必要な一般生活費として交付される保護費収入をいう。
	授産事業収入	○○事業収入	授産事業の内容（製造製品の売上げ、仕入れ商品の売上、受託加工の別等）を示す名称を付した科目で記載する。
	利用者負担金収入		保護施設等における利用者等からの利用料収入をいう。
	その他の事業収入	補助金事業収入	措置受託に関連する事業に対して、地方公共団体等から交付される補助金等収入をいう（共同募金からの配分金（受配者指定寄附金を除く）及び助成金を含む。）。補助金事業に係る利用者からの収入も含む。
		受託事業収入	措置受託に関連する、地方公共団体から委託された事業に係る収入をいう。受託事業に係る利用者からの収入も含む。
		その他の事業収入	上記に属さないその他の事業収入をいう。利用者からの収入も含む。
医療事業収入	入院診療収入		入院患者の診療、療養に係る収入（医療保険、公費負担医療、公害医療、労災保険、自動車損害賠償責任保険、自費診療等。ただし介護保険適用の療養病床に係るものは除く）をいう。
	室料差額収入		特定療養費の対象となる特別の療養環境の提供に係る収入をいう。
	外来診療収入		外来患者の診療、療養に係る収入（医療保険、公費負担医療、公害医療、労災保険、自動車損害賠償責任保険、自費診療等）をいう。
	保健予防活動収入		各種の健康診断、人間ドック、予防接種、妊産婦保健指導等保健予防活動に係る収入をいう。

大区分	中区分	小区分	説明
	受託検査・施設利用収入		他の医療機関から検査の委託を受けた場合の検査収入及び医療設備器機を他の医療機関の利用に供した場合の収入をいう。
	訪問看護療養費収入		訪問看護療養費の額等に関する告示に規定する訪問看護基本療養費、訪問看護管理療養費、訪問看護情報提供療養費、訪問看護ターミナル療養費相当分をいう。
	訪問看護利用料収入	訪問看護基本利用料収入	人員運営基準第13条第1項に規定する基本利用料徴収額をいう。
		訪問看護その他の利用料収入	人員運営基準第13条第2項の規定に基づくその他の利用料徴収額をいう。長時間利用料収入、休日・時間外利用料収入、交通費収入、その他のサービス利用料収入に区分設定する。
	その他の医療事業収入	補助金事業収入	医療法に基づく又は関連する事業に対して交付される地方公共団体等からの補助金等の事業収入をいう（共同募金からの配分金（受配者指定寄附金を除く）及び助成金を含む。）。補助金事業に係る利用者からの収入も含む。
		受託事業収入	医療法に基づく又は関連する、地方公共団体から委託された事業に係る収入をいう。受託事業に係る利用者からの収入も含む。
		その他の医療事業収入	上記に属さないその他の医療事業収入をいう。利用者からの収入も含む。
	（保険等査定減）		社会保険診療報酬支払基金等の審査機関による審査減額をいう。
○○事業収入	○○事業収入		事業の内容を示す名称を付した科目で記載する。
	その他の事業収入	補助金事業収入	○○事業に対して、地方公共団体等からの補助金等収入をいう（共同募金からの配分金（受配者指定寄附金を除く）及び助成金を含む。）。補助金事業に係る利用者からの収入も含む。
		受託事業収入	○○事業に関連する、地方公共団体から委託された事業に係る収入をいう。受託事業に係る利用者からの収入も含む。
		その他の事業収入	上記に属さないその他の事業収入をいう。利用者からの収入も含む。
○○収入	○○収入		収入の内容を示す名称を付した科目で記載する。
借入金利息補助金収入			施設整備及び設備整備に対する借入金利息に係る地方公共団体からの補助金等の収入をいう。
経常経費寄附金収入			経常経費に対する寄附金及び寄附物品をいう。
受取利息配当金収入			預貯金、有価証券、貸付金等の利息及び配当金等の収入をいう。
その他の収入	受入研修費収入		研修の受入に対する収入をいう。

第5章

大区分	中区分	小区分	説明
	利用者等外給食費収入		職員等患者・利用者以外に提供した食事に対する収入をいう。
	雑収入		上記に属さない事業活動による収入をいう。
流動資産評価益等による資金増加額	有価証券売却益		有価証券（投資有価証券を除く）を売却した場合の売却益をいう。
	有価証券評価益		有価証券（投資有価証券を除く）を時価評価した時の評価益をいう。
	為替差益		外国通貨、外貨建金銭債権債務（外貨預金を含む。）及び外貨建有価証券等について、円換算によって生じた換算差益をいう。
<施設整備等による収入>			
施設整備等補助金収入	施設整備等補助金収入		施設整備及び設備整備に係る地方公共団体等からの補助金等の収入をいう。
	設備資金借入金元金償還補助金収入		施設整備及び設備整備に対する借入金元金償還に係る地方公共団体等からの補助金等の収入をいう。
施設整備等寄附金収入	施設整備等寄附金収入		施設整備及び設備整備に係る寄附金収入をいう。なお、施設の創設及び増築時等に運転資金に充てるために収受した寄附金を含む。
	設備資金借入金元金償還寄附金収入		施設整備及び設備整備に対する借入金元金償還に係る寄附金収入をいう。
設備資金借入金収入			施設整備及び設備整備に対する借入金の受入額をいう。
固定資産売却収入	車輌運搬具売却収入		車輌運搬具の売却による収入をいう。
	器具及び備品売却収入		器具及び備品の売却による収入をいう。
	○○売却収入		売却した資産等の内容を示す名称を付した科目で記載する。
その他の施設整備等による収入	○○収入		施設整備及び設備整備による収入で他のいずれの科目にも属さない収入をいう。収入の内容を示す名称を付した科目で記載する。
<その他の活動による収入>			
長期運営資金借入金元金償還寄附金収入			長期運営資金（設備資金を除く）借入金元金償還に係る寄附金収入をいう。
長期運営資金借入金収入			長期運営資金（設備資金を除く）のための借入金の受入額をいう。
長期貸付金回収収入			長期に貸付けた資金の回収による収入をいう。（1年以内回収予定長期貸付金の回収による収入を含む。）
投資有価証券売却収入			投資有価証券の売却収入（収入総額）をいう。

大区分	中区分	小区分	説明
積立資産取崩収入	退職給付引当資産取崩収入		退職給付引当資産の取崩しによる収入をいう。
	長期預り金積立資産取崩収入		長期預り金積立資産の取崩しによる収入をいう。
	○○積立資産取崩収入		積立資産の取崩しによる収入をいう。積立資産の目的等を示す名称を付した科目で記載する。
事業区分間長期借入金収入			他の事業区分から長期に借り入れた資金の収入をいう。
拠点区分間長期借入金収入			同一事業区分内における他の拠点区分から長期に借り入れた資金の収入をいう。
事業区分間長期貸付金回収収入			他の事業区分へ長期に貸付けた資金の回収による収入をいう。(1年以内回収予定事業区分間長期貸付金の回収による収入を含む。)
拠点区分間長期貸付金回収収入			同一事業区分内における他の拠点区分へ長期に貸付けた資金の回収による収入をいう。(1年以内回収予定拠点区分間長期貸付金の回収による収入を含む。)
事業区分間繰入金収入			他の事業区分からの繰入金収入をいう。
拠点区分間繰入金収入			同一事業区分内における他の拠点区分からの繰入金収入をいう。
サービス区分間繰入金収入			同一拠点区分内における他のサービス区分からの繰入金収入をいう。
その他の活動による収入	○○収入		その他の活動による収入で上記に属さない収入をいう。収入の内容を示す名称を付した科目で記載する。

②支出の部			
＜事業活動による支出＞			
大区分	中区分	小区分	説明
人件費支出	役員報酬支出		法人役員に支払う報酬、諸手当をいう。
	職員給料支出		常勤職員に支払う俸給・諸手当をいう。
	職員賞与支出		常勤職員に支払う賞与をいう。
	非常勤職員給与支出		非常勤職員に支払う俸給・諸手当及び賞与をいう。
	派遣職員費支出		派遣会社に支払う金額をいう。
	退職給付支出		退職共済制度など、外部拠出型の退職手当制度に対して法人が拠出する掛金額及び退職手当として支払う金額をいう。
	法定福利費支出		法令に基づいて法人が負担する健康保険料、厚生年金保険料、雇用保険料等の支出をいう。
事業費支出	給食費支出		食材及び食品の支出をいう。なお、給食業務を外部委託している施設又は事業所にあっては、材料費を計上すること。
	介護用品費支出		利用者の処遇に直接使用するおむつ、タオル等の介護用品の支出をいう。
	医薬品費支出		利用者のための施設内又は事業所内の医療に要する医薬品の支出をいう。ただし病院・介護老人保健施設以外ではこれらを保健衛生費に含めて良いものとする。
	診療・療養等材料費支出		カテーテル、縫合糸、酸素、ギブス粉、レントゲンフィルム、包帯、ガーゼ、氷など1回ごとに消費する診療材料、衛生材料の費消額。また、診療、検査、看護、給食などの医療用の器械、器具のうち、固定資産の計上基準額に満たないもの、または1年内に消費するもの。ただし病院・介護老人保健施設以外ではこれらを保健衛生費に含めて良いものとする。
	保健衛生費支出		利用者の健康診断の実施、施設内又は事業所内の消毒等に要する支出をいう。
	医療費支出		利用者が傷病のために医療機関等で診療等を受けた場合の診療報酬等をいう。
	被服費支出		利用者の衣類、寝具等（介護用品及び日用品を除く）の購入のための支出をいう。
	教養娯楽費支出		利用者のための新聞雑誌等の購読、娯楽用品の購入及び行楽演芸会等の実施のための支出をいう。
	日用品費支出		利用者に現物で給付する身のまわり品、化粧品などの日用品（介護用品を除く）の支出をいう。

大区分	中区分	小区分	説明
	保育材料費支出		保育に必要な文具材料、絵本等の支出及び運動会等の行事を実施するための支出をいう。
	本人支給金支出		利用者に小遣い、その他の経費として現金支給するための支出をいう。
	水道光熱費支出		利用者に直接必要な電気、ガス、水道等の支出をいう。
	燃料費支出		利用者に直接必要な灯油、重油等の燃料費（車輌費で計上する燃料費を除く）をいう。
	消耗器具備品費支出		利用者の処遇に直接使用する介護用品以外の消耗品、器具備品で、固定資産の購入に該当しない支出をいう。
	保険料支出		利用者に対する生命保険料及び損害保険料をいう。
	賃借料支出		利用者が利用する器具及び備品等のリース料、レンタル料をいう。
	教育指導費支出		利用者に対する教育訓練に直接要する支出をいう。
	就職支度費支出		児童等の就職に際し必要な被服寝具類の購入に要する支出をいう。
	葬祭費支出		利用者が死亡したときの葬祭に要する支出をいう。
	車輌費支出		乗用車、送迎用自動車、救急車等の燃料費、車輌検査等の支出をいう。
	管理費返還支出		老人福祉事業における管理費を返還するための支出をいう。
	○○費支出		費用の内容を示す名称を付した科目で記載する。
	雑支出		事業費のうち他のいずれにも属さない支出をいう。
事務費支出	福利厚生費支出		役員・職員が福利施設を利用する場合における事業主負担額、健康診断その他福利厚生のために要する法定外福利費をいう。
	職員被服費支出		職員に支給又は貸与する白衣、予防衣、診察衣、作業衣などの購入、洗濯等の支出をいう。
	旅費交通費支出		業務に係る役員・職員の出張旅費及び交通費（ただし、研究、研修のための旅費を除く）をいう。
	研修研究費支出		役員・職員に対する教育訓練に直接要する支出（研究・研修のための旅費を含む。）をいう。
	事務消耗品費支出		事務用に必要な消耗品及び器具什器のうち、固定資産の購入に該当しないものの支出をいう。
	印刷製本費支出		事務に必要な書類、諸用紙、関係資料などの印刷及び製本に要する支出をいう。
	水道光熱費支出		事務用の電気、ガス、水道等の支出をいう。
	燃料費支出		事務用の灯油、重油等の燃料（車輌費で計上する燃料費を除く）をいう。

大区分	中区分	小区分	説明
	修繕費支出		建物、器具及び備品等の修繕又は模様替の支出をいう。ただし、建物、器具及び備品を改良し、耐用年数を延長させるような資本的支出を含まない。
	通信運搬費支出		電話、電報、ファックスの使用料、インターネット接続料及び切手代、葉書代その他通信・運搬に要する支出をいう。
	会議費支出		会議時における茶菓子代、食事代等の支出をいう。
	広報費支出		施設及び事業所の広告料、パンフレット・機関誌・広報誌作成などの印刷製本費等に要する支出をいう。
	業務委託費支出		洗濯、清掃、夜間警備及び給食（給食材料費を除く）など施設の業務の一部を他に委託するための支出（保守料を除く）をいう。必要に応じて検査委託、給食委託、寝具委託、医事委託、清掃委託など、小区分で更に細分化することができる。
	手数料支出		役務提供にかかる支出のうち、業務委託費以外のものをいう。
	保険料支出		生命保険料及び建物、車輌運搬具、器具及び備品等にかかる損害保険契約に基づく保険料をいう。ただし、福利厚生費に該当するものを除く。
	賃借料支出		固定資産に計上を要しない器機等のリース料、レンタル料をいう。
	土地・建物賃借料支出		土地、建物等の賃借料をいう。
	租税公課支出		消費税及び地方消費税の申告納税、固定資産税、印紙税、登録免許税、自動車税、事業所税等をいう。
	保守料支出		建物、各種機器等の保守・点検料等をいう。
	渉外費支出		創立記念日等の式典、慶弔、広報活動（広報費に属する支出を除く）等に要する支出をいう。
	諸会費支出		各種組織への加盟等に伴う会費、負担金等の支出をいう。
	○○費支出		費用の内容を示す名称を付した科目で記載する。
	雑支出		事務費のうち他のいずれにも属さない支出をいう。
就労支援事業支出	就労支援事業販売原価支出	就労支援事業製造原価支出	就労支援事業に係る材料費、労務費、外注加工費、経費に要する支出をいう。
		就労支援事業仕入支出	就労支援事業に係る製品・商品の仕入れに要する支出をいう。
	就労支援事業販管費支出		就労支援事業に係る販売費及び一般管理費支出をいう。
授産事業支出	○○事業支出		授産事業に係る材料費、商品仕入れ、労務費、外注加工費、経費に要する支出をいう。

大区分	中区分	小区分	説明
○○支出			支出の内容を示す名称を付した科目で記載する。
利用者負担軽減額			利用者負担を軽減した場合の利用者負担軽減額をいう（無料または低額で診療を行う場合の割引額を含む。）。
支払利息支出			設備資金借入金、長期運営資金借入金及び短期運営資金借入金の利息、及び支払リース料のうち利息相当額として処理するものをいう。
その他の支出	利用者等外給食費支出		職員、来訪者等利用者以外に提供した食材及び食品の支出をいう。
	雑支出		上記に属さない支出をいう。
流動資産評価損等による資金減少額	有価証券売却損		有価証券（投資有価証券を除く）を売却した場合の売却損をいう。
	資産評価損	有価証券評価損	有価証券の評価損をいう。
		○○評価損	資産の時価の著しい下落に伴い、その回復が可能であると認められない場合に当該資産に対して計上する評価損をいう。
	為替差損		外国通貨、外貨建金銭債権債務（外貨預金を含む。）及び外貨建有価証券等について、円換算によって生じた換算差損をいう。
	徴収不能額		金銭債権のうち徴収不能として処理した額をいう。
<施設整備等による支出>			
設備資金借入金元金償還支出			設備（施設整備及び設備整備）資金の借入金に基づく元金償還額をいう。（1年以内返済予定設備資金借入金の償還額を含む。）
固定資産取得支出	土地取得支出		土地を取得するための支出をいう。
	建物取得支出		建物を取得するための支出をいう。
	車輌運搬具取得支出		車輌運搬具を取得するための支出をいう。
	器具及び備品取得支出		固定資産に計上される器具及び備品を取得するための支出をいう。
	○○取得支出		上記以外を取得するための支出をいう。
固定資産除却・廃棄支出			建物取壊支出の他、固定資産の除却、廃棄等に係る支出をいう。
ファイナンス・リース債務の返済支出			ファイナンス・リース取引に係る支払リース料のうち、元本相当額をいう（1年以内返済予定リース債務の返済額を含む。）。
その他の施設整備等による支出	○○支出		施設整備等による支出で他のいずれの科目にも属さない支出をいう。支出の内容を示す名称を付した科目で記載する。
<その他の活動による支出>			
長期運営資金借入金元金償還支出			長期運営資金（設備資金を除く）の借入金に基づく元金償還額をいう。（1年以内返済予定長期運営資金借入金の償還額を含む。）

第5章

大区分	中区分	小区分	説明
長期貸付金支出			長期に貸付けた資金の支出をいう。
投資有価証券取得支出			投資有価証券を取得するための支出をいう。
積立資産支出	退職給付引当資産支出		退職給付引当資産への積立による支出をいう。
	長期預り金積立資産支出		長期預り金積立資産への積立による支出をいう。
	○○積立資産支出		積立資産への積立による支出をいう。なお、積立資産の目的を示す名称を付した科目で記載する。
事業区分間長期貸付金支出			他の事業区分へ長期に貸し付けた資金の支出をいう。
拠点区分間長期貸付金支出			同一事業区分内における他の拠点区分へ長期に貸付けた資金の支出をいう。
事業区分間長期借入金返済支出			他の事業区分から長期に借り入れた資金に基づく元金償還額をいう（1年以内返済予定事業区分間長期借入金の償還額を含む。)。
拠点区分間長期借入金返済支出			同一事業区分における他の拠点区分から長期に借り入れた資金に基づく元金償還額をいう（1年以内返済予定拠点区分間長期借入金の償還額を含む。)。
事業区分間繰入金支出			他の事業区分への繰入金支出をいう。
拠点区分間繰入金支出			同一事業区分内における他の拠点区分への繰入金支出をいう。
サービス区分間繰入金支出			同一拠点区分内における他のサービス区分への繰入金支出をいう。
その他の活動による支出	○○支出		その他の活動による支出で上記に属さない支出をいう。支出の内容を示す名称を付した科目で記載する。

2. 事業活動計算書勘定科目の説明

①収益の部			
＜サービス活動増減による収益＞			
大区分	中区分	小区分	説明
介護保険事業収益	施設介護料収益	介護報酬収益	介護保険の施設介護料で介護報酬収益をいう。 （介護保険法の給付等に関する省令・告示に規定する介護福祉施設サービス費、介護保健施設サービス費、療養病床を有する病院における介護療養施設サービス費、療養病床を有する診療所における介護療養施設サービス費、老人性認知症疾患療養病棟を有する病院における介護療養施設サービス費、旧措置入所者介護福祉施設サービス費、ユニット型介護福祉施設サービス費、ユニット型旧措置入所者介護福祉施設サービス費、ユニット型介護保健施設サービス費、初期加算、退所時等相談援助加算、退所時指導等加算、緊急時施設療養費等）
		利用者負担金収益（公費）	介護保険の施設介護料で利用者負担収益（公費）をいう。 （介護保険法の給付等に関する省令・告示に規定する介護福祉施設サービス費、介護保健施設サービス費、療養病床を有する病院における介護療養施設サービス費、療養病床を有する診療所における介護療養施設サービス費、老人性認知症疾患療養病棟を有する病院における介護療養施設サービス費、旧措置入所者介護福祉施設サービス費、ユニット型介護福祉施設サービス費、ユニット型旧措置入所者介護福祉施設サービス費、ユニット型介護保健施設サービス費、初期加算、退所時等相談援助加算、退所時指導等加算、緊急時施設療養費等の利用者負担額のうち、公費分）
		利用者負担金収益（一般）	介護保険の施設介護料で利用者負担収益（一般）をいう。 （介護保険法の給付等に関する省令・告示に規定する介護福祉施設サービス費、介護保健施設サービス費、療養病床を有する病院における介護療養施設サービス費、療養病床を有する診療所における介護療養施設サービス費、老人性認知症疾患療養病棟を有する病院における介護療養施設サービス費、旧措置入所者介護福祉施設サービス費、ユニット型介護福祉施設サービス費、ユニット型旧措置入所者介護福祉施設サービス費、ユニット型介護保健施設サービス費、初期加算、退所時等相談援助加算、退所時指導等加算、緊急時施設療養費等の利用者負担額のうち、一般分）
	居宅介護料収益		
	（介護報酬収益）	介護報酬収益	介護保険の居宅介護料で介護報酬収益をいう。 （介護保険法の給付等に関する省令・告示に規定する訪問介護費、訪問入浴介護費、通所介護費、短期入所生活介護費、訪問看護療養費等）
		介護予防報酬収益	介護保険の居宅介護料で介護予防報酬収益をいう。 （介護保険法の給付等に関する省令・告示に規定する介護予防訪問介護費、介護予防訪問入浴費、介護予防通所介護費、介護予防短期入所生活介護費、介護予防訪問看護療養費等）
	（利用者負担金収益）	介護負担金収益（公費）	介護保険の居宅介護料で介護負担金収益（公費）をいう。 （介護保険法の給付等に関する省令・告示に規定する訪問介護費、訪問入浴介護費、通所介護費、短期入所生活介護費、訪問看護療養費等の利用者負担額のうち、公費分）

第5章

大区分	中区分	小区分	説明
		介護負担金収益（一般）	介護保険の居宅介護料で介護負担金収益（一般）をいう。 （介護保険法の給付等に関する省令・告示に規定する訪問介護費、訪問入浴介護費、通所介護費、短期入所生活介護費、訪問看護療養費等の利用者負担額のうち、一般分）
		介護予防負担金収益（公費）	介護保険の居宅介護料で介護予防負担金収益（公費）をいう。 （介護保険法の給付等に関する省令・告示に規定する介護予防訪問介護費、介護予防訪問入浴費、介護予防通所介護費、介護予防短期入所生活介護費、介護予防訪問看護療養費等の利用者負担額のうち、公費分）
		介護予防負担金収益（一般）	介護保険の居宅介護料で介護予防負担金収益（一般）をいう。 （介護保険法の給付等に関する省令・告示に規定する介護予防訪問介護費、介護予防訪問入浴費、介護予防通所介護費、介護予防短期入所生活介護費、介護予防訪問看護療養費等の利用者負担額のうち、一般分）
	地域密着型介護料収益		
	（介護報酬収益）	介護報酬収益	介護保険の地域密着型介護料で介護報酬収益をいう。 （介護保険法の給付等に関する省令・告示に規定する定期巡回・随時対応型訪問介護看護費、夜間対応型訪問介護費、認知症対応型通所介護費、小規模多機能型居宅介護費、認知症対応型共同生活介護費、複合型サービス費（看護小規模多機能型居宅介護費）、地域密着型特定施設入居者生活介護費、地域密着型介護老人福祉施設入所者生活介護費）
		介護予防報酬収益	介護保険の地域密着型介護料で介護予防報酬収益をいう。 （介護保険法の給付等に関する省令・告示に規定する介護予防認知症対応型通所介護費、介護予防小規模多機能型居宅介護費、介護予防認知症対応型共同生活介護費）
	（利用者負担金収益）	介護負担金収益（公費）	介護保険の居宅介護料で介護負担金収益（公費）をいう。 （介護保険法の給付等に関する省令・告示に規定する定期巡回・随時対応型訪問介護看護費、夜間対応型訪問介護費、認知症対応型通所介護費、小規模多機能型居宅介護費、認知症対応型共同生活介護費、複合型サービス費（看護小規模多機能型居宅介護費）、地域密着型特定施設入居者生活介護費、地域密着型介護老人福祉施設入所者生活介護費の利用者負担額のうち、公費分）
		介護負担金収益（一般）	介護保険の居宅介護料で介護負担金収益（一般）をいう。 （介護保険法の給付等に関する省令・告示に規定する定期巡回・随時対応型訪問介護看護費、夜間対応型訪問介護費、認知症対応型通所介護費、小規模多機能型居宅介護費、認知症対応型共同生活介護費、複合型サービス費（看護小規模多機能型居宅介護費）、地域密着型特定施設入居者生活介護費、地域密着型介護老人福祉施設入所者生活介護費の利用者負担額のうち、一般分）
		介護予防負担金収益（公費）	介護保険の居宅介護料で介護予防負担金収益（公費）をいう。 （介護保険法の給付等に関する省令・告示に規定する介護予防認知症対応型通所介護費、介護予防小規模多機能型居宅介護費、介護予防認知症対応型共同生活介護費の利用者負担額のうち、公費分）

大区分	中区分	小区分	説明
		介護予防負担金収益（一般）	介護保険の居宅介護料で介護予防負担金収益（一般）をいう。 （介護保険法の給付等に関する省令・告示に規定する介護予防認知症対応型通所介護費、介護予防小規模多機能型居宅介護費、介護予防認知症対応型共同生活介護費の利用者負担額のうち、一般分）
	居宅介護支援介護料収益	居宅介護支援介護料収益	介護保険の居宅介護支援介護料で居宅介護支援介護料収益をいう。 （介護保険法の給付等に関する省令・告示に規定する居宅介護支援費）
		介護予防支援介護料収益	介護保険の居宅介護支援介護料で居宅予防介護支援介護料収益をいう。 （介護保険法の給付等に関する省令・告示に規定する介護予防支援費）
	介護予防・日常生活支援総合事業費収益	事業費収益	介護保険の介護予防・日常生活支援総合事業費で事業費収益をいう。 （介護予防・日常生活支援総合事業に関する省令・告示等に規定する第1号訪問事業、第1号通所事業、第1号生活支援事業、第1号介護予防支援事業、一般介護予防事業）
		事業負担金収益（公費）	介護保険の介護予防・日常生活支援総合事業費で事業負担金収益（公費）をいう。 （介護予防・日常生活支援総合事業に関する省令・告示等に規定する第1号訪問事業、第1号通所事業、第1号生活支援事業、第1号介護予防支援事業、一般介護予防事業の利用者負担額のうち、公費分）
		事業負担金収益（一般）	介護保険の介護予防・日常生活支援総合事業費で事業負担金収益（一般）をいう。 （介護予防・日常生活支援総合事業に関する省令・告示等に規定する第1号訪問事業、第1号通所事業、第1号生活支援事業、第1号介護予防支援事業、一般介護予防事業の利用者負担額のうち、一般分）
	利用者等利用料収益	施設サービス利用料収益	介護保険の利用者等利用料収益で施設サービス利用料収益をいう。 （介護保険法の給付等に関する省令・告示において支払いを受けることができることとされている理美容料、日常生活サービス料等）
		居宅介護サービス利用料収益	介護保険の利用者等利用料収益で居宅介護サービス利用料収益をいう。 （介護保険法の給付等に関する省令・告示において支払いを受けることができることとされている送迎費、おむつ料、日常生活サービス料等）
		地域密着型介護サービス利用料収益	介護保険の利用者等利用料収益で地域密着型介護サービス利用料収益をいう。 （介護保険法の給付等に関する省令・告示において支払いを受けることができることとされているサービス料等）
		食費収益（公費）	介護保険の利用者等利用料収益で、食費収益（公費）をいう。 （食費に係る特定入所者介護サービス費、生活保護の公費請求分等）
		食費収益（一般）	介護保険の利用者等利用料収益で、食費収益（一般）をいう。 （指定介護老人福祉施設、介護老人保健施設等の入所者又は入居者（以下「入所者等」という。）並びに指定通所介護事業所、指定短期入所生活介護事業所及び指定認知症対応型共同生活介護事業所等の利用者が支払う食費（ケアハウスの生活費として処理されるものを除く）、食費に係る特定入所者介護サービス費、利用者が選定した特別な食事料）

第5章

大区分	中区分	小区分	説明
		居住費収益（公費）	介護保険の利用者等利用料収益で、居住費収益（公費）をいう。 （居住費に係る特定入所者介護サービス費、生活保護の公費請求分等）
		居住費収益（一般）	介護保険の利用者等利用料収益で、居住費収益（一般）をいう。 （指定介護老人福祉施設、介護老人保健施設等の入所者等が支払う居住費、指定短期入所生活介護事業所の利用者が支払う滞在費、指定特定施設入居者生活介護事業所等の利用者が支払う家賃又は宿泊費（ケアハウスの管理費として処理されるものを除く）、居住費に係る特定施設入所者介護サービス費、利用者が選定した特別な室料）
		介護予防・日常生活支援総合事業利用料収益	介護保険の利用者等利用料収益で、介護予防・日常生活支援総合事業の実費負担等に係る収益をいう。
		その他の利用料収益	介護保険の利用者等利用料収益で、その他の利用料収益をいう。 （前記のいずれにも属さない利用者等からの利用料）
	その他の事業収益	補助金事業収益	介護保険に関連する事業に対して、地方公共団体等から交付される補助金事業に係る収益をいう（共同募金からの配分金（受配者指定寄附金を除く）及び助成金を含む。）。補助金事業に係る利用者からの収益も含む。
		市町村特別事業収益	介護保険のその他の事業で、市町村特別事業収益をいう。 （介護保険法第 62 条に規定する市町村特別給付による収益）
		受託事業収益	介護保険に関連する、地方公共団体から委託された事業に係る収益をいう。受託事業に係る利用者からの収益も含む（介護保険法に基づく又は関連する、地方公共団体から委託された事業に係る収益）。
		その他の事業収益	上記に属さないその他の事業収益をいう。利用者からの収益も含む。 （文書料など前記に属さない介護保険事業収入）
	（保険等査定減）		社会保険診療報酬支払基金等の審査機関による審査減額をいう。
老人福祉事業収益	措置事業収益	事務費収益	老人福祉の措置事業で、事務費収益をいう。 （老人福祉法に規定する措置費支弁額中の人件費及び管理費に係る受取事務費をいう。）
		事業費収益	老人福祉の措置事業で、事業費収益をいう。 （老人福祉法に規定する措置費支弁額中の入所者の処遇に必要な一般生活費等に係る受取事業費をいう。）
		その他の利用料収益	老人福祉の措置事業で、その他の利用料収益をいう。 （前記のいずれの利用料にも属さない利用者等からの受取額をいう。）
		その他の事業収益	老人福祉の措置事業で、その他の事業収益をいう。 （前記のいずれの収益にも属さない事業収益をいう。）
	運営事業収益	管理費収益	老人福祉の運営事業で、管理費収益をいう。 （老人福祉法に規定する軽費老人ホームにおける居住に要する費用に係る受取額をいう。一括徴収の償却額を含む。）

大区分	中区分	小区分	説明
		その他の利用料収益	老人福祉の運営事業で、その他の利用料収益をいう。 （老人福祉法に規定する軽費老人ホームにおける管理費収益を除く利用者等からの利用料（徴収額を含む。）をいう。）
		補助金事業収益	老人福祉の運営事業で、補助金事業収益をいう。 （老人福祉法に規定する軽費老人ホーム事業に対して交付される地方公共団体等からの補助金等の事業収益をいう。）
		その他の事業収益	老人福祉の運営事業で、その他の事業収益をいう。 （前記のいずれの収益にも属さない事業収益をいう。）
	その他の事業収益	管理費収益	老人福祉のその他の事業で、管理費収益をいう。 （老人福祉法に規定するその他の事業で、居住に要する費用に係る受取額をいう。一括徴収の償却額を含む。）
		その他の利用料収益	老人福祉のその他の事業で、その他の利用料収益をいう。 （老人福祉法に規定するその他の事業で、管理費収益を除く利用者等からの利用料（徴収額を含む。）をいう。）
		その他の事業収益	老人福祉のその他の事業で、その他の事業収益をいう。 （老人福祉法に規定するその他の事業で、前記のいずれにも属さない事業収益をいう。）
児童福祉事業収益	措置費収益	事務費収益	措置費支弁額中の人件費及び管理費に係る事務費収益をいう。
		事業費収益	措置費支弁額中の入所者の処遇に必要な一般生活費等に係る事業費収益をいう。
	私的契約利用料収益		措置施設等における私的契約に基づく利用料収益をいう。
	その他の事業収益	補助金事業収益	措置受託に関連する地方公共団体等からの補助金事業収益をいう（共同募金からの配分金（受配者指定寄附金を除く）及び助成金を含む。）。 補助金事業に係る利用者からの収益も含む。
		受託事業収益	措置受託に関連する、地方公共団体から委託された事業に係る収益をいう。受託事業に係る利用者からの収益も含む。
		その他の事業収益	上記に属さないその他の事業収益をいう。利用者からの収益も含む。
保育事業収益	施設型給付費収益	施設型給付費収益	施設型給付費の代理受領分をいう。
		利用者負担金収益	施設型給付費における利用者等からの利用者負担金（保育料）収益をいう。
	特例施設型給付費収益	特例施設型給付費収益	特例施設型給付費の代理受領分をいう。
		利用者負担金収益	特例施設型給付費における利用者等からの利用者負担金（保育料）収益をいう。

第5章

大区分	中区分	小区分	説明
	地域型保育給付費収益	地域型保育給付費収益	地域型保育給付費の代理受領分をいう。
		利用者負担金収益	地域型保育給付費における利用者等からの利用者負担金（保育料）収益をいう。
	特例地域型保育給付費収益	特例地域型保育給付費収益	特例地域型保育給付費の代理受領分をいう。
		利用者負担金収益	特例地域型保育給付費における利用者等からの利用者負担金（保育料）収益をいう。
	委託費収益		子ども・子育て支援法附則6条に規定する委託費収益（私立認可保育所における保育の実施等に関する運営費収益）をいう。
	利用者等利用料収益	利用者等利用料収益（公費）	実費徴収額（保護者が支払うべき日用品、文房具等の購入に要する費用又は行事への参加に要する費用等）にかかる補足給付収益をいう。
		利用者等利用料収益（一般）	実費徴収額（保護者が支払うべき日用品、文房具等の購入に要する費用又は行事への参加に要する費用等）のうち補足給付収入以外の収益をいう。
		その他の利用料収益	特定負担額（教育・保育の質の向上を図る上で特に必要であると認められる対価）など上記に属さない利用者からの収益をいう。
	私的契約利用料収益		保育所等における私的契約に基づく利用料収益をいう。
	その他の事業収益	補助金事業収益	保育所等に関連する事業に対して、地方公共団体等からの補助金事業収益をいう（共同募金からの配分金（受配者指定寄附金を除く）及び助成金を含む。）。補助金事業に係る利用者からの収益も含む。
		受託事業収益	保育所等に関連する、地方公共団体から委託された事業に係る収益をいう。受託事業に係る利用者からの収益も含む。
		その他の事業収益	上記に属さないその他の事業収益をいう。利用者からの収益も含む。
就労支援事業収益	○○事業収益		就労支援事業の内容（製造製品の売上、仕入れ商品の売上、受託加工の別等）を示す名称を付した科目で記載する。
障害福祉サービス等事業収益	自立支援給付費収益	介護給付費収益	介護給付費の代理受領分をいう。
		特例介護給付費収益	特例介護給付費の受領分をいう。
		訓練等給付費収益	訓練等給付費の代理受領分をいう。
		特例訓練等給付費収益	特例訓練費等給付費の受領分をいう。
		地域相談支援給付費収益	地域相談支援給付費の代理受領分をいう。

大区分	中区分	小区分	説明
		特例地域相談支援給付費収益	特例地域相談支援給付費の受領分をいう。
		計画相談支援給付費収益	計画相談支援給付費の代理受領分をいう。
		特例計画相談支援給付費収益	特例計画相談支援給付費の受領分をいう。
	障害児施設給付費収益	障害児通所給付費収益	障害児通所給付費の代理受領分をいう。
		特例障害児通所給付費収益	特例障害児通所給付費の代理受領分をいう。
		障害児入所給付費収益	障害児入所給付費の代理受領分をいう。
		障害児相談支援給付費収益	障害児相談支援給付費の代理受領分をいう。
		特例障害児相談支援給付費収益	特例障害児相談支援給付費の受領分をいう。
	利用者負担金収益		利用者本人（障害児においては、その保護者）の負担による収益をいう。
	補足給付費収益	特定障害者特別給付費収益	特定障害者特別給付費の代理受領分をいう。
		特例特定障害者特別給付費収益	特例特定障害者特別給付費の代理受領分をいう。
		特定入所障害児食費等給付費収益	特定入所障害児食費等給付費の代理受領分をいう。
	特定費用収益		利用者から支払いを受けることができることとされている日用品費等をいう。
	その他の事業収益	補助金事業収益	障害者自立支援法又は地方公共団体等からの補助事業（地域生活支援事業を含む）に係る収益をいう（共同募金からの配分金（受配者指定寄附金を除く）及び助成金を含む。）。補助金事業に係る利用者からの収益も含む。
		受託事業収益	障害者自立支援法又はこれに関連する地方公共団体から委託された事業（地域生活支援事業を含む。）に係る収益をいう。受託事業に係る利用者からの収益も含む。
		その他の事業収益	上記に属さないその他の事業収益をいう。利用者からの収益も含む。
	（保険等査定減）		社会保険診療報酬支払基金等の審査機関による審査減額をいう。

大区分	中区分	小区分	説明
生活保護事業収益	措置費収益	事務費収益	措置費支弁額中の人件費及び管理費に係る事務費収益をいう。
		事業費収益	入所者の処遇に必要な一般生活費として交付される保護費収益をいう。
	授産事業収益	○○事業収益	授産事業の内容（製造製品の売上げ、仕入れ商品の売上、受託加工の別等）を示す名称を付した科目で記載する。
	利用者負担金収益		保護施設等における利用者等からの利用料収益をいう。
	その他の事業収益	補助金事業収益	措置受託に関連する事業に対して、地方公共団体等からの補助金事業収益をいう（共同募金からの配分金（受配者指定寄附金を除く）及び助成金を含む。）。補助金事業に係る利用者からの収益も含む。
		受託事業収益	措置受託に関連する、地方公共団体から委託された事業に係る収益をいう。受託事業に係る利用者からの収益も含む。
		その他の事業収益	上記に属さないその他の事業収益をいう。利用者からの収益も含む。
医療事業収益	入院診療収益		入院患者の診療、療養に係る収益（医療保険、公費負担医療、公害医療、労災保険、自動車損害賠償責任保険、自費診療等。ただし、介護保険適用の療養病床に係るものは除く）をいう。
	室料差額収益		特定療養費の対象となる特別の療養環境の提供に係る収益をいう。
	外来診療収益		外来患者の診療、療養に係る収益（医療保険、公費負担医療、公害医療、労災保険、自動車損害賠償責任保険、自費診療）をいう。
	保健予防活動収益		各種の健康診断、人間ドック、予防接種、妊産婦保健指導等保健予防活動に係る収益をいう。
	受託検査・施設利用収益		他の医療機関から検査の委託を受けた場合の検査収益及び医療設備器機を他の医療機関の利用に供した場合の収益をいう。
	訪問看護療養費収益		訪問看護療養費の額等に関する告示に規定する訪問看護基本療養費、訪問看護管理療養費、訪問看護情報提供療養費、訪問看護ターミナル療養費相当分をいう。
	訪問看護利用料収益	訪問看護基本利用料収益	人員運営基準第13条第1項に規定する基本利用料徴収額をいう。
		訪問看護その他の利用料収益	人員運営基準第13条第2項の規定に基づくその他の利用料徴収額をいう。長時間利用料収益、休日・時間外利用料収益、交通費収益、その他のサービス利用料収益に区分設定する。
	その他の医療事業収益	補助金事業収益	医療法に基づく又は関連する事業に対して交付される地方公共団体等からの補助金事業収益等をいう（共同募金からの配分金（受配者指定寄附金を除く）及び助成金を含む。）。補助金事業に係る利用者からの収益も含む。
		受託事業収益	医療法に基づく又は関連する、地方公共団体から委託された事業に係る収益をいう。受託事業に係る利用者からの収益も含む。

大区分	中区分	小区分	説明
		その他の医業収益	上記に属さないその他の医療事業収益をいう。利用者からの収益も含む。
	（保険等査定減）		社会保険診療報酬支払基金等の審査機関による審査減額をいう。
○○事業収益	○○事業収益		事業の内容を示す名称を付した科目で記載する。
	その他の事業収益	補助金事業収益	○○事業に対して、地方公共団体等からの補助金事業収益等をいう（共同募金からの配分金（受配者指定寄附金を除く）及び助成金を含む。）。補助金事業に係る利用者からの収益も含む。
		受託事業収益	○○事業に関連する、地方公共団体から委託された事業に係る収益をいう。受託事業に係る利用者からの収益も含む。
		その他の事業収益	上記に属さないその他の事業収益をいう。利用者からの収益も含む。
○○収益	○○収益		収益の内容を示す名称を付した科目で記載する。
経常経費寄附金収益			経常経費に対する寄附金及び寄附物品をいう。
その他の収益			上記に属さないサービス活動による収益をいう。
＜サービス活動外増減による収益＞			
借入金利息補助金収益			施設整備及び設備整備に対する借入金利息に係る地方公共団体からの補助金等をいう。
受取利息配当金収益			預貯金、有価証券、貸付金等の利息及び出資金等に係る配当金等の収益をいう。（償却原価法による収益を含む。）
有価証券評価益			有価証券（投資有価証券を除く）を時価評価した時の評価益をいう。
有価証券売却益			有価証券（投資有価証券を除く）を売却した場合の売却益をいう。
投資有価証券評価益			投資有価証券を時価評価した時の評価益をいう。
投資有価証券売却益			投資有価証券を売却した場合の売却益をいう。
その他のサービス活動外収益	受入研修費収益		研修の受入に対する収益をいう。
	利用者等外給食収益		職員等患者・利用者以外に提供した食事に対する収益をいう。
	為替差益		外国通貨、外貨建金銭債権債務（外貨預金を含む。）及び外貨建有価証券等について、円換算によって生じた換算差益をいう。
	雑収益		上記に属さないサービス活動外による収益をいう。

第5章

大区分	中区分	小区分	説明
<特別増減による収益>			
施設整備等補助金収益	施設整備等補助金収益		施設整備及び設備整備に係る地方公共団体等からの補助金等をいう。
	設備資金借入金元金償還補助金収益		施設整備及び設備整備に対する借入金元金償還に係る地方公共団体等からの補助金等の収益をいう。
施設整備等寄附金収益	施設整備等寄附金収益		施設整備及び設備整備に係る寄附金をいう。なお、施設の創設及び増築時等に運転資金に充てるために収受した寄付金を含む。
	設備資金借入金元金償還寄附金収益		施設整備及び設備整備に対する借入金元金償還に係る寄附金をいう。
長期運営資金借入金元金償還寄附金収益			長期運営資金（設備資金を除く）借入金元金償還に係る寄附金収入をいう。
固定資産受贈額	○○受贈額		土地など固定資産の受贈額をいう。なお、受贈の内容を示す名称を付した科目で記載する。
固定資産売却益	車輛運搬具売却益		車輛運搬具の売却した場合の売却益をいう。
	器具及び備品売却益		器具及び備品の売却した場合の売却益をいう。
	○○売却益		売却資産の名称等売却の内容を示す名称を付した科目で記載する。
事業区分間繰入金収益			他の事業区分からの繰入金収益をいう。
拠点区分間繰入金収益			同一事業区分内における他の拠点区分からの繰入金収益をいう。
事業区分間固定資産移管収益			他の事業区分からの固定資産の移管による収益をいう。
拠点区分間固定資産移管収益			同一事業区分内における他の拠点区分からの固定資産の移管による収益をいう。
その他の特別収益	徴収不能引当金戻入益		徴収不能引当金の差額計上方式における戻入額をいう。

2. 事業活動計算書勘定科目の説明

②費用の部			
<サービス活動増減による費用>			
大区分	中区分	小区分	説明
人件費	役員報酬		法人役員に支払う報酬、諸手当をいう。
	職員給料		常勤職員に支払う俸給・諸手当をいう。
	職員賞与		職員に対する確定済賞与のうち、当該会計期間に係る部分の金額をいう。
	賞与引当金繰入		職員に対する翌会計期間に確定する賞与の当該会計期間に係る部分の見積額をいう。
	非常勤職員給与		非常勤職員に支払う俸給・諸手当及び賞与をいう。
	派遣職員費		派遣会社に支払う金額をいう。
	退職給付費用		従事する職員に対する退職一時金、退職年金等将来の退職給付のうち、当該会計期間の負担に属する金額（役員であることに起因する部分を除く）をいう。
	法定福利費		法令に基づいて法人が負担する健康保険料、厚生年金保険料、雇用保険料等の費用をいう。
事業費	給食費		食材及び食品の費用をいう。なお、給食業務を外部委託している施設又は事業所にあっては、材料費を計上すること。
	介護用品費		利用者の処遇に直接使用するおむつ、タオル等の介護用品の費用をいう。
	医薬品費		利用者のための施設内又は事業所内の医療に要する医薬品の費用をいう。ただし病院・介護老人保健施設以外ではこれらを保健衛生費に含めて良いものとする。
	診療・療養等材料費		カテーテル、縫合糸、酸素、ギブス粉、レントゲンフィルム、包帯、ガーゼ、氷など1回ごとに消費する診療材料、衛生材料の費消額。また、診療、検査、看護、給食などの医療用の器械、器具のうち、固定資産の計上基準額に満たないもの、又は1年内に消費するもの。ただし病院・介護老人保健施設以外ではこれらを保健衛生費に含めて良いものとする。
	保健衛生費		利用者の健康診断の実施、施設内又は事業所内の消毒等に要する費用をいう。
	医療費		利用者が傷病のために医療機関等で診療等を受けた場合の診療報酬等をいう。
	被服費		利用者の衣類、寝具等（介護用品及び日用品を除く）の購入のための費用をいう。
	教養娯楽費		利用者のための新聞雑誌等の購読、娯楽用品の購入及び行楽演芸会等の実施のための費用をいう。

第5章

大区分	中区分	小区分	説明
	日用品費		利用者に現物で給付する身のまわり品、化粧品などの日用品（介護用品を除く）の費用をいう。
	保育材料費		保育に必要な文具材料、絵本等の費用及び運動会等の行事を実施するための費用をいう。
	本人支給金		利用者に小遣い、その他の経費として現金支給するための費用をいう。
	水道光熱費		利用者に直接必要な電気、ガス、水道等の費用をいう。
	燃料費		利用者に直接必要な灯油、重油等の燃料費（車輌費で計上する燃料費を除く）をいう。
	消耗器具備品費		利用者の処遇に直接使用する介護用品以外の消耗品、器具備品で、固定資産の購入に該当しない費用をいう。
	保険料		利用者に対する生命保険料及び損害保険料をいう。
	賃借料		利用者が利用する器具及び備品等のリース料、レンタル料をいう。
	教育指導費		利用者に対する教育訓練に直接要する費用をいう。
	就職支度費		児童等の就職に際し必要な被服寝具類の購入に要する費用をいう。
	葬祭費		利用者が死亡したときの葬祭に要する費用をいう。
	車輌費		乗用車、送迎用自動車、救急車等の燃料費、車輌検査等の費用をいう。
	○○費		費用の内容を示す名称を付した科目で記載する。
	雑費		事業費のうち他のいずれにも属さない費用をいう。
事務費	福利厚生費		役員・職員が福利施設を利用する場合における事業主負担額、健康診断その他福利厚生のために要する法定外福利費をいう。
	職員被服費		職員に支給又は貸与する白衣、予防衣、診察衣、作業衣などの購入、洗濯等の費用をいう。
	旅費交通費		業務に係る役員・職員の出張旅費及び交通費（ただし、研究、研修のための旅費を除く）をいう。
	研修研究費		役員・職員に対する教育訓練に直接要する費用（研究・研修のための旅費を含む。）をいう。
	事務消耗品費		事務用に必要な消耗品及び器具什器のうち、固定資産の購入に該当しないものの費用をいう。
	印刷製本費		事務に必要な書類、諸用紙、関係資料などの印刷及び製本に要する費用をいう。
	水道光熱費		事務用の電気、ガス、水道等の費用をいう。
	燃料費		事務用の灯油、重油等の燃料費（車輌費で計上する燃料費を除く）をいう。

大区分	中区分	小区分	説明
	修繕費		建物、器具及び備品等の修繕又は模様替の費用をいう。ただし、建物、器具及び備品を改良し、耐用年数を延長させるような資本的費用を含まない。
	通信運搬費		電話、電報、ファックスの使用料、インターネット接続料及び切手代、葉書代その他通信・運搬に要する費用をいう。
	会議費		会議時における茶菓子代、食事代等の費用をいう。
	広報費		施設及び事業所の広告料、パンフレット・機関誌・広報誌作成などの印刷製本費等に要する費用をいう。
	業務委託費		洗濯、清掃、夜間警備及び給食（給食材料費を除く）など施設の業務の一部を他に委託するための費用（保守料を除く）をいう。必要に応じて検査委託、給食委託、寝具委託、医事委託、清掃委託など、小区分で更に細分化することができる。
	手数料		役務提供にかかる費用のうち、業務委託費以外のものをいう。
	保険料		生命保険料及び建物、車輛運搬具、器具及び備品等にかかる損害保険契約に基づく保険料をいう。ただし、福利厚生費に該当するものを除く。
	賃借料		固定資産に計上を要しない器機等のリース料、レンタル料をいう。
	土地・建物賃借料		土地、建物等の賃借料をいう。
	租税公課		消費税及び地方消費税の申告納税、固定資産税、印紙税、登録免許税、自動車税、事業所税等をいう。
	保守料		建物、各種機器等の保守・点検料等をいう。
	渉外費		創立記念日等の式典、慶弔、広報活動（広報費に属する費用を除く）等に要する費用をいう。
	諸会費		各種組織への加盟等に伴う会費、負担金等の費用をいう。
	○○費		費用の内容を示す名称を付した科目で記載する。
	雑費		事務費のうち他のいずれにも属さない費用をいう。
就労支援事業費用	就労支援事業販売原価	期首製品（商品）棚卸高	就労支援事業に係る期首の製品・商品の棚卸高をいう。
		当期就労支援事業製造原価	就労支援事業に係る材料費、労務費、外注加工費、経費をいう。
		当期就労支援事業仕入高	就労支援事業に係る製品・商品の仕入高をいう。
		期末製品（商品）棚卸高	就労支援事業に係る期末の製品・商品の棚卸高をいう。

第5章

大区分	中区分	小区分	説明
	就労支援事業販管費		就労支援事業に係る販売費及び一般管理費をいう。
授産事業費用	○○事業費		授産事業に係る材料費、商品仕入原価、労務費、外注加工費、経費等をいう。
○○費用			費用の内容を示す名称を付した科目で記載する。
利用者負担軽減額			利用者負担を軽減した場合の利用者負担軽減額をいう（無料または低額で診療を行う場合の割引額を含む)。
減価償却費			固定資産の減価償却の額をいう。
国庫補助金等特別積立金取崩額			国庫補助金等の支出対象経費（主として減価償却費）の期間費用計上に対応して取り崩された国庫補助金等特別積立金の額をいう。
徴収不能額			金銭債権の徴収不能額のうち、徴収不能引当金で填補されない部分の金額をいう。
徴収不能引当金繰入			徴収不能引当金に繰入れる額をいう。
その他の費用			上記に属さないサービス活動による費用をいう。
＜サービス活動外増減による費用＞			
支払利息			設備資金借入金、長期運営資金借入金及び短期運営資金借入金の利息、及び支払リース料のうち利息相当額として処理するものをいう。
有価証券評価損			有価証券（投資有価証券を除く）を時価評価した時の評価損をいう。
有価証券売却損			有価証券（投資有価証券を除く）を売却した場合の売却損をいう。
投資有価証券評価損			投資有価証券を時価評価した時の評価損をいう。
投資有価証券売却損			投資有価証券を売却した場合の売却損をいう。
その他のサービス活動外費用	利用者等外給食費		職員、来訪者等利用者以外に提供した食材及び食品の費用をいう。
	為替差損		外国通貨、外貨建金銭債権債務（外貨預金を含む。）及び外貨建有価証券等について、円換算によって生じた換算差損をいう。
	雑損失		上記に属さないサービス活動外による費用をいう。
＜特別増減による費用＞			
基本金組入額			会計基準注解 12 に規定された基本金の組入額をいう。
資産評価損			資産の時価の著しい下落に伴い、回復の見込みがない当該資産に対して計上する評価損をいう。ただし、金額が大きい場合には個別に名称を付与して計上する。

大区分	中区分	小区分	説明
固定資産売却損・処分損	建物売却損・処分損		建物を除却又は売却した場合の処分損をいう。
	車輌運搬具売却損・処分損		車輌運搬具を売却又は処分した場合の売却損又は処分損をいう。
	器具及び備品売却損・処分損		器具及び備品を売却又は処分した場合の売却損又は処分損をいう。
	その他の固定資産売却損・処分損		上記以外の固定資産を売却又は処分した場合の売却損又は処分損をいう。
国庫補助金等特別積立金取崩額（除却等）			国庫補助金等により取得した固定資産の廃棄等に伴い、取り崩された国庫補助金等特別積立金の額をいう。
国庫補助金等特別積立金積立額			会計基準注解11に規定された国庫補助金等特別積立金の積立額をいう。
災害損失			火災、出水等の災害に係る廃棄損と復旧に関する費用の合計額をいう。
事業区分間繰入金費用			他の事業区分への繰入額をいう。
拠点区分間繰入金費用			同一事業区分内における他の拠点区分への繰入額をいう。
事業区分間固定資産移管費用			他の事業区分への固定資産の移管額をいう。
拠点区分間固定資産移管費用			同一事業区分内における他の拠点区分への固定資産の移管額をいう。
その他の特別損失			上記に属さない特別損失をいう。
＜繰越活動増減差額の部＞			
基本金取崩額			会計基準注解13に規定された基本金の取崩額をいう。
その他の積立金取崩額	○○積立金取崩額		会計基準注解20に規定されたその他の積立金の取崩額をいう。
その他の積立金積立額	○○積立金積立額		会計基準注解20に規定されたその他の積立金の積立額をいう。

第5章

3. 貸借対照表勘定科目の説明

<資産の部>			
大区分	中区分	小区分	説明
流動資産	現金預金		現金（硬貨、小切手、紙幣、郵便為替証書、郵便振替貯金払出証書、官公庁の支払通知書等）及び預貯金（当座預金、普通預金、定期預金、郵便貯金、金銭信託等）をいう。
	有価証券		国債、地方債、株式、社債、証券投資信託の受益証券などのうち時価の変動により利益を得ることを目的とする有価証券をいう。
	事業未収金		事業収益に対する未収入金をいう。
	未収金		事業収益以外の収益に対する未収入金をいう。
	未収補助金		施設整備、設備整備及び事業に係る補助金等の未収額をいう。
	未収収益		一定の契約に従い、継続して役務の提供を行う場合、すでに提供した役務に対していまだその対価の支払を受けていないものをいう。
	受取手形		事業の取引先との通常の取引に基づいて発生した手形債権（金融手形を除く）をいう。割引又は裏書譲渡したものは、受取手形から控除し、その会計年度末日における期限未到来の金額を注記する。
	貯蔵品		消耗品等で未使用の物品をいう。業種の特性に応じ小区分を設けることができる。
	医薬品		医薬品の棚卸高をいう。
	診療・療養費等材料		診療・療養費等材料の棚卸高をいう。
	給食用材料		給食用材料の棚卸高をいう。
	商品・製品		売買又は製造する物品の販売を目的として所有するものをいう。
	仕掛品		製品製造又は受託加工のために現に仕掛中のものをいう。
	原材料		製品製造又は受託加工の目的で消費される物品で、消費されていないものをいう。
	立替金		一時的に立替払いをした場合の債権額をいう。
	前払金		物品等の購入代金及び役務提供の対価の一部又は全部の前払額をいう。
	前払費用		一定の契約に従い、継続して役務の提供を受ける場合、いまだ提供されていない役務に対し支払われた対価をいう。
	1年以内回収予定長期貸付金		長期貸付金のうち貸借対照表日の翌日から起算して1年以内に入金の期限が到来するものをいう。
	1年以内回収予定事業区分間長期貸付金		事業区分間長期貸付金のうち貸借対照表日の翌日から起算して1年以内に入金の期限が到来するものをいう。

大区分	中区分	小区分	説明
	1年以内回収予定拠点区分間長期貸付金		拠点区分間長期貸付金のうち貸借対照表日の翌日から起算して1年以内に入金の期限が到来するものをいう。
	短期貸付金		生計困窮者に対して無利子または低利で資金を融通する事業、法人が職員の質の向上や福利厚生の一環として行う奨学金貸付等、貸借対照表日の翌日から起算して1年以内に入金の期限が到来するものをいう。
	事業区分間貸付金		他の事業区分への貸付額で、貸借対照表日の翌日から起算して1年以内に入金の期限が到来するものをいう。
	拠点区分間貸付金		同一事業区分内における他の拠点区分への貸付額で、貸借対照表日の翌日から起算して1年以内に入金の期限が到来するものをいう。
	仮払金		処理すべき科目又は金額が確定しない場合の支出額を一時的に処理する科目をいう。
	その他の流動資産		上記に属さない債権等であって、貸借対照表日の翌日から起算して1年以内に入金の期限が到来するものをいう。ただし、金額の大きいものについては独立の勘定科目を設けて処理することが望ましい。
	徴収不能引当金		未収金や受取手形について回収不能額を見積もったときの引当金をいう。
固定資産 (基本財産)			定款において基本財産と定められた固定資産をいう。
	土地		基本財産に帰属する土地をいう。
	建物		基本財産に帰属する建物及び建物付属設備をいう。
	定期預金		定款等に定められた基本財産として保有する定期預金をいう。
	投資有価証券		定款等に定められた基本財産として保有する有価証券をいう。
(その他の固定資産)			基本財産以外の固定資産をいう。
	土地		基本財産以外に帰属する土地をいう。
	建物		基本財産以外に帰属する建物及び建物付属設備をいう。
	構築物		建物以外の土地に固着している建造物をいう。
	機械及び装置		機械及び装置をいう。
	車輌運搬具		送迎用バス、乗用車、入浴車等をいう。
	器具及び備品		器具及び備品をいう。ただし、取得価額が○○万円以上で、耐用年数が1年以上のものに限る。
	建設仮勘定		有形固定資産の建設、拡張、改造などの工事が完了し稼働するまでに発生する請負前渡金、建設用材料部品の買入代金等をいう。

大区分	中区分	小区分	説明
	有形リース資産		有形固定資産のうちリースに係る資産をいう。
	権利		法律上又は契約上の権利をいう。
	ソフトウェア		コンピュータソフトウェアに係る費用で、外部から購入した場合の取得に要する費用ないしは制作費用のうち研究開発費に該当しないものをいう。
	無形リース資産		無形固定資産のうちリースに係る資産をいう。
	投資有価証券		長期的に所有する有価証券で基本財産に属さないものをいう。
	長期貸付金		生計困窮者に対して無利子または低利で資金を融通する事業、法人が職員の質の向上や福利厚生の一環として行う奨学金貸付等、貸借対照表日の翌日から起算して入金の期限が１年を超えて到来するものをいう。
	事業区分間長期貸付金		他の事業区分への貸付金で貸借対照表日の翌日から起算して入金の期限が１年を超えて到来するものをいう。
	拠点区分間長期貸付金		同一事業区分内における他の拠点区分への貸付金で貸借対照表日の翌日から起算して入金の期限が１年を超えて到来するものをいう。
	退職給付引当資産		退職金の支払に充てるために退職給付引当金に対応して積み立てた現金預金等をいう。
	長期預り金積立資産		長期預り金に対応して積み立てた現金預金等をいう。
	○○積立資産		将来における特定の目的のために積立てた現金預金等をいう。なお、積立資産の目的を示す名称を付した科目で記載する。
	差入保証金		賃貸用不動産に入居する際に賃貸人に差し入れる保証金をいう。
	長期前払費用		時の経過に依存する継続的な役務の享受取引に対する前払分で貸借対照表日の翌日から起算して１年を超えて費用化される未経過分の金額をいう。
	その他の固定資産		上記に属さない債権等であって、貸借対照表日の翌日から起算して入金の期限が１年を超えて到来するものをいう。ただし、金額の大きいものについては独立の勘定科目を設けて処理することが望ましい。
＜負債の部＞			
流動負債	短期運営資金借入金		経常経費に係る外部からの借入金で、貸借対照表日の翌日から起算して１年以内に支払の期限が到来するものをいう。
	事業未払金		事業活動に伴う費用等の未払い債務をいう。
	その他の未払金		上記以外の未払金（施設整備等未払金を含む。）をいう。
	支払手形		事業の取引先との通常の取引に基づいて発生した手形債務（金融手形を除く）をいう。

大区分	中区分	小区分	説明
	役員等短期借入金		役員等からの借入金で貸借対照表日の翌日から起算して１年以内に支払の期限が到来するものをいう。
	１年以内返済予定設備資金借入金		設備資金借入金のうち、貸借対照表日の翌日から起算して１年以内に支払の期限が到来するものをいう。
	１年以内返済予定長期運営資金借入金		長期運営資金借入金のうち、貸借対照表日の翌日から起算して１年以内に支払の期限が到来するものをいう。
	１年以内返済予定リース債務		リース債務のうち、貸借対照表日の翌日から起算して１年以内に支払の期限が到来するものをいう。
	１年以内返済予定役員等長期借入金		役員等長期借入金のうち貸借対照表日の翌日から起算して１年以内に支払の期限が到来するものをいう。
	１年以内返済予定事業区分間借入金		事業区分間長期借入金のうち貸借対照表日の翌日から起算して１年以内に支払の期限が到来するものをいう。
	１年以内返済予定拠点区分間借入金		拠点区分間長期借入金のうち貸借対照表日の翌日から起算して１年以内に支払の期限が到来するものをいう。
	１年以内支払予定長期未払金		長期未払金のうち貸借対照表日の翌日から起算して１年以内に支払の期限が到来するものをいう。
	未払費用		賃金、支払利息、賃借料など時の経過に依存する継続的な役務給付取引において既に役務の提供は受けたが、会計期末までに法的にその対価の支払債務が確定していない分の金額をいう。
	預り金		職員以外の者からの一時的な預り金をいう。
	職員預り金		源泉徴収税額及び社会保険料などの徴収額等、職員に関する一時的な預り金をいう。
	前受金		物品等の売却代金及び役務提供の対価の一部又は全部の前受額をいう。
	前受収益		受取利息、賃貸料など時の経過に依存する継続的な役務提供取引に対する前受分のうち未経過の金額をいう。
	事業区分間借入金		他の事業区分からの借入額で、貸借対照表日の翌日から起算して１年以内に支払の期限が到来するものをいう。
	拠点区分間借入金		同一事業区分内における他の拠点区分からの借入額で、貸借対照表日の翌日から起算して１年以内に支払の期限が到来するものをいう。
	仮受金		処理すべき科目又は金額が確定しない場合の収入金額を一時的に処理する科目をいう。
	賞与引当金		支給対象期間に基づき定期に支給する職員賞与に係る引当金をいう。

第5章

大区分	中区分	小区分	説明
	その他の流動負債		上記に属さない債務等であって、貸借対照表日の翌日から起算して1年以内に支払の期限が到来するものをいう。ただし、金額の大きいものについては独立の勘定科目を設けて処理することが望ましい。
固定負債	設備資金借入金		施設設備等に係る外部からの借入金で、貸借対照表日の翌日から起算して支払の期限が1年を超えて到来するものをいう。
	長期運営資金借入金		経常経費に係る外部からの借入金で、貸借対照表日の翌日から起算して支払の期限が1年を超えて到来するものをいう。
	リース債務		リース料総額から利息相当額を控除した金額で、貸借対照表日の翌日から起算して支払の期限が1年を超えて到来するものをいう。
	役員等長期借入金		役員等からの借入金で貸借対照表日の翌日から起算して支払の期限が1年を超えて到来するものをいう。
	事業区分間長期借入金		他の事業区分からの借入金で貸借対照表日の翌日から起算して支払の期限が1年を超えて到来するものをいう。
	拠点区分間長期借入金		同一事業区分内における他の拠点区分からの借入金で貸借対照表日の翌日から起算して支払の期限が1年を超えて到来するものをいう。
	退職給付引当金		将来支給する退職金のうち、当該会計年度末までに発生していると認められる金額をいう。
	長期未払金		固定資産に対する未払債務（リース契約による債務を除く）等で貸借対照表日の翌日から起算して支払の期限が1年を超えて到来するものをいう。
	長期預り金		固定負債で長期預り金をいう。 （軽費老人ホーム（ケアハウスに限る。）等における入居者からの管理費等預り額をいう。）
	その他の固定負債		上記に属さない債務等であって、貸借対照表日の翌日から起算して支払の期限が1年を超えて到来するものをいう。ただし、金額の大きいものについては独立の勘定科目を設けて処理することが望ましい。
＜純資産の部＞			
基本金			会計基準第4章第4第2項に規定された基本金をいう。
国庫補助金等特別積立金			会計基準第4章第4第3項に規定された国庫補助金等特別積立金をいう。
その他の積立金	○○積立金		会計基準第4章第4第4項に規定されたその他の積立金をいう。積立ての目的を示す名称を付した科目で記載する。
次期繰越活動増減差額			事業活動計算書に計上された次期繰越活動増減差額をいう。

4. 就労支援事業　製造原価明細書勘定科目説明

<勘定科目>	
材料費	製造・作業に関する当該会計年度の材料の受入高をいう。
期首材料棚卸高	期首における主要材料及び補助材料の棚卸高をいう。
当期材料仕入高	当期における主要材料及び補助材料の仕入高をいう。
期末材料棚卸高	期末における主要材料及び補助材料の棚卸高をいう。
労務費	製造・作業に関する当該会計年度の労務費をいう。
利用者賃金	製造・作業に係る利用者に支払う作業賃金をいう。
利用者工賃	製造・作業に係る利用者に支払う作業工賃をいう。
就労支援事業指導員等給与	製造・作業に従事する職業指導員等に支払う給料、賞与等をいう。
就労支援事業指導員等賞与引当金繰入	製造・作業に従事する職業指導員等に対する翌会計期間に確定する賞与の当該会計期間に係る部分の見積もり額をいう。
就労支援事業指導員等退職給付費用	製造・作業に従事する職業指導員等に支払う退職一時金、退職年金等将来の退職給付のうち、当該会計期間の負担に属する金額をいう。
法定福利費	製造・作業に従事する職業指導員等に関し、法令に基づいて法人が負担する健康保険料、厚生年金保険料、雇用保険料等の費用をいう。
外注加工費	外部に依頼した加工費の支払額をいう。
経費	製造・作業に関する当該会計年度の作業経費をいう。
福利厚生費	製造・作業に従事する職業指導員等の者の健康診断その他福利厚生のための費用をいう。
旅費交通費	製造・作業に係る出張旅費及び交通費をいう。
器具什器費	製造・作業に直接必要な工具、金型等で、固定資産の購入に該当しないものの消費額をいう。
消耗品費	製造・作業に直接必要な消耗品で、固定資産に該当しないものの消費額をいう。
印刷製本費	製造・作業に必要な書類、諸用紙、関係資料等の印刷代及び製本代をいう。
水道光熱費	製造・作業に直接必要な電気、ガス、水道等の使用料をいう。
燃料費	製造・作業に直接必要な灯油、重油等の燃料及び自動車用燃料費をいう。
修繕費	製造・作業に係る建物、器具及び備品等の修繕費又は模様替の費用をいう。建物器具及び備品を改良し、耐用年数を延長させるような資本的支出を含まない。
通信運搬費	製造・作業に係る電話、ファックスの使用料及び切手代、葉書代その他通信運搬に要する費用をいう。
会議費	製造・作業に係る会議時の茶菓子代、食事代等をいう。
損害保険料	製造・作業に係る建物、器具及び備品等に係る損害保険契約に基づく保険料をいう。

第5章

<勘定科目>	
賃借料	製造・作業に直接必要な機械器具等の賃料をいう。
図書・教育費	製造・作業に係る新聞、図書、印刷物等の経費をいう。
租税公課	製造・作業に係る租税公課をいう。
減価償却費	製造・作業に係る固定資産の減価償却の額をいう。
国庫補助金等特別積立金取崩額（控除項目）	製造・作業に係る国庫補助金等の支出対象経費（主として減価償却費）の期間費用計上に対応して取り崩された国庫補助金等特別積立金の額をいう。
雑費	製造・作業に係る経費のうち、上記のいずれにも属さないものをいう。
期首仕掛品棚卸高	期首における仕掛品の棚卸高をいう。
期末仕掛品棚卸高	期末における仕掛品の棚卸高をいう。

5. 就労支援事業販管費明細書勘定科目説明

＜勘定科目＞	
利用者賃金	販売及び一般管理に係る利用者に支払う作業賃金をいう。
利用者工賃	販売及び一般管理に係る利用者に支払う作業工賃をいう。
就労支援事業指導員等給与	販売及び一般管理に従事する職業指導員等に支払う給料、賞与等をいう。
就労支援事業指導員等賞与引当金繰入	販売及び一般管理に従事する職業指導員等に対する翌会計期間に確定する賞与の当該会計期間に係る部分の見積もり額をいう。
就労支援事業指導員等退職給付費用	販売及び一般管理に従事する職業指導員等に支払う退職一時金、退職年金等将来の退職給付のうち、当該会計期間の負担に属する金額をいう。
法定福利費	販売及び一般管理に従事する職業指導員等に関し、法令に基づいて法人が負担する健康保険料、厚生年金保険料、雇用保険料等の費用をいう。
福利厚生費	販売及び一般管理に従事する職業指導員等の者の健康診断その他福利厚生のための費用をいう。
旅費交通費	販売及び一般管理に係る出張旅費及び交通費をいう。
器具什器費	販売及び一般管理に直接必要な器具、什器等で、固定資産の購入に該当しないものの消費額をいう。
消耗品費	販売及び一般管理に直接必要な消耗品で、固定資産に該当しないものの消費額をいう。
印刷製本費	販売及び一般管理に必要な書類、諸用紙、関係資料等の印刷代及び製本代をいう。
水道光熱費	販売及び一般管理に直接必要な電気、ガス、水道等の使用料をいう。
燃料費	販売及び一般管理に直接必要な灯油、重油等の燃料及び自動車用燃料費をいう。
修繕費	販売及び一般管理に係る建物、器具及び備品等の修繕費又は模様替の費用をいう。建物器具及び備品を改良し、耐用年数を延長させるような資本的支出を含まない。
通信運搬費	販売及び一般管理に係る電話、ファックスの使用料及び切手代、葉書代その他通信運搬に要する費用をいう。
受注活動費	販売及び一般管理における受注活動に係る経費をいう。
会議費	販売及び一般管理に係る会議時の茶菓子代、食事代等をいう。
損害保険料	販売及び一般管理に係る建物、器具及び備品等に係る損害保険契約に基づく保険料をいう。
賃借料	販売及び一般管理に直接必要な機械器具等の賃料をいう。
図書・教育費	販売及び一般管理に係る新聞、図書、印刷物等の経費をいう。
租税公課	販売及び一般管理に係る租税公課をいう。

<勘定科目>	
減価償却費	販売及び一般管理に係る固定資産の減価償却の額をいう。
国庫補助金等特別積立金取崩額（控除項目）	販売及び一般管理に係る国庫補助金等の支出対象経費（主として減価償却費）の期間費用計上に対応して取り崩された国庫補助金等特別積立金の額をいう。
徴収不能引当金繰入額	徴収不能引当金に繰入れる額をいう。
徴収不能額	金銭債権の徴収不能額のうち、徴収不能引当金で填補されない部分の金額をいう。
雑費	販売及び一般管理に係る経費のうち、上記のいずれにも属さないものをいう。

6. 就労支援事業明細書勘定科目説明

<勘定科目>	
材料費	就労支援事業に関する当該会計年度の材料の受入高をいう。
期首材料棚卸高	期首における主要材料及び補助材料（商品を含む）の棚卸高をいう。
当期材料仕入高	当期における主要材料及び補助材料（商品を含む）の仕入高をいう。
期末材料棚卸高	期末における主要材料及び補助材料（商品を含む）の棚卸高をいう。
労務費	就労支援事業に関する当該会計年度の労務費をいう。
利用者賃金	就労支援事業に係る利用者に支払う作業賃金をいう。
利用者工賃	就労支援事業に係る利用者に支払う作業工賃をいう。
就労支援事業指導員等給与	就労支援事業に従事する職業指導員等に支払う給料、賞与等をいう。
就労支援事業指導員等賞与引当金繰入	就労支援事業に従事する職業指導員等に対する翌会計期間に確定する賞与の当該会計期間に係る部分の見積もり額をいう。
就労支援事業指導員等退職給付費用	就労支援事業に従事する職業指導員等に支払う退職一時金、退職年金等将来の退職給付のうち、当該会計期間の負担に属する金額をいう。
法定福利費	就労支援事業に従事する職業指導員等に関し、法令に基づいて法人が負担する健康保険料、厚生年金保険料、雇用保険料等の費用をいう。
外注加工費	外部に依頼した加工費の支払額をいう。
経費	就労支援事業に関する当該会計年度の作業経費をいう。
福利厚生費	就労支援事業に従事する職業指導員等の者の健康診断その他福利厚生のための費用をいう。
旅費交通費	就労支援事業に係る出張旅費及び交通費をいう。
器具什器費	就労支援事業に直接必要な器具、什器等で、固定資産の購入に該当しないものの消費額をいう。
消耗品費	就労支援事業に直接必要な消耗品で、固定資産に該当しないものの消費額をいう。
印刷製本費	就労支援事業に必要な書類、諸用紙、関係資料等の印刷代及び製本代をいう。
水道光熱費	就労支援事業に直接必要な電気、ガス、水道等の使用料をいう。
燃料費	就労支援事業に直接必要な灯油、重油等の燃料及び自動車用燃料費をいう。
修繕費	就労支援事業に係る建物、器具及び備品等の修繕費又は模様替の費用をいう。建物器具及び備品を改良し、耐用年数を延長させるような資本的支出を含まない。
通信運搬費	就労支援事業に係る電話、ファックスの使用料及び切手代、葉書代その他通信運搬に要する費用をいう。
受注活動費	就労支援事業における受注活動に係る経費をいう。
会議費	就労支援事業に係る会議時の茶菓子代、食事代等をいう。

<勘定科目>	
損害保険料	就労支援事業に係る建物、器具及び備品等に係る損害保険契約に基づく保険料をいう。
賃借料	就労支援事業に直接必要な機械器具等の賃料をいう。
図書・教育費	就労支援事業に係る新聞、図書、印刷物等の経費をいう。
租税公課	就労支援事業に係る租税公課をいう。
減価償却費	就労支援事業に係る固定資産の減価償却の額をいう。
国庫補助金等特別積立金取崩額（控除項目）	就労支援事業に係る国庫補助金等の支出対象経費（主として減価償却費）の期間費用計上に対応して取り崩された国庫補助金等特別積立金の額をいう。
徴収不能引当金繰入額	徴収不能引当金に繰入れる額をいう。
徴収不能額	金銭債権の徴収不能額のうち、徴収不能引当金で填補されない部分の金額をいう。
雑費	就労支援事業に係る経費のうち、上記のいずれにも属さないものをいう。

7. 授産事業費用明細書勘定科目説明

<勘定科目>	
材料費	授産事業に関する当該会計年度の材料の受入高をいう。
当期材料仕入高	当期における主要材料及び補助材料（商品を含む）の仕入高をいう。
労務費	授産事業に関する当該会計年度の労務費をいう。
利用者工賃	授産事業に係る利用者に支払う作業工賃をいう。
授産事業指導員等給与	授産事業に従事する職業指導員等に支払う給料、法定福利費、賞与等をいう。
授産事業指導員等賞与引当金繰入	授産事業に従事する職業指導員等に対する翌会計期間に確定する賞与の当該会計期間に係る部分の見積もり額をいう。
授産事業指導員等退職給付費用	授産事業に従事する職業指導員等に支払う退職一時金、退職年金等将来の退職給付のうち、当該会計期間の負担に属する金額をいう。
法定福利費	授産事業に従事する職業指導員等に関し、法令に基づいて法人が負担する健康保険料、厚生年金保険料、雇用保険料等の費用をいう。
外注加工費	外部に依頼した加工費の支払額をいう。
経費	授産事業に関する当該会計年度の作業経費をいう。
福利厚生費	授産事業に従事する職業指導員等の者の健康診断その他福利厚生のための費用をいう。
旅費交通費	授産事業に係る出張旅費及び交通費をいう。
器具什器費	授産事業に直接必要な工具、金型等で、固定資産の購入に該当しないものの消費額をいう。
消耗品費	授産事業に直接必要な消耗品で、固定資産の購入に該当しないものの消費額をいう。
印刷製本費	授産事業に直接必要な書類、諸用紙、関係資料などの印刷代及び製本代をいう。
水道光熱費	授産事業に直接必要な電気、ガス、水道等の使用料をいう。
燃料費	授産事業に直接必要な灯油、重油等の燃料及び自動車用燃料費をいう。
修繕費	授産事業に係る建物、器具及び備品等の修繕又は模様替の費用をいう。建物器具及び備品等を改良し、耐用年数を延長させるような資本的支出を含まない。
通信運搬費	授産事業に係る電話、ファックスの使用料及び切手代、葉書代その他通信運搬に要する費用をいう。
受注活動費	授産事業における受注活動に係る経費をいう。
会議費	授産事業に係る会議時における茶菓子代、食事代等をいう。
損害保険料	授産事業に係る建物、器具及び備品等に係る損害保険契約に基づく保険料をいう。
賃借料	授産事業に直接必要な機械器具等の賃料をいう。
図書・教育費	授産事業に係る新聞、図書、印刷物等の経費をいう。

<勘定科目>	
租税公課	授産事業に係る租税公課をいう。
減価償却費	授産事業に係る固定資産の減価償却の額をいう。
国庫補助金等特別積立金取崩額（控除項目）	国庫補助金等の支出対象経費（主として減価償却費）の期間費用計上に対応して取り崩された国庫補助金等特別積立金の額をいう。
徴収不能引当金繰入額	徴収不能引当金に繰入れる額をいう。
徴収不能額	金銭債権の徴収不能額のうち、徴収不能引当金で填補されない部分の金額をいう。
○○費	費用の内容を示す名称を付した科目で記載する。
雑費	授産事業に係る経費のうち、上記のいずれにも属さないものをいう。
棚卸資産増減額	授産事業に要する原材料、商品。製品、仕掛品の棚卸資産の増減額をいう。期首棚卸高から期末棚卸高を減じた額を記載する。

別紙①

借入金明細書

（自）平成　年　月　日（至）平成　年　月　日

社会福祉法人名＿＿＿＿＿＿＿＿

（単位：円）

区分	借入先	拠点区分	期首残高 ①	当期借入金 ②	当期償還額 ③	差引期末残高 ④=①+②−③ （うち1年以内償還予定額）	元金償還補助金	利率 %	支払利息		返済期限	使途	担保資産		
									当期支出額	利息補助金収入			種類	地番または内容	帳簿価額
設備資金借入金						（　）									
						（　）									
						（　）									
						（　）									
						（　）									
	計					（　）									
長期運営資金借入金						（　）									
						（　）									
						（　）									
						（　）									
						（　）									
	計					（　）									
短期運営資金借入金															
	計														
合計						（　）									

（注）役員等からの長期借入金、短期借入金がある場合には、区分を新設するものとする。

別紙②

寄附金収益明細書

（自）平成　年　月　日（至）平成　年　月　日

社会福祉法人名

（単位：円）

寄附者の属性	区分	件数	寄附金額	うち基本金組入額	寄附金額の拠点区分ごとの内訳		
					○○○	○○○	○○○
区分小計							
区分小計							
区分小計							
合計							

（注）１．寄附者の属性の内容は、法人の役職員、利用者本人、利用者の家族、取引業者、その他とする。

２．「寄附金額」欄には寄附物品を含めるものとする。「区分欄」には、経常経費寄附金収益の場合は「経常」、長期運営資金借入金元金償還寄附金収益の場合は「運営」、施設整備等寄附金収益の場合は「施設」、設備資金借入金元金償還寄附金収益の場合は「償還」、固定資産受贈額の場合は「固定」と、寄附金の種類がわかるように記入すること。

３．「寄附金額」の「区分小計」欄は事業活動計算書の勘定科目の金額と一致するものとする。また、「寄附金額の拠点区分ごとの内訳」の「区分小計」欄は、拠点区分事業活動計算書の勘定科目の金額と原則として一致するものとする。

別紙③

補助金事業等収益明細書

（自）平成　年　月　日（至）平成　年　月　日

社会福祉法人名

（単位：円）

交付団体及び交付の目的	区分	交付金額	補助金事業に係る利用者からの収益	交付金額等合計	うち国庫補助金等特別積立金積立額	交付金額等合計の拠点区分ごとの内訳		
						○○○	○○○	○○○
区分小計								
区分小計								
区分小計								
合計								

（注）1．「区分」欄には、介護保険事業の補助金事業収益の場合は「介護事業」、老人福祉事業の補助金事業収益の場合は「老人事業」、児童福祉事業の補助金事業収益の場合は「児童事業」、保育事業の補助金事業収益の場合は「保育事業」、障害福祉サービス等事業の補助金事業収益の場合は「障害事業」、生活保護事業の補助金事業収益の場合は「生活保護事業」、医療事業の補助金事業収益の場合は「医療事業」、○○事業の補助金事業収益の場合は「○○事業」、借入金利息補助金収益の場合は「利息」、施設整備等補助金収益の場合は「施設」、設備資金借入金元金償還補助金収益の場合は「償還」と補助金の種類がわかるように記入すること。
なお、運用指針別添3「勘定科目説明」において「利用者からの収益も含む」と記載されている場合のみ、「補助金事業に係る利用者からの収益」欄を記入するものとする。

2．「交付金額等合計」の「区分小計」欄は事業活動計算書の勘定科目の金額と一致するものとする。
また、「交付金額等合計の拠点区分ごとの内訳」の「区分小計」欄は、拠点区分事業活動計算書の勘定科目の金額と一致するものとする。

別紙④

事業区分間及び拠点区分間繰入金明細書

（自）平成　年　月　日　（至）平成　年　月　日

社会福祉法人名＿＿＿＿＿＿＿＿

1）事業区分間繰入金明細書

（単位：円）

事業区分名		繰入金の財源（注）	金額	使用目的等
繰入元	繰入先			

（注）繰入金の財源には、介護保険収入、運用収入、前期末支払資金残高等の別を記入すること。

2）拠点区分間繰入金明細書

（単位：円）

拠点区分名		繰入金の財源（注）	金額	使用目的等
繰入元	繰入先			

（注）繰入金の財源には、介護保険収入、運用収入、前期末支払資金残高等の別を記入すること。

別紙⑤

事業区分間及び拠点区分間貸付金(借入金)残高明細書

平成　年　月　日現在

社会福祉法人名＿＿＿＿＿＿＿＿＿＿＿＿

1）事業区分間貸付金(借入金)明細書

(単位：円)

	貸付事業区分名	借入事業区分名	金額	使用目的等
短期				
	小計			
長期				
	小計			
	合計			

2）拠点区分間貸付金(借入金)明細書

(単位：円)

	貸付拠点区分名	借入拠点区分名	金額	使用目的等
短期				
	小計			
長期				
	小計			
	合計			

別紙⑥

基本金明細書

（自）平成　年　月　日（至）平成　年　月　日

社会福祉法人名

（単位：円）

区分並びに組入れ及び取崩しの事由		合計	各拠点区分ごとの内訳		
			○○○	○○○	○○○
前年度末残高					
	第一号基本金				
	第二号基本金				
	第三号基本金				
第一号基本金	当期組入額 ○○○○ ○○○○				
	計				
	当期取崩額 ○○○○ ○○○○				
	計				
第二号基本金	当期組入額 ○○○○ ○○○○				
	計				
	当期取崩額 ○○○○ ○○○○				
	計				
第三号基本金	当期組入額 ○○○○ ○○○○				
	計				
	当期取崩額 ○○○○ ○○○○				
	計				
当期末残高					
	第一号基本金				
	第二号基本金				
	第三号基本金				

（注）　1．「区分並びに組入れ及び取崩しの事由」の欄に該当する事項がない場合には、記載を省略する。

2．①第一号基本金とは、注解（注12）（1）に規定する基本金をいう。
　②第二号基本金とは、注解（注12）（2）に規定する基本金をいう。
　③第三号基本金とは、注解（注12）（3）に規定する基本金をいう。

3．従前及び今回の改正において特例により第一号基本金・第二号基本金の内訳を示していない法人では、合計額のみを記載するものとする。

別紙⑦

国庫補助金等特別積立金明細書

（自）平成　年　月　日（至）平成　年　月　日

社会福祉法人名

（単位：円）

区分並びに積立て及び取崩しの事由		補助金の種類			合計	各拠点区分の内訳		
		国庫補助金	地方公共団体補助金	その他の団体からの補助金		○○○	○○○	○○○
前期繰越額								
当期積立額	○○○○							
	○○○○							
	○○○○							
	○○○○							
	当期積立額合計							
当期取崩額	サービス活動費用の控除項目として計上する取崩額 特別費用の控除項目として計上する取崩額 ○○○○							
	当期取崩額合計							
当期末残高								

（注）サービス活動費用の控除項目として計上する取崩額には、国庫補助金等特別積立金の対象となった固定資産の減価償却相当額等の取崩額を記入し、特別費用の控除項目として計上する取崩額には、国庫補助金等特別積立金の対象となった固定資産が売却または廃棄された場合の取崩額を記入する（注解（注10）参照）。

別紙⑧

積立金・積立資産明細書

（自）平成　年　月　日（至）平成　年　月　日

社会福祉法人名
拠点区分

（単位：円）

区分	前期末残高	当期増加額	当期減少額	期末残高	摘　要
○○積立金					
○○積立金					
○○積立金					
計					

（単位：円）

区分	前期末残高	当期増加額	当期減少額	期末残高	摘　要
○○積立資産					
○○積立資産					
○○積立資産					
計					

（注）
1．積立金を計上せずに積立資産を積み立てる場合には、摘要欄にその理由を明記すること。
2．退職給付引当金に対応して退職給付引当資産を積み立てる場合及び長期預り金に対応して長期預り金積立資産を積み立てる場合には摘要欄にその旨を明記すること。

別紙⑨

サービス区分間繰入金明細書

（自）平成　年　月　日　（至）平成　年　月　日

社会福祉法人名＿＿＿＿＿＿＿＿＿＿

拠点区分＿＿＿＿＿＿＿＿＿＿

（単位：円）

サービス区分名		繰入金の財源（注）	金額	使用目的等
繰入元	繰入先			

（注）拠点区分資金収支明細書（会計基準別紙３）を作成した拠点においては、本明細書を作成のこと。
　　繰入金の財源には、措置費収入、保育所運営費収入、前期末支払資金残高等の別を記入すること。

別紙⑩

サービス区分間貸付金(借入金)残高明細書

平成　年　月　日現在

社会福祉法人名＿＿＿＿＿＿＿＿＿＿＿＿

拠点区分＿＿＿＿＿＿＿＿＿＿＿＿

（単位：円）

貸付サービス区分名	借入サービス区分名	金額	使用目的等
合計			

（注）拠点区分資金収支明細書（会計基準別紙３）を作成した拠点においては、本明細書を作成のこと。

別紙⑪

就労支援事業別事業活動明細書

（自）平成　年　月　日　（至）平成　年　月　日

社会福祉法人名

拠点区分

（単位：円）

勘定科目		合計	○○作業	△△作業
収益	就労支援事業収益			
	就労支援事業活動収益計			
費用	就労支援事業販売原価 期首製品（商品）棚卸高 当期就労支援事業製造原価 当期就労支援事業仕入高			
	合計 期末製品（商品）棚卸高			
	差引 就労支援事業販管費			
	就労支援事業活動費用計			
就労支援事業活動増減差額				

第5章

別紙⑫

就労支援事業別事業活動明細書（多機能型事業所等用）

（自）平成　年　月　日　（至）平成　年　月　日

社会福祉法人名

拠点区分

（単位：円）

勘定科目		合計	A事業所								
			就労移行支援			就労継続支援A型			就労継続支援B型		
			小計	○○作業	△△作業	小計	○○作業	△△作業	小計	○○作業	△△作業
収益	就労支援事業収益										
	就労支援事業活動収益計										
費用	就労支援事業販売原価 期首製品（商品）棚卸高 当期就労支援事業製造原価 当期就労支援事業仕入高										
	合計 期末製品（商品）棚卸高										
	差引 就労支援事業販管費										
	就労支援事業活動費用計										
就労支援事業活動増減差額											

別紙⑬

就労支援事業製造原価明細書

（自）平成　年　月　日　（至）平成　年　月　日

社会福祉法人名

拠点区分

（単位：円）

勘定科目	合計	○○作業	△△作業
Ⅰ　材料費			
1．期首材料棚卸高			
2．当期材料仕入高			
計			
3．期末材料棚卸高			
当期材料費			
Ⅱ　労務費			
1．利用者賃金			
2．利用者工賃			
3．就労支援事業指導員等給与			
4．就労支援事業指導員等賞与引当金繰入			
5．就労支援事業指導員等退職給付費用			
6．法定福利費			
当期労務費			
Ⅲ　外注加工費			
（うち内部外注加工費）			
当期外注加工費			
Ⅳ　経費			
1．福利厚生費			
2．旅費交通費			
3．器具什器費			
4．消耗品費			
5．印刷製本費			
6．水道光熱費			
7．燃料費			
8．修繕費			
9．通信運搬費			
10．会議費			
11．損害保険料			
12．賃借料			
13．図書・教育費			
14．租税公課			
15．減価償却費			
16．国庫補助金等特別積立金取崩額（控除項目）			
17．雑費			
当期経費			
当期就労支援事業製造総費用			
期首仕掛品棚卸高			
合計			
期末仕掛品棚卸高			
当期就労支援事業製造原価			

第5章

別紙⑭

就労支援事業製造原価明細書（多機能型事業所等用）

（自）平成　年　月　日　（至）平成　年　月　日

社会福祉法人名

拠点区分

（単位：円）

勘定科目	合計	A事業所								
		就労移行支援			就労継続支援A型			就労継続支援B型		
		小計	○○作業	△△作業	小計	○○作業	△△作業	小計	○○作業	△△作業
Ⅰ　材料費										
1．期首材料棚卸高										
2．当期材料仕入高										
計										
3．期末材料棚卸高										
当期材料費										
Ⅱ　労務費										
1．利用者賃金										
2．利用者工賃										
3．就労支援事業指導員等給与										
4．就労支援事業指導員等賞与引当金繰入										
5．就労支援事業指導員等退職給付費用										
6．法定福利費										
当期労務費										
Ⅲ　外注加工費										
（うち内部外注加工費）										
当期外注加工費										
Ⅳ　経費										
1．福利厚生費										
2．旅費交通費										
3．器具什器費										
4．消耗品費										
5．印刷製本費										
6．水道光熱費										
7．燃料費										
8．修繕費										
9．通信運搬費										
10．会議費										
11．損害保険料										
12．賃借料										
13．図書・教育費										
14．租税公課										
15．減価償却費										
16．国庫補助金等特別積立金取崩額（控除項目）										
17．雑費										
当期経費										
当期就労支援事業製造総費用										
期首仕掛品棚卸高										
合計										
期末仕掛品棚卸高										
当期就労支援事業製造原価										

別紙⑮

就労支援事業販管費明細書

（自）平成　年　月　日　（至）平成　年　月　日

社会福祉法人名

拠点区分

（単位：円）

勘定科目	合計	○○作業	△△作業
1．利用者賃金			
2．利用者工賃			
3．就労支援事業指導員等給与			
4．就労支援事業指導員等賞与引当金繰入			
5．就労支援事業指導員等退職給付費用			
6．法定福利費			
7．福利厚生費			
8．旅費交通費			
9．器具什器費			
10．消耗品費			
11．印刷製本費			
12．水道光熱費			
13．燃料費			
14．修繕費			
15．通信運搬費			
16．受注活動費			
17．会議費			
18．損害保険料			
19．賃借料			
20．図書・教育費			
21．租税公課			
22．減価償却費			
23．国庫補助金等特別積立金取崩額（控除項目）			
24．徴収不能引当金繰入額			
25．徴収不能額			
26．雑費			
就労支援事業販管費合計			

別紙⑯

就労支援事業販管費明細書（多機能型事業所等用）

（自）平成　年　月　日　（至）平成　年　月　日

社会福祉法人名

拠点区分

（単位：円）

勘定科目	計	A事業所								
		就労移行支援			就労継続支援A型			就労継続支援B型		
		小計	○○作業	△△作業	小計	○○作業	△△作業	小計	○○作業	△△作業
1．利用者賃金										
2．利用者工賃										
3．就労支援事業指導員等給与										
4．就労支援事業指導員等賞与引当金繰入										
5．就労支援事業指導員等退職給付費用										
6．法定福利費										
7．福利厚生費										
8．旅費交通費										
9．器具什器費										
10．消耗品費										
11．印刷製本費										
12．水道光熱費										
13．燃料費										
14．修繕費										
15．通信運搬費										
16．受注活動費										
17．会議費										
18．損害保険料										
19．賃借料										
20．図書・教育費										
21．租税公課										
22．減価償却費										
23．国庫補助金等特別積立金取崩額（控除項目）										
24．徴収不能引当金繰入額										
25．徴収不能額										
26．雑費										
就労支援事業販管費合計										

別紙⑰

就労支援事業明細書

(自)平成　年　月　日　(至)平成　年　月　日

社会福祉法人名

拠点区分

(単位：円)

勘定科目	合計	○○作業	△△作業
Ⅰ　材料費			
1．期首材料棚卸高			
2．当期材料仕入高			
計			
3．期末材料棚卸高			
当期材料費			
Ⅱ　労務費			
1．利用者賃金			
2．利用者工賃			
3．就労支援事業指導員等給与			
4．就労支援事業指導員等賞与引当金繰入			
5．就労支援事業指導員等退職給付費用			
6．法定福利費			
当期労務費			
Ⅲ　外注加工費			
(うち内部外注加工費)			
当期外注加工費			
Ⅳ　経費			
1．福利厚生費			
2．旅費交通費			
3．器具什器費			
4．消耗品費			
5．印刷製本費			
6．水道光熱費			
7．燃料費			
8．修繕費			
9．通信運搬費			
10．受注活動費			
11．会議費			
12．損害保険料			
13．賃借料			
14．図書・教育費			
15．租税公課			
16．減価償却費			
17．国庫補助金等特別積立金取崩額(控除項目)			
18．徴収不能引当金繰入額			
19．徴収不能額			
20．雑費			
当期経費			
当期就労支援総事業費			
期首仕掛品棚卸高			
合計			
期末仕掛品棚卸高			
就労支援事業費			

就労支援事業明細書（多機能型事業所等用）

（自）平成　年　月　日　（至）平成　年　月　日

社会福祉法人名＿＿＿＿＿＿＿＿＿＿
拠点区分＿＿＿＿＿＿＿＿＿＿

（単位：円）

勘定科目	合計	A事業所								
		就労移行支援			就労継続支援A型			就労継続支援B型		
		小計	○○作業	△△作業	小計	○○作業	△△作業	小計	○○作業	△△作業
Ⅰ　材料費										
1．期首材料棚卸高										
2．当期材料仕入高										
計										
3．期末材料棚卸高										
当期材料費										
Ⅱ　労務費										
1．利用者賃金										
2．利用者工賃										
3．就労支援事業指導員等給与										
4．就労支援事業指導員等賞与引当金繰入										
5．就労支援事業指導員等退職給付費用										
6．法定福利費										
当期労務費										
Ⅲ　外注加工費										
（うち内部外注加工費）										
当期外注加工費										
Ⅳ　経費										
1．福利厚生費										
2．旅費交通費										
3．器具什器費										
4．消耗品費										
5．印刷製本費										
6．水道光熱費										
7．燃料費										
8．修繕費										
9．通信運搬費										
10．受注活動費										
11．会議費										
12．損害保険料										
13．賃借料										
14．図書・教育費										
15．租税公課										
16．減価償却費										
17．国庫補助金等特別積立金取崩額（控除項目）										
18．徴収不能引当金繰入額										
19．徴収不能額										
20．雑費										
当期経費										
当期就労支援総事業費										
期首仕掛品棚卸高										
合計										
期末仕掛品棚卸高										
就労支援事業費										

別紙⑲

授産事業費用明細書

（自）平成　年　月　日　（至）平成　年　月　日

社会福祉法人名

拠点区分

（単位：円）

勘定科目	合計	○○作業	△△作業
Ⅰ　材料費			
当期材料（商品を含む）仕入高			
材料費計(1)			
Ⅱ　労務費			
利用者工賃			
授産事業指導員等給与			
授産事業指導員等賞与引当金繰入			
授産事業指導員等退職給付費用			
法定福利費			
労務費計(2)			
Ⅲ　外注加工費			
外注加工費計(3)			
Ⅳ　経費			
福利厚生費			
旅費交通費			
器具什器費			
消耗品費			
印刷製本費			
水道光熱費			
燃料費			
修繕費			
通信運搬費			
受注活動費			
会議費			
損害保険料			
賃借料			
図書・教育費			
租税公課			
減価償却費			
国庫補助金等特別積立金取崩額（控除項目）			
徴収不能引当金繰入額			
徴収不能額			
○○費			
雑費			
経費計(4)			
Ⅴ　棚卸資産増減額(5)			
授産事業費用(6)＝(1)＋(2)＋(3)＋(4)+(5)			

執筆者一覧

松井　久　まついひさし

太陽有限責任監査法人
顧問
公認会計士
〔執筆代表〕

宮内　威　みやうちたけし

太陽有限責任監査法人
公認会計士

湯浅寿江　ゆあさとしえ

太陽有限責任監査法人
公認会計士

湯川紘子　ゆかわひろこ

太陽有限責任監査法人
公認会計士

新社会福祉法人会計基準
財務諸表の作成と情報開示のポイント

発　行　2015年11月13日　初版第1刷
　　　　2016年 4月27日　初版第2刷

著　者　松井　久、宮内　威、湯浅寿江、湯川紘子

発行者　渋谷篤男

発行所　社会福祉法人 全国社会福祉協議会
　　　　〒100-8980　東京都千代田区霞が関3-3-2　新霞が関ビル
　　　　電話 03-3581-9511
　　　　振替 00160-5-38440

定　価　本体2,300円（税別）

印刷所　三報社印刷株式会社

ISBN978-4-7935-1182-0　C2036　¥2300E